Time-Management für die Anwaltschaft

Selbstorganisation und Arbeitstechniken

von

Prof. Dr. Benno Heussen
Rechtsanwalt in Berlin
Honorarprofessor an der Universität Hannover

und

Dr. Jessica Jacobi
Rechtsanwältin und Fachanwältin für Arbeitsrecht
in Berlin

5., überarbeitete und ergänzte Auflage 2024

Verlag C.H.Beck

Zitiervorschlag: Heussen/Jacobi Time-Management

www.beck.de

ISBN Print 978 3 406 80390 1
ISBN E-Book (epub) 978 3 406 81615 4
ISBN E-Book (pdf) 978 3 406 81616 1

© 2023 Verlag C.H.Beck oHG
Wilhelmstraße 9, 80801 München
Druck: Beltz Grafische Betriebe GmbH
Am Fliegerhorst 8, 99947 Bad Langensalza

Satz: Fotosatz Buck, Kumhausen
Umschlag: Martina Busch Grafikdesign, Homburg Saar
© alice-photo – stock.adobe.com

chbeck.de/nachhaltig

Gedruckt auf säurefreiem, alterungsbeständigem Papier
(hergestellt aus chlorfrei gebleichtem Zellstoff)

Alle urheberrechtlichen Nutzungsrechte bleiben vorbehalten.
Der Verlag behält sich auch das Recht vor, Vervielfältigungen dieses
Werkes zum Zwecke des Text and Data Mining vorzunehmen.

„Bei aller Bedeutung, die man einer guten fachlichen Ausbildung, ausreichender Intelligenz, Erfahrung und sonstigen so häufig geforderten Eigenschaften, Fähigkeiten und Talenten einräumen muß – ohne die entsprechende Arbeitsmethodik ist das alles wertlos. Jeder entwickelt seine eigene Methode, aber ich habe noch nie einen erfolgreichen Manager kennen gelernt, der sich selbst nicht organisieren konnte."

(Fredmund Malik, Professor für Unternehmensführung und Leiter des Malik Management Zentrums in St. Gallen)

»Sein größtes Kunstwerk war der Umgang mit der Zeit«

(Henri-Pierre Roché über Marcel Duchamps)

„Time is an attorney's stock in trade."

(Abraham Lincoln, Anwalt in Springfield, Illinois von 1836 bis 1861, später Präsident der USA (1861–1865) zugeschrieben)

„Anwälte sind immer in Eile."

(Plato, griechischer Philosoph, Theaitetos (173 b))

„Advice from my father-in-law has also served me well. … By the end of 1954, my pregnancy was confirmed. … I worried about starting law school the next year with an infant to care for. Father's advice: „Ruth, if you don't want to start law school, you have a good reason to resist the undertaking. No one will think the less of you if you make that choice. But if you really want to study law, you will stop worrying and find a way to manage child and school." And so Marty and I did, by engaging a nanny on school days from 8:00 a.m. until 4:00 p.m. Many times after, when the road was rocky, I thought back to Father's wisdom, spent no time fretting, and found a way to do what I thought important to get done."

(Ruth Bader Ginsberg)

Vorwort der 5. Auflage

Als ich 1997 zur Anwaltschaft zugelassen wurde, gab es noch eine Postmappe mit Gerichtspost und Mandantenschreiben, die am frühen Nachmittag von der Sekretärin ins Büro gebracht wurde. In meiner damaligen Kanzlei gab es einen – gar nicht so alten – Seniorpartner, auf dessen Schreibtisch ein Bildschirm stand, der jedoch nicht an einen Server angeschlossen war. Seine Mails diktierte er auf Band und ließ sie von seiner Sekretärin versenden. Die Digitalisierung unserer Arbeit hat bei der Überarbeitung zur vorliegenden 5. Auflage zu den größten Veränderungen im Buch geführt. Jeder Anwalt und jede Anwältin haben heute einen Computer und ein Smartphone. Im Laufe der COVID19-Epidemie sind wir alle noch digitaler geworden. Viele Besprechungen finden nun per Teams/Google/Zoom statt. Das vernetzte Arbeiten im Home Office ist normal und akzeptabel geworden.

Weitere Änderungen haben sich seit der Vorauflage im Jahr 2013 durch das Thema Vereinbarkeit von Beruf und Familie ergeben. In der Überarbeitung für die 4. Auflage hatten wir, um mit der Zeit zu gehen, zum Thema „Vereinbarkeit" ein spezielles, längeres Kapitel eingefügt, und dabei vor allem die Situation der Anwältin und Mutter beschrieben. Ich bin sehr froh, dass die Vereinbarkeit von Beruf und Familie heute immer mehr zu einer Frage wird, die das Leben von Anwältinnen und Anwälten gleichermaßen betrifft. Dementsprechend findet sich das Thema Vereinbarkeit und „Work-Life-Balance" als Querschnittsmaterie im ganzen Buch erwähnt, nicht mehr in einem separaten Kapitel.

Für mich ist das Zeitmanagement, das geschickte Planen meiner Lebens- und Arbeitszeit, ein Herzensthema. Als Mutter von drei Kindern hätte ich sonst nicht in der Weise arbeiten können, wie es mir wichtig war. Die Gesetzesinitiative „stayonboard", deren Mit-Initiatorin ich bin, hatte genau das zum Ziel – bessere Vereinbarkeit von Beruf und Familie auch in den Rollen als AG-Vorstand, GmbH-Geschäftsführerin usw.

Prof. Heussen hat die ersten drei Auflagen dieses Buches geschrieben; die 4. und 5. Auflage sind von mir aktualisiert und ergänzt. Soweit Anmerkungen durch Einrücken und seitlichen Balken hervorgehoben werden, sind es ausdrückliche meine eigenen Anmerkungen als Partnerin in einer Arbeitsrechtsboutique und Mutter von drei Kindern.

Das vorliegende Werk richtet sich speziell an Anwälte und Anwältinnen. In unserem Beruf ist Zeitmanagement unumgänglich. Es gibt Fristen im Gerichtsprozess, Fristen in größeren juristischen Projekten, und Zeitpunkte, zu denen wir unserer Mandantin eine längere Stellungnahme zugesagt haben. Auch sind wir Anwälte oft unter Zeitnot, etwa weil sich mehrere drängende Fristen auf einen Tag häufen, und zugleich noch ständig das Telefon klingelt. Einige Techniken des Zeitmanagements sind dabei besonders hilfreich. Sie sind in diesem Buch in möglichst knapper Form zusammengefasst.

Es sind in den letzten Jahren viele kluge Bücher zum Zeitmanagement erschienen, die ich als weiterführende Lektüre nur empfehlen kann. Um es mit *Oliver Burke* („4000 weeks", 2021) zu sagen: Zeitmanagement kann nicht nur aus einzelnen Tricks bestehen, die einem die Illusion geben, alles schaffen zu können, was sich irgendwie als Aufgabe aufdrängt. Zeitmanagement ist letztlich die Entscheidung darüber, wie man seine Lebenszeit verbringen will, und welche Priorisierungen man dabei trifft. Ich habe die aus meiner Sicht besonders klugen Gedanken zum Zeitmanagement im Text verschiedentlich als Zitat eingefügt und zudem alle für mich empfehlenswerten Bücher im Literaturverzeichnis genannt. Sie werden bemerken, dass es vor allem angelsächsische Literatur ist, die mich persönlich oft besonders anspricht, weil sie knapp, präzise und doch unterhaltsam ist. Viele der Bücher sind auch in deutscher Übersetzung erhältlich.

Die Sprache in diesem Buch ist aus Gründen der besseren Lesbarkeit nicht durchgehend gegendert. Es soll aber durch das abwechselnd männliche und weibliche Beispiel ausgedrückt werden, dass sich das Buch selbstverständlich sowohl an Anwälte wie auch Anwältinnen richtet.

Mein Dank geht an meine Kollegen und Kolleginnen, die mich in unterschiedlicher Weise als Autorin unterstützt haben, als Testleserin, oder weil sie mir die Luft verschafft haben an diesem Buch arbeiten zu können: Isabell Flöter, Jakob Krüger, Jana Schön, Juliane Großmann. Und an meine Eltern sowie an meinen Sohn Hans bewährte Testleser meiner Veröffentlichungen, und an viele weitere Freundinnen und Kontakte, die großzügig mit mir ihre Lieblings Hacks oder Buchempfehlungen geteilt haben.

Schließen möchte ich mit einem Gedanken von Prof. Heussen aus dem Vorwort zur 3. Auflage: Sie werden vermutlich bei Weitem nicht alle in diesem Buch enthaltenen Empfehlungen in die Praxis umsetzen können oder wollen. Aber wenn Sie nur ein paar davon übernehmen, und vielleicht immer einmal wieder eine neue, weitere Technik in die Praxis umsetzen, werden Sie Ihr Leben deutlich vereinfachen.

Berlin, im September 2023 *Jessica Jacobi*

Vorwort der 2. Auflage 2004

Wenn es irgendein Thema gibt, mit dem Anwälte sich überhaupt nicht gern beschäftigen wollen, dann sind es die Probleme, die ihnen ihre Organisation stellt. Wie oft habe ich von Einzelanwälten den Satz gehört: *„Niemals würde ich in einer Sozietät arbeiten, denn dann müsste ich mich ja mit Organisationsfragen beschäftigen."* – so als ob der Einzelanwalt auf einer Insel der Seeligen arbeitete, in der es außer ihm und dem Rechtsproblem des Mandanten sonst nichts gibt.

Aber diese Insel der Seeligen hat noch keiner gefunden: Rechtsprobleme ohne Mandanten gibt es nur auf der Universität, trotzdem behandeln manche Anwälte ihre Mandanten als das erste Problem, von dem sie möglichst wenig wissen wollen.

Heute kann man nicht mehr so arbeiten. Der Anwaltsberuf ist schon in seinen typischen Ausgestaltungen so vielfältig und komplex geworden, dass er ohne ein Mindestmaß an Selbstorganisation nicht mehr ausgeübt werden kann. Anwälte müssen mit ihrer Arbeit oft genug die Defizite in der Organisation ihrer Mandanten ausgleichen und deshalb gilt für sie vor allem der berühmte Satz von Peter Drucker: *„Wer sich selbst nicht organisiert, kann auch nichts anderes organisieren".*

Als ich im Jahr 2001 meine eigenen Erfahrungen mit dem Zeitmanagement niederschrieb, hatte ich wenig Hoffnung, dass sich andere Kollegen dafür interessieren würden. Der Grund: Ich hatte im Deutschen Anwaltverein angeregt, eine Arbeitsgemeinschaft „Anwaltsmanagement" zu gründen, die den Kollegen bei der Organisation ihrer eigenen Arbeit und ihrer Büros durch Erfahrungsaustausch etc. helfen sollte. Während die etwa ein Jahr früher gegründete Arbeitsgemeinschaft Informationstechnologie (DAVIT) recht bald bei 400 Mitgliedern angekommen war, blieb der Gründungsausschuss der Arbeitsgemeinschaft Anwaltsmanagement mehr oder weniger unter sich. Außerdem wusste ich: Bücher über Anwaltsmanagement bleiben in den Regalen liegen wie Blei.

Um so mutiger fand ich es, dass der Verlag das Buch trotzdem gedruckt hat und freue mich, dass es offenbar sogar Leser gefunden hat. Vielleicht liegt das daran, dass eine meiner wichtigsten Thesen ist: Zeit als Anwalt kann man nur gewinnen, wenn man sich gleichzeitig mehr **private Zeit** für die eigenen Interessen schafft.

Diesen Aspekt habe ich versucht, in der zweiten Auflage an verschiedenen Stellen zu unterstreichen und zu ergänzen. Dazu gehören auch ein paar neue **Handwerkszeuge,** die im Anhang über **nützliche Internetseiten** sowie die **Hardware** und **Software** berichten, die man für das Zeitmanagement einsetzen kann. So ist das Buch leider auch dicker geworden. Von allen Hinweisen, die Sie im Buch finden, ist einer der Wichtigste: Wenn es Ihnen gelingt, auch nur ein Drittel der guten Ratschläge zu befolgen, dann sind Sie genauso erfolgreich wie ich selbst. Disziplin ist kein Selbstzweck. Deshalb muss man gelegentlich auch den Mut haben, Zeit zu verschwenden, worüber ich am Schluss des Buches ein paar Gedanken verliere.

Schließlich wird Sie auch die Sicht eines amerikanischen Kollegen interessieren, dessen Essay über das „Raster der Zeit" ich mehr durch Zufall entdeckte, obgleich ich ein begeisterter Leser seiner Romane bin. Wie kann man gleichzeitig Anwalt und Schriftsteller sein, ohne auf beiden Feldern zu verlieren? **Louis Begley** zeigt Ihnen, wie er das Problem gelöst hat und manche Kollegin, die sowohl eine Anwaltsfirma wie eine Kinderfirma zu managen hat, wird daraus lernen können, wie man disparate Aufgaben bewältigt (auch wenn Anwälte und Kinder als Gruppe manche Ähnlichkeit haben).

Berlin, 18.05.2004　　　　　　　　　　　　　Benno Heussen

Anmerkung: In der 1. Auflage 2002 gab es kein Vorwort.

Inhaltsverzeichnis

Vorwort der 5. Auflage VII
Vorwort der 2. Auflage 2004 XI
Literaturverzeichnis XXI

I. Warum Anwälte sich und ihre Arbeit besser organisieren sollten 1
  1. Die Qualität der Dienstleistung 1
  2. Das Handwerk der Rechtsdurchsetzung ist komplex 2
  3. Hilfsmittel: Digitalisierung und New Work . . 4
  4. Qualität und wirtschaftlicher Erfolg 5
  5. Wirksamkeit von Ideen 6
  6. Flexibilität 7
  7. Wissensmanagement 7
     7.1   Werkzeuge 8
     7.2   Den eigenen Stil entwickeln 9
     7.3   Checklisten 10
     7.4   Zettelsystem und andere Methoden um Kreativität zu organisieren 11
     7.5   Mindmaps 12
     7.6   Dokumentenmanagement 12
     7.7   Spezialisierung 12
  8. Time-Management 13
     8.1   Zeit ist nicht vermehrbar 13
     8.2   Es gibt immer genug Zeit – oder nicht? 15
     8.3   Konzentration schaffen 16
     8.4   Privatleben integrieren und eventuell delegieren an Haushaltshilfen 19
     8.5   Brauchen auch Einzelanwälte Time-Management? 20

	8.6	Time-Management in den Anwaltsgenerationen	21
9.		Rahmenbedingungen für Selbstorganisation und Zeitmanagement im Anwaltsunternehmen	23
10.		„Unordnung" als Ordnungsprinzip	24
11.		Stress nicht bekämpfen, sondern umarmen ..	25

II. Grundideen des Time-Managements 27
  1. Freie Zeit ist der größte Luxus 27
  2. Wichtige Elemente und Ziele des Time-Managements 30
    2.1 Die Zeit wahrnehmen 30
    2.2 Über das Ziel unverplanter Zeit 30
    2.3 Höhere Qualität der Arbeitsergebnisse . 33
    2.4 Individualität, Einfachheit, Flexibilität . 34
    2.5 Biorhythmus 35
    2.6 Möglichkeiten und Grenzen der Planbarkeit 37

III. Die Struktur des Time-Managements 39
  1. Drei Grundregeln 39
  2. Ziele bestimmen 40
  3. Verhalten analysieren 41
    3.1 Ein Gefühl für die Zeit entwickeln: Zeitbudgets 41
    3.2 Die dreizehn Tätigkeitsbereiche 44
    3.3 Die Selbstanalyse 60
    3.4 Zeit und Aufgaben neu planan 63
  4. Planen, Delegieren und Kontrollieren....... 65
    4.1 Planen 65
    4.2 Die richtige Reihenfolge 66
    4.3 Die größeren Einzelaufgaben zuerst einplanen und im Kalender vermerken . 67

4.4	Arbeitsplanung und Haftungsrisiken...	71
4.5	Priorisierung...	72
4.6	Vergleich: Ein geplanter und ein ungeplanter Tag...	73
4.7	Planquadrate oder Baumstrukturen?...	76
4.8	Kleine oder große Einheiten?...	76
4.9	Leerlauf und Stand-by-Tätigkeiten...	78
4.10	Reserven vorhalten...	80
4.11	Urlaubsabwesenheit und berufliche Reisen...	81
4.12	Aufzeichnen und Umplanen...	82

5. Delegieren 85
   5.1 Wie können Einzelanwälte delegieren? . 86
   5.2 Vorurteile gegen das Delegieren....... 89
   5.3 Die Eisenhower-Regel 90
   5.4 Wie delegiert man? 95
   5.5 Was kann man alles delegieren? 97
   5.6 Aufgaben, die man selbst erledigen muss 103

6. Rückmeldung und Kontrolle 105
7. Teamarbeit zwischen Anwälten, Mitarbeitern, Mandanten und Dritten............. 106
8. Zeit-Management im Mandat – je nach Art des Mandats 107
   8.1 Die Personal- oder Rechtsabteilung im Konzern 107
   8.2 Der Mittelständler und der Start-Up-Gründer 108
   8.3 Das Individualmandat............... 109
   8.4 Das Mandat im Freundeskreis........ 109

IV. Nützliche Werkzeuge und Arbeitsmethoden 111
  1. Schneller lesen und recherchieren......... 112
  2. Mobiles Arbeiten und Home Office 115

3. Online-Meetings und Telefonate	117
4. Kostenpflichtige juristische Datenbanken, digitale Zeitschriften-Abonnements	119
5. Social Media: LinkedIn, Xing, Facebook, Instagram	120
6. Mindmapping	121
7. Papier oder Bildschirm.................	122
8. Spracherkennung.....................	124
9. Übersetzungshilfen....................	125
10. Legal Tech, Künstliche Intelligenz (KI): ChatGPT & Co.	126
11. Digitale und andere Hilfen für die Privatorganisation	127

V. Zeitfallen 129
   1. Persönlichkeitsstruktur 129
   2. Aufgaben hinwerfen 131
   3. Perfektionismus – an der falschen Stelle..... 133
   4. Der Anwalt: Beute fremder Termine........ 134
   5. Störungen durch andere................. 136
      5.1   Der Mandant stört 137
      5.2   Das Abwehrteam................. 138
      5.3   Unterbrechungen durch Partner und Mitarbeiter 139
      5.4   Absolutes Unterbrechungsverbot...... 140
   6. Warten............................ 141
   7. Akten- und Dateiorganisation 141
   8. Digitale Ablenkungen 142

VI. Der Sprung ins Zeit-Management 145
   1. Planung 145
   2. Umsetzung in die Praxis................. 146
   3. Wie plant man seine Arbeitswoche?........ 146
      3.1   Feste Termine 149

		3.2	E-Mails	150

- 3.2 E-Mails 150
- 3.3 Persönliche Termine, Sport, Zahnarzt, Ernährung etc. 152
- 3.4 Größere Aufgaben innerhalb der Woche ... 153
- 3.5 Fristen 154
- 3.6 Telefontermine 154
- 4. Die einzelnen Wochentage 155

VII. Zeiterfassung 159
1. Der Aufwand für die Zeiterfassung 159
2. Gute Honorar-Argumente 161
3. Einfache, digitale Organisation der Zeiterfassung 162
4. Jahresplanung und Jahresbilanz 163
   - 4.1 Akquisition 163
   - 4.2 Know-how und Digitalisierung 164
   - 4.3 Management 165
   - 4.4 Jahresplanung und Abgleich mit dem Ergebnis 165
5. Rechtzeitige Planung 169

VIII. Zettelsystem, Checklisten, Mindmaps 171
1. Wie man Kreativität und Ordnung miteinander verknüpft: das (digitale) Zettelsystem ... 171
   - 1.1 Kreativität 173
   - 1.2 Ordnung 174
   - 1.3 Korrektur 174
   - 1.4 Endfassung 175
2. Zusammenspiel von Zetteln, Checklisten und Mindmaps 176
3. Taktische Fragen 177

IX. Checklisten, Legal Tech und Knowledge Management 179
  1. Verträge: Checklisten und Muster aus Datenbanken 180
     1.1 Checklisten aus Datenbanken 180
     1.2 Kanzlei-internes Knowledge Management: Dokumente und Legal Tech 180
  2. Checkliste zum Aufbau von Schriftsätzen ... 183
  3. Checkliste zur Kommunikation mit dem Mandanten 184
     3.1 Maßnahmen, Zeitplan und Verantwortung 186
     3.2 Fristsetzung und Ankündigung unserer Maßnahmen 187
  4. Weitere Hilfen in der Beratungspraxis 187
     4.1 Gedankenblitze und Notizen unterwegs 187
     4.2 Akquisitionsplanung und Annahme von Mandaten 190
     4.3 Der nächste Schritt: Gutachten, Schriftsatz oder Anwaltsschreiben 193
     4.4 Konferenzen/Partnermeetings/Arbeitsgemeinschaften 195
     4.5 Gerichtsverhandlungen 201
     4.6 Legal Design und Vertragsgestaltung ... 204
     4.7 Rechtliches Projektmanagement 205
  5. Bessere Qualität in Stil und Denken 206

X. Juristisches Projektmanagement 209
  1. Allgemeines 209
  2. Erster Grundsatz: Kein Ergebnis ohne (Produktivitäts-)Planung 211
  3. Zweiter Grundsatz: Auch der Weg der 10.000 Schritte beginnt mit dem ersten Schritt 212

	3.1	Mit leichten Teilaufgaben beginnen....	212
	3.2	Schritt für Schritt auf den Weg machen	213
	3.3	Die Schritte zu einem Ganzen zusammenfügen	213
	3.4	Texte erstellen	214
4.	Dritter Grundsatz: Zerschlagen und Zusammenfügen		214
5.	Techniken für die Stoffsammlung		215
6.	Die gründliche Materialsammlung		217
7.	Zeitrahmen und Kosten kontrollieren		219
8.	Das Ziel: strukturierte Kreativität		219

XI. Ergebnis des Time Management: Ihre persönliche Work-Life-Balance 221

XII. Zum Abschluss, und für faule Leserinnen und Leser:
Die zwölf Prinzipien des Time-Managements 225

Die Autorenschaft 227

Stichwortverzeichnis......................... 229

Literaturverzeichnis

Allen, David, Getting Thing Done – The Art of Stress-free Productivity, Little Brown Book Group, 2019

Allmers, Swantje/ Trautmann, Michael / Magnussen, Christoph, On the Way to New Work. Wenn Arbeit zu etwas wird, was Menschen stärkt. Vahlen, 2022

Bader Ginsburg, Ruth, My Own Words, Simon Schuster 2016

Breidenbach, Stephan, Rechtshandbuch Legal Tech, C.H. Beck, 2. Auflage 2021

Bücker, Teresa, Alle Zeit. Eine Frage von Macht und Freiheit. Ullstein 2022

Burkeman, Oliver, Four Thousand Weeks – Time Management for Mortals, Macmillan USA, 2021

Busmann, Johanna, Chefsache Mandantenakquisition: Erfolgreiche Akquisestrategien für Anwälte, de Gruyter, 2016

Buzan, Tony, Mind Map Mastery, Watkins, 13. Ed. 2018

Cikszentmihalyi, Mihály, Flow: das Geheimnis des Glücks, Klett Cotta, Taschenbuch, 9. Auflage 2017

Clear, James, Atomic Habits. Tiny Changes, Remarkable Results, Random House, 2018

Cobaugh, Heike M./Schwerdtfeger, Susanne, Work-Life-Balance. So bringen Sie Ihr Leben (wieder) ins Gleichgewicht, Modeme Verlagsgesellschaft, 2013

Collatz, Annelen/Gudat, Karin, Work-Life-Balance, Hogrefe, 2011

Covey, Stephen R., The 7 Habits of Highly Effective People. Powerful Lessons in Personal Change, Free Press, 2004

Dörner, Dietrich: Die Logik des Mißlingens – Strategisches Denken in komplexen Situationen. Rowohlt, 12. Aufl. 2003

Drucker, Peter F., Managing Oneself, (Harvard Business Review Classics), McGraw Hill, 2017

Drucker, Peter F., Was ist Management?, Econ, 2005

Ferriss, Timothy, The 4-Hour Workweek – Escape 9-5, Live Anywhere, and Join the New Rich, Random House LCC US, 2009

Gillard, Julia/ Ngozi, Okonjo-Iweala, Women & Leadership. Lessons From Some of the World's Most Powerful Women, Penguin, 2020

Greger, Reinhard/Münchhausen, Christine v., Verhandlungs- und Konfliktmanagement für Anwälte, C.H. Beck, 2010

Hamm, Christoph, Beck'sches Rechtsanwalts-Handbuch, C.H. Beck, 12. Auflage 2022

Heussen, Benno, Interessante Zeiten – Reportagen aus der Innenwelt des Rechts, Boorberg, 2014

Heussen, Benno, Anwaltsunternehmen führen, – Erfahrungen, Ideen, Anregungen, C.H. Beck, 3. Auflage 2016

Heussen, Benno/Pischel, Gerhard (Hrsg.), Handbuch Vertragsmanagement und Vertragsgestaltung, Otto Schmidt, 5. Auflage 2021

Holiday, Ryan, Stillness is the key, Penguin Verlag, 2019

Holzapfel, Hans /Pöllath, Reinhard, Unternehmenskauf in Recht und Praxis, RWS Skript, 2016

Kahnemann, Daniel, Thinking, Fast and Slow, Penguin, 2012

Kapellmann, Klaus, Juristisches Projektmanagement, Werner Verlag, 2. Auflage 2007

Kissinger, Henry/Schmidt, Eric/Huttenlocher, Daniel, The Age of AI: And Our Human Future, Hodder Stoughton, 2022

Kohlmeier, Astrid/ Klemola, Meera, The Legal Design Book: Doing Law in the 21st Century, Wolters Kluwer, 2021

Krajewski, Markus „Zettelwirtschaft. Die Geburt der Kartei aus dem Geiste der Bibliothek", Kadmos Verlag, 2017

Laloux, Frederic, Reinventing organizations – A Guide to Creating Organizations Inspired by the Next Stage of Human Consciousness, External catalogues US, 2014

Levitin, Daniel, The Organized Mind – Thinking Straight in the Age of Information Overload, Penguin Books, 2015

Maister, David, Managing The Professional Service Firm, Free Press 1993

Malik, Fredmund, Führen, Leisten, Leben, Campus, Campus 2019

Malik, Fredmund, Strategie: Navigieren in der Komplexität der neuen Welt, Campus, 2. Auflage 2013

McCormack, Mark H., What They Don't Teach You At Harvard Business School, 1984, reprint 2014 Profile Books Ltd

McGonigal, Kelly, The Willpower Instinct, How Self-Control Works, Why It Matters, and What You Can Do to Get More of IT, Avery / Penguin 2013

Michalk, Silke/Nieder, Peter, Erfolgsfaktor Work-Life-Balance, Wiley, 2007

Michelmann, Walter U./ Hake-Michelmann, Rotraut, Effizient und schneller lesen. Mehr Know-how für Zeit- und Informationsgewinn, Anaconda, 2010

Newport, Cal, Deep Work. Rules for focused success in a distracted world, Piatkus Verlag, 2016

Nieto-Rodriguez, Antonio, Project Management Handbook, Harvard Business Review, 2021

Nietzsche, Friedrich, Warum ich so klug bin und andere Schriften, Nikol, 2018

Nooyi, Indra, My Life In Full. Work, Family And Our Future, Piatkus, 2021

Northrup, Kate, do less, A Revolutionary Approach to Time and Energy Management for Busy Moms, Hay House, 1. Auflage April 2019

Ott, Ernst, Optimales Lesen. Schneller lesen – mehr behalten. Ein fünfundzwanzig-Tage-Programm, Nikol, 2016

Passig, Kathrin / Lobo, Sascha, Dinge geregelt kriegen – ohne einen Funken Selbstdisziplin, Rowohlt Taschenburg Verlag, 5. Auflage August 2016

Rath, Tom, Are you fully charged? The 3 keys to energizing your work and life, Silicon Guild, 2015

Riehm/Dörr, Digitalisierung und Zivilverfahren, 2023

Rustler, Florian, Mindmapping für Dummies, Wiley, 2011

Schieblon, Claudia (Hrsg), Kanzleimanagement in der Praxis, Springer Gabler, 4. Auflage 2019

Schmuck, Michael, Deutsch für Juristen – Vom Schwulst zur klaren Formulierung, Otto Schmidt Verlag, 5. Auflage 2021

Schneider, Egon, Die Klage im Zivilprozess, Dr. Otto Schmidt, 2. Aufl. 2004

Seiwert, Lothar/Küstenmacher, Werner Tiki, Simplify your Life – einfacher und glücklicher Leben, Campus, 2016

Seiwert, Lothar, Zeitmanagement mit Microsoft Outlook, Microsoft Press, 12. Auflage 2019

Starker, Vera / Schneider, Matthias, Endlich wieder konzentriert arbeiten! Wertschöpfung im digitalen Zeitalter wirklich, *wirklich* neu denken., RBV Verlag GmbH, 2020

Streck, Michael, Beruf: AnwaltAnwältin, C.H. Beck, 2. Auflage 2011

Staub, Leo/Hehli-Hidber, Christine (Hrsg), Management von Anwaltskanzleien, Manz, 2012

Theisen, Manuel, Wissenschaftliches Arbeiten, Vahlen, 18. Auflage 2021

Vaagt, Christoph H., Erfolgreiche Strategien von Wirtschaftskanzleien, Recht und Wirtschaft, 2011

Walker, Mattew, Why we sleep. Unlocking the Power of Sleep and Dreams, Scribner, 2017

Wiseman, Liz, Multipliers – How the Best Leaders Make Everyone Smarter, Harper Collins Publ. USA, 2017

Zimbardo, Philip G./Boyd, John, Die neue Psychologie der Zeit: und wie sie Ihr Leben verändern wird, Spektrum Akademischer Verlag, Taschenbuch, 2011

I. Warum Anwälte sich und ihre Arbeit besser organisieren sollten

Das nachfolgende erste Kapitel soll Ihnen den Einstieg ins Thema erleichtern. Wir Anwälte sind Dienstleister, Unternehmer, Therapeuten, evtl. auch noch Familienmütter- oder Väter und Organ der Rechtspflege zugleich. Die Arbeitszeiten von Anwälten sind nicht nur in den Großkanzleien oft ohnehin schon an der Obergrenze des Verträglichen. Das bedeutet, dass wir die Zeit, die uns fehlt, nicht einfach „hinten anbauen" können. Wir Anwälte müssen Werke von höchster Qualität oft in kurzer Zeit erstellen. Dabei hat die Digitalisierung unser Leben verändert und vielfach erleichtert, durch die dauernde Datenflut und dauernde Erreichbarkeit aber auch neue Herausforderungen geschaffen.

1. Die Qualität der Dienstleistung

Vielleicht nehmen Sie dieses Buch in die Hand, während Sie auf dem Flug oder im Zug zurück von einem Termin zurückkehren, nachdem Ihnen eine warme Mahlzeit und/oder Getränk serviert wurde, und während Sie versuchen, mit einer Mediations-App im Kopfhörer die Umgebungsgeräusche auszublenden. In diesem einen Satz ist viel vom Fortschritt der letzten Jahrzehnte dargestellt. Zugleich ist die Flug- oder Zugreise, aller gelegentlichen Verspätung zum Trotz, ein gutes Beispiel für einen hohen Qualitätsstandard. Keine Fluggesellschaft und kein Bahnbetreiber würde es wagen, uns zu befördern, ohne die höchsten Qualitätsvorschriften zu beachten, jeden Handgriff der Piloten bzw. Lokführers und des Servicepersonals über Checklisten vorzugeben, die Qualität ständig zu dokumentieren und alles nach dem Vier-Augen-Prinzip zu kontrollieren.

In unserer eigenen anwaltlichen Arbeit sind wir von solchen Qualitätsmaßstäben womöglich manchmal weit entfernt, obgleich auch wir letztlich Dienstleister für unsere Mandanten und Mandantinnen sind. Wenn man den Anwalt und die Anwältin vor allem als „Organ der Rechtspflege" betrachtet, ist das weniger offensichtlich. Besonders in Deutschland hat man uns in früheren Zeiten eher als Bestandteil staatlicher Gewalt verstanden, dem man aus unterschiedlichen Motiven ein paar Freiheiten eingeräumt hat. Auch heute noch brauchen wir gewisse staatliche Bindungen, weil wir sonst die für unsere Arbeit notwendigen Privilegien (zB die Verschwiegenheitspflichten und -rechte) nicht in Anspruch nehmen könnten.

Außerhalb dieses Kernbereichs aber besteht unsere Arbeit in einer Dienstleistung für andere Menschen, denen wir bei der Bewältigung ihrer rechtlichen Probleme helfen. Und nicht nur ist es Teil dieser Dienstleistung, dass wir unsere Entwürfe, Gutachten, Schriftsätze zum versprochenen Zeitpunkt abliefern, was ein gutes Zeitmanagement erfordert. Auch die juristische Qualität, die verständliche Darstellung und gute sprachliche Lesbarkeit erfordern, dass wir unsere Arbeiten nicht „auf den letzten Drücker", sondern möglichst rechtzeitig beginnen, um sie entweder selbst oder im Team in guter Qualität fertig stellen zu können.

2. Das Handwerk der Rechtsdurchsetzung ist komplex

Die Aufgabe der Anwälte ist es, die berechtigten Interessen ihrer Mandanten wirksam durchzusetzen. Sie müssen Mittel und Wege finden, Recht Wirklichkeit werden zu lassen. Das ist eine Management Aufgabe, welche zwar Rechtskenntnisse voraussetzt, die aber keinesfalls die einzige Quelle der Wirksamkeit sind!

Anwälte arbeiten seit den frühesten Anfängen, die man gut und gerne vor 2.000 bis 2.500 Jahren ansiedeln kann, mit denselben Werkzeugen: sie reden, sie schreiben, sie lesen! Manchmal hören sie zu, dann taktieren sie, sie bluffen – stets situationsangepasst und innerhalb eines bestimmten Zeitrahmens, der vom Gang der äußeren Ereignisse vorgegeben ist und meist von Dritten (Mandant, Vertragspartner, Gericht, Ankläger etc.) bestimmt wird. Dazu gehörte seit jeher auch ein Mindestmaß an Selbstorganisation, die viele Anwälte allerdings traditionell geringgeschätzt haben.

Die Rechtsprobleme, mit denen wir uns heute beschäftigen, sind aber ungleich komplexer geworden, wie man nicht nur an dem ungeheuren Umfang nationaler und internationaler Gesetze bemerken kann. Darunter sind seltene, sich häufig ändernde Vorschriften, die aber auch in Standardfällen plötzlich relevant werden können. Vor allem die Schnelllebigkeit und ständige Veränderung des tatsächlichen und rechtlichen Umfelds, in dem wir arbeiten, lässt technische Probleme wie die Konstruktion und Wartung von Flugzeugen als einfach erscheinen. Der einzige Unterschied ist: Wenn Flugzeuge fehlerhaft konstruiert oder gewartet werden, bleiben diese Fehler nicht auf Dauer verborgen, denn irgendwann einmal tritt die große Katastrophe ein. Anders bei der anwaltlichen Arbeit: Hier bleibt sehr vieles unter der Decke, weil unsere Verträge nicht immer einem Belastungstest unterzogen werden und nicht jede Fristversäumnis auch zum Schaden führt.

Das ist bei den meisten „Nicht-trivialen Systemen" (Heinz von Foerster) der Fall. Das Rechtssystem gehört dazu, denn die Entscheidungen und Reaktionen der daran beteiligten Parteien, Rechtsanwälte, Richter und Politiker etc. sind niemals vorhersehbar, weil sie von den stets wechselnden Lagen abhängen, in denen diese Beteiligten sich zueinander befinden.

Recht und seine Durchsetzung kann man niemals in eine schlichte Ursache-Wirkungs-Relation einordnen: Wenn Strafe tatsächlich abschreckend wäre, gäbe es keine Verbrechen und würden Verträge stets eingehalten, hätten wir, insbesondere als Wirtschaftsanwälte und Arbeitsrechtler, nichts zu tun. Viele Anwälte sagen sich aufgrund dieser richtigen Erkenntnis, es sei ohnehin zwecklos, seine Arbeit zu organisieren, da man stets ein situationsangepasstes Ergebnis finden müsse. Sie übersehen dabei, dass zwar die Wirkungen unserer Arbeit nicht geplant werden können, wohl aber der Qualitätsstandard, den sie erreicht. Die Qualitätsanforderungen orientieren sich dabei nicht allein am Schadensrisiko, denn Qualität hat auch etwas mit Komfort zu tun und ganz am Ende wird der Wettbewerb entscheiden. Auf dem Gebiet rechtlicher Informationen und/oder Beratung sind neben den Anwälten eine Vielzahl anderer Berufe tätig, die zum Teil dieselben Dienste anbieten und uns mit schnellen und zuverlässigen Leistungen Konkurrenz machen. Diesem Qualitätsvergleich müssen wir standhalten.

Fredmund Malik hat in vielen seiner Bücher (siehe Literaturverzeichnis) immer wieder darauf hingewiesen, dass Manager äußerst unterschiedliche Persönlichkeiten und Charaktere sind, dass sie aber nur dann Erfolg haben, wenn sie irgendeine – ihnen persönlich entsprechende – Art und Weise haben, ihre Arbeit und sich selbst zu organisieren. Das gleiche gilt auch für die Anwälte.

3. Hilfsmittel: Digitalisierung und New Work

Es gibt keinen Bereich der Aufbau- und Ablauforganisation eines Anwaltsbüros, dessen Qualität nicht – zumindest auch – vom Einsatz digitalisierter Hilfsmittel abhängt, darunter vor allem das interne Management, die Akquisition und das Wissensmanagement. Diese Entwicklung betrifft keinesfalls nur die großen Büros. Gerade die Einzelanwälte sind auf agile Arbeitsweisen angewiesen, um wettbewerbsfähig zu bleiben. Ich habe noch vor wenigen Jahren im Scherz gesagt, das papierlose Büro werde es erst dann geben, wenn jeder auch eine papierlose Toilette hat. Da habe ich mich sehr getäuscht: Der elektronische Rechtsverkehr mit Gerichten und Behörden zwingt uns heute dazu, Kommunikation über das besondere elektronische Anwaltspostfach (beA) zu führen. Sogar Gerichte und Behörden begraben die Papierakten und stellen auf die E-Akte um.

Für den Erfolg des Zeitmanagements und um den Anwaltsberuf mit dem Privatleben zu vereinen ist jedoch in erster Linie eine gelungene Selbstorganisation entscheidend und nicht die Werkzeuge, die man dabei einsetzt.

4. Qualität und wirtschaftlicher Erfolg

Ich glaube, jeder hat den Ehrgeiz, seine Arbeit besonders gut zu machen, aber jeder will auch anständig dafür bezahlt werden. Mandanten können Schnelligkeit und Zuverlässigkeit der Arbeit verlangen, das Engagement ihrer Anwälte wird ihnen geschenkt (oder auch nicht). Engagement entzieht sich auch der Kontrolle und steht daher jenseits unseres Themas. Wohl aber können wir mit Arbeitsmethodik und geeigneten Werkzeugen die Schnelligkeit und Zuverlässigkeit unserer Arbeit beeinflussen. Wenn man beides richtig macht, wirkt sich das auf die Honorare aus. Wenn wir im Streitwert, also nach Pauschalhonoraren arbeiten, ist der Deckungsbeitrag natürlich größer, weil man schneller zum Ergebnis kommt. Arbeitet man im Stundensatz, dann kann man in der gleichen Zeit mehr Mandate erledigen und damit gleichzeitig seine Sichtbarkeit im Markt verstärken. Von einem Legal-Tech-

Angeboten kann nicht nur der Mandant profitieren, sondern auch die eigene Arbeit wird häufig ökonomischer. Gute oder schlechte Arbeitsmethodik hat also auch immer finanzielle Konsequenzen.

Viele Anwälte merken über viele Jahre hinaus nicht, wie schlecht sie organisiert sind, weil sie trotzdem gut verdienen. David Maister meint, das läge nur daran, dass auch ihre Konkurrenten ihre Arbeit nicht besser managen können.

Jedenfalls sollten sinkende Gewinne nicht nur Anlass geben, sich zu fragen, ob man die Märkte noch richtig versteht, sondern auch die Überlegung anstoßen, wie man das Management der eigenen Arbeit verbessern kann. Vielen Anwälten fällt das deshalb schwer, weil sie in solchen Situationen alle Investitionen ablehnen und versuchen, sich „mit Bordmitteln" selbst zu behelfen. Nur mit richtigen Kennzahlen kann man eine solche Entwicklung früh genug einschätzen (Näheres dazu unter dem entsprechenden Stichwort in Heussen, Anwaltsunternehmen führen, siehe Literaturverzeichnis).

5. Wirksamkeit von Ideen

Sowohl bei der inhaltlichen Arbeit wie auch bei allen Tätigkeiten im Bereich des Anwaltsmanagements nützt es nichts, interessante Ideen zu haben – sie müssen auch wirksam werden können! Nehmen wir an, Sie finden ein brilliantes Argument, das die Klage zu Fall bringt: Was nützt es, wenn es nicht im Schriftsatz auftaucht, und zwar dort an einer Stelle, an der das Gericht es lesen muss! Oder aber: Sie wissen seit langer Zeit, dass die Betreuung der Mandanten durch Ihr Assistenzteam zu wünschen übriglässt. Wie reagieren Sie auf Beschwerden? Oder ganz generell: Wie motivieren Sie ihr Team, wie kontrollieren Sie die Ausführung Ihrer Anweisungen? Auf diese sehr einfachen Fragen muss man ebenfalls einfache Antworten finden, die alle im Kern etwas mit Arbeitsmethodik und deren Werkzeugen zu tun haben.

6. Flexibilität

Da die Arbeitsmethoden und die Werkzeuge dazu auch stets den individuellen Bedürfnissen jedes Anwalts angepasst werden müssen, muss man auch darauf achten, dass man innerhalb einer Sozietät die nötige Flexibilität bei der Arbeitsmethodik zulässt: Der Baurechtler arbeitet anders als die Gesellschaftsrechtlerin, die Prozessanwälte anders als die Vertragsanwälte. Darüber hinaus arbeiten wir in den letzten Jahren immer häufiger agil im Team, das ganz unabhängig von jedem einzelnen Mitglied eigene Methoden entwickeln muss, um ein gemeinsames Arbeitsergebnis zu Stande zu bringen. Diese Methoden müssen eine feste Statik bilden, da sonst alles zusammenfällt, dürfen aber den individuellen Stil der Teilnehmer nicht gänzlich ignorieren. Von der Flexibilität, die man hier zulässt, wird die Unternehmenskultur ganz wesentlich bestimmt. Sie ist als Ganzes niemals planbar, sondern stets das Ergebnis vieler einzelner Maßnahmen des Managements. Die wichtigsten von ihnen sind

- das Wissensmanagement
- das Zeitmanagement und
- das Management der Anwaltsunternehmen.

7. Wissensmanagement

Anwälte brauchen für ihre Arbeit Gesetzeskenntnis, Berufserfahrung, Lebenserfahrung im Umgang mit Macht und Geld, vielleicht auch Menschenkenntnis und Kreativität oder auch Sensibilität dafür, wie andere ein bestimmtes Ergebnis beurteilen (Rechtsgefühl). Wozu brauchen wir noch andere Arbeitsmethoden oder Werkzeuge?

Die Antwort ist schnell gefunden: Mit einer Nachlieferung des „Habersack" Anfang Januar 2023 lieferte der C.H. Beck-Verlag sogar einen neuen größeren Ordner, um die entsprechend gewachsene Gesetzesblattsammlung einzufassen. Und damit haben Sie gerade einmal einen kleineren Teil der bürgerlichen Gesetze zur Hand. Wir ersparen Ihnen an der Stelle den Vorschlag das Gesetzesangebot in beck-online auszudrucken, um eine Vorstellung von dessen physischer Fülle zu gewinnen. Schon bei einfachen Aufgaben der Tagespraxis wie der Regulierung eines Verkehrsunfalls, klicken wir uns in beck-online durch ganze Kommentare, um die gröbsten Fehler zu vermeiden, die beim Schadensersatzrecht, dem Versicherungsrecht, dem Ordnungswidrigkeitsrecht, den Fragen des Führerscheinentzugs und vieler anderer Details auftauchen. Ohne Wissensmanagement kommen Sie also mit Sicherheit nicht zurecht.

7.1 Werkzeuge

Wie aber erwirbt man dieses Wissen? Bei der Vielzahl der Probleme ist ein Präsenzwissen, wie man es früher als Anwalt erreichen konnte, ganz ausgeschlossen. Sie müssen also Arbeitsmethoden entwickeln, um an das jeweils nötige Wissen zu kommen und Sie müssen lernen, die Art und Weise, wie Sie vorgehen, zu strukturieren. Nur so gelingt es, taktische Einsichten, die Sie in einem Fall erfolgversprechend angewendet haben, auch im nächsten wieder einzusetzen. Sie müssen lernen, „wie man sich erinnert". Viele Anwälte werden schon an der Universität gelernt haben, wie man wissenschaftlich arbeitet (empfehlenswert: Manuel Theisen, Wissenschaftliches Arbeiten, siehe Literaturverzeichnis).

Das ist eine gute Basis, reicht aber für die anwaltliche Arbeit bei weitem nicht aus: Hier geht es um das sehr viel anspruchsvollere Thema, das Wissen mehrerer Anwälte in einheitlichen Formaten so darzustellen, dass es einfach ausgetauscht, optimiert, ergänzt und zugeschneidert werden kann. Der Einsatz von Software oder zumindest ein sortiertes Ablagesystem sind unerlässlich.

Allerdings wird die Anschaffung eines Programms das viele Know-How nicht managen. Entscheidend sind Investitionen in die Entwicklung und Pflege seines Wissens. Obwohl sich rechtliches Wissensmanagement innerhalb nicht-trivialer Systeme bewegt, kann es auch bei komplex gelagerten Sachverhalten allgemein brauchbare Lösungen produzieren. Auf das „Ausgespuckte" kann aufgebaut werden. Praktisch die größte Arbeitserleichterung sind Muster und Vorlagen aller Art der eigenen Arbeit und derer der Kollegen in der Kanzlei. Dazu gehört insbesondere eine Vertragssammlung, selbst entwickelte Checklisten/Mindmaps und verfasste Aufsätze, erstellte Präsentationen usw. Am Ende geben immer die eigene Erfahrung, die individuelle Expertise und der eigene Stil den Ausschlag, denn auch in der noch so gut sortierten Datenbank findet sich die konkrete Fragestellung des Mandanten nicht in Gänze wieder.

7.2 Den eigenen Stil entwickeln

Deshalb muss es das erste Ziel der Selbstorganisation sein, sein Wissen so zu strukturieren, dass es nicht nur einen abstrakten Inhalt wiedergibt, sondern auch die Handschrift des Verfassers erkennen lässt. Der kreative Anteil der anwaltlichen Arbeit führt zu einem bestimmten Stil der Darstellung bei Schriftsätzen, Verträgen oder Gutachten, aber auch beim taktischen Vorgehen. Stil und Inhalt zeigen, wie die Persönlichkeit des Anwalts sich in seiner Arbeit Ausdruck verschafft („Form follows function"). Manche Kollegen sind außerordentlich sensibel, was die äußere Erscheinung der Schriftsätze betrifft, andere hingegen fast schlampig – und beide können auf ihre Art große Erfolge erzielen! Für beide ist aber auch Voraussetzung, dass sie mit hundertprozentiger Fertigungstiefe das Gesamtprodukt im Griff behalten. Kreativität ohne Kontrolle ist nutzlos, wie *Jeff Koons* einmal gesagt hat. Dieser amerikanische Bildhauer haut seine Bilder nicht mehr selber, sondern macht nur Entwurfsskizzen und lässt sie dann von Herrgottsschnitzern in Oberammergau oder Porzellanmanufakturen in höchster technischer Präzision ausführen. Den Stil seiner „Blumenhunde" muss man nicht hinreißend finden, aber die Fertigung hat er fest im Griff. Nur so konnte er es schaffen, tonnenschwere Stahlskulpturen wie Luftballons aussehen zu lassen. (Bei der Finanzierung war er allerdings weniger erfolgreich: Fast wäre er an diesem Projekt bankrott gegangen!) Bei seinem New Yorker Kollegen *Julian Schnabel*, einem früheren Koch, dem es zu Beginn seiner Künstlerkarriere gefiel, Teller auf bemalte Leinwände zu kleben, sieht die Sache anders aus: Julian Schnabels Teller fallen ständig herunter, so dass der Künstler jetzt vom Restaurieren fast besser lebt als von neuen Bildern.

Auch aus der Filmindustrie wissen wir, wie wichtig für den Regisseur das Recht ist, den Film selbst schneiden zu dürfen (The Director's Cut) und die Qualität des Endprodukts kontrollieren zu können. An diesen Beispielen sollten sich auch die Anwälte orientieren und versuchen, ihren Stil durch mehr Methodik besser zum Ausdruck zu bringen.

7.3 Checklisten

Dazu dienen Checklisten und Formulare, die aber auch nicht vom Himmel fallen, sondern von der Basis her erarbeitet werden müssen. In beck-online und in zahlreichen Anwaltshandbüchern finden Sie eine Vielzahl solcher Listen und Formulare, die Sie durch schwierige Rechtsgebiete lotsen können.

7.4 Zettelsystem und andere Methoden um Kreativität zu organisieren

Die schwierigste Aufgabe, die im Bereich des Wissensmanagements zu lösen ist, besteht darin, kreativen Ideen freien Lauf zu lassen und sie gleichwohl so schnell wie möglich in eine bestimmte Struktur zu bringen. Es gibt viele Anwälte, die kreativ arbeiten, aber einen sehr schwankenden Erfolg haben, weil sie jedes Mal „das Rad neu erfinden" müssen. Sie können die guten Ideen aus dem einen Fall nicht in den anderen hinüberretten, weil ihnen die Fähigkeit fehlt, ihre guten Ideen zeitnah in eine bestimmte Ordnung zu bringen.

In den Vorauflagen hat Prof. Heussen hier das Zettelsystem angepriesen. Es hat jahrhundertealte Vorbilder, wie Krajewski (siehe Literaturverzeichnis) anschaulich zeigt. Vielleicht ist Gottfried Wilhelm Leibniz (1646–1716), das juristisch/mathematisch/philosophische Universalgenie seiner Zeit, nur deshalb so erfolgreich geworden, weil er es ebenfalls genutzt hat. Selbstverständlich ist das nur eine Variante von vielen anderen. Das Zettelsystem ist mit einem Satz geschildert: Jeder Gedanke, der für die Bearbeitung eines Falles irgendeine Rolle spielt, sei es eine wichtige Tatsache, ein rechtlicher Gedanke, ein Urteilszitat oder ein taktischer Hinweis, wird jeweils auf ein einzelnes Blatt im Format DIN A5 quer geschrieben und nicht, wie üblich, eine Vielzahl von Gedanken auf eine ganze Seite. Das ist schon alles. (Näher dazu → VIII)

Zum Zettelsystem gehört auch die Verwendung von Post-It Zetteln. Ich halte es für einen grundsätzlichen Fehler, eigene Gedanken in fremde Schriftsätze hinein zu schreiben, um dann die eigene Erwiderung anhand dieser Kommentare zu schreiben oder zu diktieren. Das führt nämlich im Ergebnis dazu, dass die eigene Antwort sich in der gedanklichen Struktur des Gegners bewegt und damit keine Eigenständigkeit gewinnt. Besser ist es, Post-It Zettel an die entsprechenden

Stellen zu kleben und sie dann später in die Reihenfolge zu bringen, die man selbst für seine Antwort vorgesehen hat.

7.5 Mindmaps

Wenn man einzelne Zettel mit unterschiedlichen Gedanken vor sich ausbreitet, benötigt man erheblich Platz, so dass man sehr schnell auf die Idee kommt, sie in einer Checkliste strukturiert zusammenzufassen. Das gelingt je nach Anzahl der Zettel am Whiteboard oder mit einer App. (Näher dazu → IV.6)

7.6 Dokumentenmanagement

Je mehr auch kleine Kanzleien oder Einzelanwälte auf die Papiernutzung verzichten, desto mehr gewinnen Ablage- und Speichersysteme an Bedeutung für die Selbstorganisation des Anwalts, weil es über das Ordnersystem von Microsoft hinaus zahlreiche Anwendungen gibt, die Aktensysteme und das E-Mail-Postfach miteinander verknüpfen. Zahlreiche Anbieter liefern Anwendungen, um den vielschichtigen Organisationsaufwand einer Anwaltskanzlei erheblich zu vermindern. (Näher dazu → V.4).

7.7 Spezialisierung

Spezialisierung ist angewandtes Zeitmanagement. Nur wenn man etwas regelmäßig macht, ist man darin schnell und gut. Man hat ein hohes sofort abrufbares Wissen, kennt die einschlägige Rechtsprechung in Standardfällen ohne längere Recherche, verfügt über eine Sammlung an Mustern, die man bereits in anderen Fällen erfolgreich eingesetzt hat, und hat schnell eine erste Einschätzung zur Rechtslage für den Mandanten. Nur dann kann man in aller Regel eine Stundenhonorarvereinbarung mit dem Mandanten durchsetzen. Spezialisierung ist daher effektiv, sowohl für den Mandanten wie auch für den Anwalt bzw. die Anwältin.

Neben der Zeit, die man sich durch Erfahrung und Expertise für das Durcharbeiten bislang völlig unbekannter Rechtsgebiete spart, schont eine Spezialisierung – wenigstens solche, die auf einer echten Vorliebe beruhen – auch Verärgerung. Arbeiten, die einen interessieren, gehen in aller Regel nicht nur leichter, sondern auch schneller von der Hand.

8. Time-Management

8.1 Zeit ist nicht vermehrbar

Es hat einige Jahre Praxis gebraucht, bevor ich das Zeitproblem kennengelernt habe. Dazu muss man als Anwalt nämlich mehr zu tun haben, als einem lieb ist. Wenn man sich selbständig macht, gibt es immer wieder Phasen, in denen nicht viel zu tun ist, und wenn plötzlich ein Stoß Arbeit daherkommt, hängt man einfach das Wochenende dran. Unbemerkt mehrt sich der Einfluss auf das private Leben.

Obwohl sich bei Anwälten, die neben der anwaltlichen Tätigkeit auch zu Hause für die Kinderbetreuung und andere Care-Arbeiten (mit-) verantwortlich sind, die mit nach Hause genommene Arbeit regelmäßig sofort bemerkbar macht, bewältigt man sie doch zunächst ganz zuversichtlich in der Überzeugung, dass es sich um eine Ausnahme handelt.

Grundsätzlich erhöht sich die Gefahr für Anwälte, weil sie oft mit ihren Mandanten auch persönlich bekannt oder befreundet sind und sich nicht immer eine klare Grenze zwischen Berufs- und Privatleben ziehen lässt. Ich habe fast zehn Jahre gebraucht, bis ich gemerkt habe, dass man ohne Zeitmanagement auf Dauer nicht auskommt. Ihnen muss klar sein: Die Grenze Ihrer beruflichen Belastbarkeit ist mit 2.500 Stunden pro Jahr wirklich erreicht und ab 2.700 Stunden pro

Jahr endgültig überschritten. Fredmund Malik hat den Test gemacht und die Leute einmal gefragt: Wie viele Stunden hat ein Jahr? Das hat kaum jemand gewusst und deshalb darf ich es hier nochmals zitieren: Das Jahr hat 8.760 Stunden und wenn Sie acht Stunden Schlaf abziehen, haben Sie (einschließlich Samstag und Sonntag) noch 5.800 Stunden zur Verfügung. Sie müssen sich also die Frage stellen, wie viel Prozent dieser Zeit wollen und können Sie Ihrem Beruf widmen?

> Einen ähnlichen Gedanken verfolgt Oliver Burkeman in seinem 2021 erschienenen Buch „4000 Weeks. Time Management for Mortals" (siehe Literaturverzeichnis): Das durchschnittliche Leben des Menschen dauert 4.000 Wochen – jedenfalls bei solchen Menschen, an die sich sein Buch richtet. Auch ein leistungsbereiter Mensch wird nie alles schaffen, was an Anforderungen auf ihn einströmt. Er wird sich entscheiden müssen, was ihm wichtig ist. Und diese Entscheidung wird womöglich anders ausfallen, wenn er sich seine Sterblichkeit vor Augen führt und überlegt, was ihm wohl an seinem Lebensende als gut verbrachte Zeit erscheinen wird.

Mit ein paar einfachen Grundregeln und Werkzeugen wird Ihnen das leicht gelingen. Ich weiß allerdings: Anwälte und Anwältinnen sind Individualisten, die sich schwertun, auf fremden Rat zu hören, weil sie es gewöhnt sind, anderen Leuten Rat zu geben. Dennoch glaube ich, dass wir es uns selbst und – in unserer Rolle als Arbeitgeber – auch unseren Mitarbeitern und Mitmenschen schulden eine ausgewogene Verteilung zwischen Arbeitszeit und sonstiger Lebenszeit hinzubekommen, für uns und für das Team.

Auch im Teilzeitmodell, vielleicht sogar gerade dort, ist gutes Zeitmanagement aller Beteiligten unerlässlich. Eine befreundete Anwältin erzählte mir neulich, wie eine junge Anwaltskollegin und Mutter im Teilzeitmodell den für den Donnerstag Vormittag eingeplanten Schriftsatzentwurf nicht fertigstellen konnte, weil der inhaltliche Input der Mandantenseite noch nicht eingetroffen war. Als vorbildliche Chefin griff sie zum Hörer, schilderte die Problemlage und bat die Mandanten sehr freundlich, möglichst zeitnah und ggf in Teillieferungen den Input zu senden, um so den „freien" Nachmittag der Kollegin zu retten.

> Das Thema „Work-Life Balance" hat in den letzten Jahren und auch während und nach der COVID19-Epidemie erheblich an Bedeutung gewonnen. Der Begriff ist umstritten, denn er könnte so verstanden werden, als ob die Arbeit nicht Teil des eigentlichen Lebens ist. Ich verwende ihn nachfolgend dennoch, weil er griffig das Dilemma beschreibt, Beruf und Privatleben in Einklang zu bringen. In Vorstellunggesprächen ist die Frage nach verträglichen Arbeitszeiten und möglichst flexibler Arbeitszeitgestaltung mittlerweile ein wichtiges Thema. Junge Anwälte und Anwältinnen werden zunehmend umworben. Ein ausgewogenes Konzept zur Arbeitszeit ist also zunehmend auch ein Pfund, mit dem man im Wettbewerb um den Nachwuchs wuchern kann und muss. Sabbaticals und Teilzeitmodelle sind immer öfter gefragt, und keineswegs nur von Müttern kleiner Kinder. Die meisten großen und auch kleineren Kanzleien kommen nicht umhin, hier Modelle anzubieten.
>
> Ein weiterer Gedanke zum Thema „Work-Life-Balance". Der Begriff ist höchst subjektiv geprägt. Es gab lange Phasen in meinem Leben, in denen ich – oft mit kritischem Unterton – von Freundinnen und Verwandten gefragt wurde, warum ich denn so viel arbeiten möchte. Zu derselben Zeit gab es aber Kollegen, im Vergleich zu denen ich mich fühlte wie ein Faultier, weil sie noch deutlich mehr arbeiteten als ich.

8.2 Es gibt immer genug Zeit – oder nicht?

Der Erkenntnis, dass Zeit nicht vermehrbar ist, muss man eine andere entgegenstellen: Es gibt immer genug Zeit – nur leider meistens an der falschen Stelle! Langweilige Konferenzen, misslungene Opern, lästige Verwandte oder schlechte Wetterlagen, denen man im Urlaub nicht entrinnen kann, zeigen einem das immer wieder. Natürlich kann man nicht mitten im zweiten Akt von „Zar und Zimmermann" beginnen, Schriftsätze zu diktieren – wer aber ganz ehrlich ist, wird oft genug in solchen Situationen feststellen, dass ihm mancher gute Gedanke durch den Kopf geht, der ihm anderntags am Schreibtisch nicht mehr einfallen will. Hier gibt es nur zwei Mittel, die wirklich helfen:

- Einfach rausgehen, d.h., Konferenzen, Opern und Verwandtenbesuche beenden oder aus dem Urlaub wieder heimfahren: Das sind drastische Maßnahmen, denen die Höflichkeit oft genug widerspricht.
- Die Notizfunktion des Smartphones nutzen, sich selbst einen Reminder per E-Mail oder in einen Notizblock schreiben mit ein paar Ideen, die man später verwenden kann (hierzu noch näher → VIII.2)

> Leider muss ich den in der Überschrift genannten Gedanken von Prof. Heussen, es gebe immer genug Zeit, mit einem Fragezeichen versehen. Es gibt nach meiner Lebenserfahrung Jahre im Leben junger berufstätiger Eltern, in denen außer für Kinder und Arbeit für so gut wie nichts Zeit bleibt. Auch und gerade in einer solchen Lebensphase ist aber gutes Zeitmanagement, gutes Priorisieren und Delegieren die aus meiner Sicht einzige Möglichkeit zu überleben und allen Beteiligten gerecht zu werden.

8.3 Konzentration schaffen

Anwälte werden dafür bezahlt, Recht wirksam durchzusetzen. In allen Standardfällen, wie zum Beispiel der Beitreibung von Forderungen, der Markenverwaltung, aber auch in Standardprozessen aller Art kann man einheitliche Abläufe entwickeln, die Arbeit überwiegend delegieren und sich auf die Überwachung beschränken. Auch dafür braucht man zwar Ideen, aber man kann sie mitten in dem täglichen Chaos, das fast in jedem Anwaltsbüro immer wieder neu entsteht, entwickeln und umsetzen.

Etwas ganz anderes sind planerische Aufgaben, wie zum Beispiel die Begleitung einer komplexen Restrukturierung, die Nachfolgeplanung für ein Unternehmen, die Entwicklung der Strategie für ein Strafverfahren. Noch problematischer sind anspruchsvolle Aufgaben wie Gutachten, Veröffentlichungen oder strategische Aufgaben in Restrukturierungsprojekten oder des Anwaltsmanagements (Fusionen!), die gravierende Auswirkungen haben und doch oft genug zwischen Tür und Angel erledigt werden.

Hier geht es um Maßarbeit, bei der man erst einmal eine Fülle von Tatsachen ermitteln und viele Ideen entstehen lassen muss, aus denen man die geeigneten auswählt und sie in eine bestimmte Form bringt, um sie dann mit dem Mandanten diskutieren, verändern und weiterentwickeln zu können.

Um in dieser Weise konzentriert zu arbeiten, benötigt man einen ruhigen Arbeitsplatz ohne Unterbrechungen durch Kollegen, ein klingelndes Telefon, spontane Videoanrufe oder den Hinweiston des Computers, dass eine neue Nachricht eingegangen ist (ausführlich bei Starker, Endlich wieder fokussiert arbeiten, siehe Literaturverzeichnis).

Außerdem braucht man eine Menge Zeit: Wer kreativ arbeitet, weiß, dass die Gedanken, die einem weiterhelfen, nicht gerade dann hereinspazieren, wenn man sie braucht. Sie sind launisch, situationsabhängig und oft genug äußerst störend, weil sie sich bei genauer Prüfung als wertlos erweisen. Viele Anwälte machen die Erfahrung, dass komplexe Fälle sie nicht nur ins Privatleben, sondern auch in ihre Träume hinein verfolgen. Das geschieht interessanterweise oft kurz vor dem

Einschlafen und kurz nach dem Aufwachen. Ich habe deshalb immer einen Notizblock neben meinem Bett liegen, denn wenn man solche Ideen aufschreibt (die sich anderntags oft als verfehlt erweisen), dann wühlen sie nicht mehr so stark in den Gehirnwindungen und hindern einen nicht am Einschlafen.

Die entscheidende Frage lautet daher: „Wo bekomme ich an einem bestimmten Tag einen ganzen Zeitblock von mindestens einer Stunde her, in der ich absolut ungestört bin und nichts anderes zu tun habe, als nachzudenken und mir Notizen zu machen?" Die meisten Anwälte haben darauf nur eine einzige Antwort: „Diesen Zeitblock finde ich nur sehr früh morgens, wenn die Kinder noch schlafen, spät abends im Büro, wenn alle gegangen sind oder am Wochenende". Ich selbst habe die Abende und das Wochenende ungefähr 10 Jahre lang von 1980–1990 so genutzt, bis ich merkte, dass es so nicht mehr weitergehen kann. Was immer ich heute an anwaltlichen Aufgaben zu erledigen habe, geschieht während der Woche und meist schaffe ich es auch, meine Arbeit als Herausgeber wie eine Standardaufgabe zu erledigen. Ein Buch wie dieses lässt sich allerdings wirklich nur am Wochenende schreiben!

> Es ist heute noch deutlich wichtiger, Zeiten für konzentrierte Arbeit zu schaffen. Das zeigen viele Arbeiten und Studien wie zB von Vera Starker / Matthias Schneider, Endlich wieder konzentriert arbeiten (S. 20), siehe Literaturverzeichnis: „Im Wissenszeitalter ist unser Gehirn unser Hauptarbeitsmittel. Nur wenn wir optimale Bedingungen für konzentriertes Arbeiten schaffen, können wir innovativ und kreativ sein. Die Erwartung anderer, ständig erreichbar zu sein, muss dahinter zurücktreten."

8.4 Privatleben integrieren und eventuell delegieren an Haushaltshilfen

Viele Anwälte versuchen, das Überwuchern ihres Privatlebens durch berufliche Zwänge dadurch zu verhindern, dass sie beide Bereiche strengstens trennen. Da es mittlerweile – nicht zuletzt pandemiebedingt – gleichgültig ist, wo man arbeitet, muss man das tiefergehende Problem lösen, auch für sein Privatleben einen geschützten Raum zu schaffen, der von der – bei Anwälten oft genug zerstörerischen – Gedankenwelt der Arbeit nicht negativ beeinflusst wird. Es gibt im Leben vieler Anwälte und Anwältinnen Momente, in denen die Arbeit zu Hause die bessere Lösung ist, so zB wenn das Kind krank ist, wenn der Zug oder Flug nach Düsseldorf erst um die Mittagszeit geht und sich der Weg ins Büro nicht mehr lohnt, oder wenn man ungestört ein umfangreiches Gutachten fertigstellen möchte.

Unsere heutigen technischen Möglichkeiten bergen allerdings die Gefahr, dass das Privatleben überwuchert wird. Die Entgrenzung der Arbeitszeit durch ständige Erreichbarkeit lässt sich aus meiner Sicht nur vermeiden, wenn man es schafft, das Mobiltelefon und den Laptop auch mal auszuschalten. → XI.4.4 „Home Office")

> Auch in digitaler Hinsicht sollte man bewusst entscheiden, wo und wie man Grenzen zwischen Arbeit und privater Konversation setzen möchte. Methoden hierfür sind etwa das Abschalten der automatischen Benachrichtigungen, oder das Einrichten von (ungestörter) Fokus-Zeit zB ab 22 Uhr abends. Eine weitere Variante ist es, arbeitsbezogene Nachrichten auf bestimmte Kanäle zu beschränken, wie zB E-mails im Kanzlei-Account und Teams, private Nachrichten hingegen auf ein privates Mail-Account, ggf. WhatsApp und Textnachrichten und eventuell eine private Telefonnummer. Noch konsequen-

ter, und datenschutzfreundlicher, sind zwei separate Smartphones.

8.5 Brauchen auch Einzelanwälte Time-Management?

Viele Einzelanwälte meinen, sie könnten über Organisationsfragen frei entscheiden, weil sie sich nicht mit einem anderen Anwalt abstimmen müssen. Das trifft aber nur auf jene Kollegen und Kolleginnen zu, die wirklich alles – vom Einkauf des Büromaterials über die Buchhaltung bis hin zum Schreiben und allen Kommunikationsvorgängen (Post, Telefon, E-Mail etc.) – selbst machen. Die meisten haben wenigstens eine Teilzeit-Assistenz – und schon ist da ein Mensch, mit dem man sich abstimmen muss und es entsteht der Kern einer Aufbauorganisation, die unversehens immer komplexer werden kann.

Viele Einzelanwälte haben jährlich bis zu sechshundert laufende Akten. Die Zahl kommt schnell zusammen: Das Jahr hat circa 230 Arbeitstage und wenn man an jedem Tag drei neue Verkehrsunfälle annimmt, können es noch mehr Akten werden. Es mag durchaus sein, dass aus dieser Vielzahl von Akten nur fünfzig oder sechzig Aufgaben enthalten, für die man etwa eine Stunde Zeit braucht. Rechtfertigt diese geringe Zahl die Einführung des Zeitmanagements? Wer so argumentiert, übersieht, dass in seinem Büro eine Vielzahl anderer Tätigkeiten auf ihn wartet, die er einplanen muss. Das geht von der Durchsicht und Besprechung der eingegangenen Post und E-mails bis zur monatlichen Umsatzsteuererklärung, von Personaleinstellung bis zu Akquisitionsgesprächen etc.

Niemand der neben seinen sonstigen Aufgaben pro Tag zwanzig bis dreißig Standardfälle wegputzt, wird sich für die zwei bis zehn Minuten, die ihn jeder Fall kostet, eine Bearbeitungszeit vorausplanen. Wohl aber ist ihm zu raten, sich mindestens zwei oder drei Zeitblöcke à eine Stunde in den Kalender einzutragen, in denen nur „Akten" steht. Wenn seine Assistenz richtig einbezogen ist, wird er oder sie ihm für diese Zeitblöcke die typischen zehn bis fünfzehn Standardfälle vorlegen, die dann weggearbeitet werden. Anschließend ist der Schreibtisch wieder leer. Wie sieht es aber in den meisten Büros unserer Kollegen aus? Es sind dort dreißig Akten aufgestapelt, die wegzuarbeiten nicht mehr als eine halbe Stunde kosten würde, dazwischen aber liegt der große Berufungsschriftsatz, an dem man seit drei Tagen arbeitet und ganz oben drauf eine Tüte mit Butter-Brezeln, unter der die letzte rote Fristwarnung eingeklemmt ist. Ich weiß das deshalb so genau, weil auch mein eigener Schreibtisch vor 25 Jahren noch so ausgesehen hat, bis dann zwei meiner Partner gekommen sind, sich einen Weg durch die auf dem Fußboden liegenden Akten bahnten und wortlos mit je einem Stapel Akten verschwanden.

8.6 Time-Management in den Anwaltsgenerationen

In jeder Sozietät findet sich irgendeine Altersschichtung. Meist treffen junge, erfahrene und ältere Kollegen und Kolleginnen aufeinander. Und bei der Schnelligkeit, die die Anforderungen der Beratungs-Märkte uns auferlegen, sind die Vorstellungen darüber, wie man sich selbst organisieren soll, höchst unterschiedlich. Jüngere Anwälte benutzen gern die neueste Technologie, für ältere hingegen scheint schon die Bitte, ihren Zeitaufwand zu notieren, unzumutbar, weil sie seit Jahrzehnten ihre Büros nur „auf Zuruf" steuern – und damit offenbar durchgekommen sind. Die mittlere Generation steht zwischen diesen Konflikten und rettet sich oft nur durch ein Machtwort.

Für junge Anwälte und Anwältinnen ist es besonders wichtig, möglichst früh eine geeignete Arbeitsmethodik für sich zu entwickeln. Nirgendwo im deutschen Schulsystem wird die Fähigkeit zu lernen und sich Kenntnisse zu erarbeiten systematisch unterrichtet. Leider ist es auch auf der Universität nicht anders: Das zeigt Manuel R. Theisens Erfolgsbuch über

„Wissenschaftliches Arbeiten". Viele Ideen aus seinem Buch sind auch auf die anwaltliche Arbeit übertragbar. Außerdem ist es unterhaltsam geschrieben. Die meisten Juristen verstehen unter „Methodenlehre" etwas Inhaltliches, denken aber nicht daran, dass auch Arbeitsmethoden gelehrt werden müssen. Man interessiert sich für die reine Vernunft, leider aber nicht für die praktische. Das liegt womöglich daran, dass unsere Universitätslehrer nahezu nie einen praktischen juristischen Beruf ausgeübt haben. Junge Anwälte und Anwältinnen sollten daher zunächst systematisch erforschen, welche Arbeitsmethoden ihre Kolleginnen und Kollegen anwenden und sich aus diesen Erkenntnissen ihre eigene Methode erarbeiten.

Die mittlere Generation, die meist die Managemententscheidungen in der Hand hat, sollte sich von den Jüngeren alles Mögliche zeigen und erklären lassen, damit sie erkennen kann, wohin die Dinge sich entwickeln. Das bedeutet noch nicht, dass man jede neue Mode mitmachen muss. Es gibt auch technische Entwicklungen, die nach spektakulären Anfängen wieder in sich zusammensacken. Manchmal sollte man darauf warten. Die Älteren hingegen wissen genau, dass man sich manchmal nur an den Fluss setzen muss, um darauf zu warten, bis die Leichen der Feinde vorbeischwimmen. Nur sollten sie daraus kein Grundprinzip machen! Wer zB als Of Counsel unter den Rahmenbedingungen seiner Sozietät arbeitet, muss bereit sein, sich immer so zu organisieren, dass die Kommunikation mit den anderen, die Zeiterfassung, die Buchhaltung und viele andere Details diesen Rahmenbedingungen angepasst sind.

9. Rahmenbedingungen für Selbstorganisation und Zeitmanagement im Anwaltsunternehmen

Die Art und Weise, wie Anwälte sich selbst organisieren, hängt davon ab, in welcher Umgebung sie arbeiten, diese wiederum von der Art und Weise der Führung und der Unternehmenskultur.

Es gibt kleinere Büros, die ausgezeichnet organisiert sind und relativ große, in denen jeder Anwalt und sein Sekretariat sich ohne Rücksicht auf die anderen so organisieren, wie es dem jeweiligen Chef passt. An sich wäre das die ideale Situation für den berechtigten Wunsch, sich selbst so individuell wie möglich zu organisieren. Das daraus entstehende Problem liegt auf der Hand: Wenn das Sekretariat vorübergehend nicht besetzt ist, wenn eine Anwältin in den Akten eines anderen Anwalts arbeiten soll, findet sich niemand zurecht und das Mandat leidet. Manche Partner nehmen diese Nachteile gern in Kauf, weil sie innerhalb eines im Übrigen führungslosen Büros ihre eigenen Vorteile ohne Abstimmung mit anderen wahrnehmen können. Für die Sozietät als Ganzes ist ein solcher Zustand aber nicht akzeptabel. Die Lösung lautet: Die Partner müssen ein Mindestmaß an Führung akzeptieren und das bedeutet auch, dass jeder nur innerhalb der so gezogenen Grenzen sein eigenes Organisationsmodell entwickeln kann. Die sehr großen Büros, die sich in den letzten 30 Jahren entwickelt haben, sind alle an diesem Weg nicht vorbeigekommen (Näheres in: Heussen, Anwaltsunternehmen führen, siehe Literaturverzeichnis).

Bei der Entwicklung des eigenen individuellen Modells ergeben sich langsam, aber sicher eine Vielzahl von Detailfragen, die innerhalb der jeweils bestehenden Rahmenbedingungen beantwortet werden müssen. Das Zeitaufschreiben ist – wie wir weiter unten (→ II) sehen werden – eine Bedingung, an der niemand vorbeikommt und die den Interessen des Ganzen dient. Es sollte zeitnah erledigt werden. Ob man das aber selbst tut oder an sein Sekretariat delegiert, sollte jeder für sich entscheiden können. Wer sich an Managementaufgaben des Büros beteiligt, hat Einfluss auf die Rahmenbedingungen, unter denen er das tut. Ohne Geldbudget und Zeitbudget für solche Tätigkeiten würde ich solche Aufgaben persönlich nie übernehmen. Ich kann das deshalb mit großer Entschiedenheit sagen, weil ich diesen Fehler hinter mir habe. An sich gilt die gleiche Überlegung auch für das Wissensmanagement. Jeder muss irgendeine Form finden, mit zumutbarem Zeitaufwand sein Know-How zu speichern.

10. „Unordnung" als Ordnungsprinzip

Viele Anwälte entwickeln im Lauf der Zeit bestimmte Stile und Methoden um ihre Arbeit zu erledigen. Meist sind sie ihnen nicht bewusst. Hier und da sieht man durchaus exzentrische Varianten, vor allem, wenn es um die Aktenordnung geht: Die einen können nur mit einem Haufen loser Blätter arbeiten, die das berufsrechtliche Minimum einer „Akte" kaum erfüllen, die anderen sind unglücklich, wenn nicht jedes einzelne Blatt Papier auf Kante gezogen und gebügelt ist. Einige verzichten mittlerweile gänzlich auf die Nutzung von zusätzlich geführten Papierakten und nutzen eine E-Akte, in denen man keine Eselsohren mehr machen kann.

Nach meiner Erfahrung kann man sich selbst nur dann erfolgreich organisieren, wenn man Formen findet, die zur eigenen Persönlichkeit passen. Wer zur Unordnung neigt, und sich nur in einem Wust von Dokumenten wohl fühlt, sollte daran nichts ändern, sondern nur darauf achten, dass neben ihm wenigstens das Sekretariat eine annähernde Vorstellung davon hat, was wo zu finden ist. Sonst wird es mit dem Delegieren schwierig. Wer mit Zahlen nicht umgehen kann oder will, muss damit zuverlässige Mitarbeiter beauftragen und sollte nicht selbst versuchen, Freude an der Buchhaltung zu entwickeln. Wer gern redet, sollte sich nicht zum Schreiben zwingen – und umgekehrt! Kurz: man sollte mit seinen Stärken arbeiten und über seine Schwächen großzügig hinwegsehen – wieder eine der klassischen Empfehlungen von *Peter Drucker.*

Bitte verstehen Sie daher alle Hinweise in diesem Buch nur als eine Darstellung dessen, was mir für meinen eigenen Stil als optimal erschienen ist. Wenn ein Tipp nicht zu Ihnen passt, müssen Sie sich überlegen, wie Sie das Problem auf andere Weise lösen können.

11. Stress nicht bekämpfen, sondern umarmen

Stress ist der beste Beweis dafür, dass das Geschäft läuft. Das denken die meisten Anwälte, jedenfalls dann, wenn sie gleichzeitig ihre Umsätze steigen sehen. Die Ernüchterung kommt schnell, wenn man in einer genauen Analyse sieht, dass man am Ende des Jahres trotzdem weniger verdient hat, weil keine Zeit war, die Mandatsstruktur zu verbessern oder das Qualitätsmanagement so zu steigern, dass man gleichzeitig schnell und zuverlässig arbeiten kann. Viele denken nur daran, an der Kostenschraube zu drehen. Wir wissen aber aus Erfahrung, dass die Kosten immer abhängig von der Mandatsstruktur sind und sich innerhalb der jeweiligen Kategorie kaum beeinflussen lassen: In großen wirtschaftsrechtlichen Sozietäten kann man die Kostenquote kaum unter 60 % halten, der Einzelanwalt mag 20 % oder 25 % erreichen, aber dann hat er immer noch nichts verdient, wenn der Umsatz nicht stimmt. Stress sollte uns also eher nachdenklich stimmen – aber zum Nachdenken lässt er einem ja gerade keine Zeit!

> Das Zeitmanagement hilft Ihnen hoffentlich aus dieser Falle. Daneben gibt es eine Reihe von Werkzeugen, die kurzfristig und unmittelbar gegen Stress helfen können. Dazu gehört vor allem Techniken wie Yoga oder autogenes Training (→ IV.9), um mit Stress besser umzugehen. Eine sehr simple Meditations- bzw. Atemtechnik, die Konzentration und Willenskraft fördert, beschreibt zB McGonigal, The Willpower Instinct, siehe Literaturverzeichnis.

Nach diesem einleitenden Kapitel steigen wir nun in die Technik des Zeit-Managements im Einzelnen ein.

II. Grundideen des Time-Managements

1. Freie Zeit ist der größte Luxus

Wahrscheinlich kennt jeder von Ihnen die Geschichte: Als Alexander der Große den Philosophen Diogenes aufsuchte, um sich von ihm einen Rat zu holen, stellte er zu seinem Entsetzen fest, dass der weltberühmte Mann in einer leeren Mülltonne hauste, vor der er gerade ein Sonnenbad nahm. Man weiß nicht, welche Frage der Politiker gestellt hat, aber der Rat, den er bekommen hat, muss so wertvoll gewesen sein, dass Alexander am Ende sagte: „Egal, welchen Wunsch Du hast, ich werde ihn Dir erfüllen", worauf Diogenes wie bekannt antwortete: „Steh mir nicht länger in der Sonne"!

Wir Anwälte, die wir nicht in Mülltonnen hausen und denen die UV-Belastung die Lust zum Sonnenbaden nimmt, hätten ganz bestimmt den brennenden Wunsch gehabt. „Kannst Du mir nicht mehr Zeit verschaffen?"

Davon hatte Diogenes offenbar eine ganze Menge – mehr als jeder von uns. Ich habe mir oft überlegt, um was Diogenes sonst noch hätte bitten können, und bin auf folgende Wunschliste gekommen:

- Geld
- Macht
- Wissen
- Genuss
- Gesundheit

Von alledem hatte Diogenes offenbar genug, denn er war mächtig genug, dass der Berg zum Propheten kam, für sein Wissen war er berühmt, Geld brauchte er nicht, weil er ohnehin alles geschenkt bekam und beim Genuss scheint es ihm auch an nichts gefehlt zu haben: „Macht und Berühmtheit sind die größten Aphrodisiaka", wie Henry Kissinger einmal aus eigener Erfahrung mitteilte. Nur der Schatten hat Diogenes gestört.

Man sagt oft: Zeit ist Geld. Genauso gut kann man sagen, dass Zeit Macht ist (man lässt andere Leute warten), und ebenso ist freie Zeit Genuss. Auch Wissen kann man nur mit erheblichem Zeitaufwand erwerben, um dann so viel Geld daraus zu machen, dass man sich Genuss und Macht verschaffen kann.

Nur Zeit kann man nicht kaufen. Man kann allenfalls seine Arbeitszeit zu Lasten anderer Zeiträume verlängern, bis außer Arbeit nichts mehr übrig bleibt. Wer längere Zeit versucht hat, den Sechzehnstundentag zu leben, den man vielen Anwälten nachsagt, weiß, dass vieles davon Legende ist, weil die Effizienz der eigenen Arbeitsleistung mit der Zeit eben doch abnimmt. Nach außen wird nicht sichtbar, wie viel Zeit buchstäblich „totgeschlagen" wird, denn die Zeit, in der man wirklich effizient arbeiten kann, ist bei jedem Menschen begrenzt.

Das Modell des Diogenes ist das dialektische Gegenstück zu all diesen Erfahrungen und offenbar das sehr viel erfolgreichere: Während der Erfinder des Satzes „Zeit ist Geld" längst vergessen ist, erzählen wir uns noch heute die über 2.000 Jahre alte Geschichte von Diogenes mit großer Begeisterung, aber immer mit einem distanziert belustigten Unterton, mit dem man den Kindern Märchen erzählt („Schön wär's").

Offensichtlich machen Anwälte etwas falsch, was – mit Ausnahme weniger Menschen – von nahezu allen falsch gemacht wird: Weil Zeit nicht greifbar, nicht handelbar, nicht fühlbar ist, ignorieren wir sie – sie aber nicht uns! Zeit tritt in vielfältigen Verkleidungen auf. Man spürt sie in den Jahreszeiten, in den Gerichtsterminen und Konferenzen, in allem, was Pünktlichkeit erfordert – also in nahezu allen Plänen –, im Projektmanagement, in den Terminvereinbarungen, in den festgelegten Golfstunden, im Monate vorher gebuchten Urlaub, im Älterwerden der Kinder …

Die Zeit ist ohne jeden Zweifel das stärkste der bekannten Elemente, weil sie Feuer, Wasser, Luft und Erde mit Sicherheit überdauern wird.

All diese Gedanken sind tief beunruhigend, und mir kommt manchmal der Verdacht, als könnte die nicht überlieferte Frage Alexanders genau die gleiche gewesen sein, die uns heute so intensiv beschäftigt: „Wie bekomme ich mehr Zeit?". Dann wäre er der erste Teilnehmer eines Zeitmanagement-Seminars gewesen, und wie wir Diogenes kennen, hätte er für das höchste je gebotene Honorar („Wünsch Dir was Du willst") nur einen einzigen Satz sagen müssen: „Du musst Deine Zeit wahrnehmen".

> „In practical terms, a limit-embracing attitude to time means organizing your days with the understanding that you definitely won't have time for everything you want to do, or that other people want you to do – and so, at the very least, you can stop beating yourself up for failing. Since hard choices are unavoidable, what matters is learning to make them consciously, deciding what to focus on and what to neglect, rather than letting them get made by default – or deceiving yourself that, with enough hard work and the right time management tricks, you might not have to make them at all." (Burkeman, 4000 weeks. Time Management for Mortals, S. 32, siehe Literaturverzeichnis)

2. Wichtige Elemente und Ziele des Time-Managements

2.1 Die Zeit wahrnehmen

Da man die Zeit nicht anfassen, ihr nichts befehlen, sie nicht kontrollieren – kurz: sie eben nicht wahrnehmen kann, erscheint ein Begriff wie „Zeitmanagement" als reiner Widerspruch.

Man braucht eine ganze Weile, bis man entdeckt, dass man zwar nicht die Zeit, wohl aber die eigene Anwaltsarbeit so managen kann, dass es aussieht, als sei die Zeit gemanagt worden. Man hat auf einmal mehr davon, erledigt in kürzerer Zeit größere Mandate, ist weniger erschöpft und beschwert sich nicht ständig über die Zeitknappheit. Es erleichtert die Vereinbarkeit von Beruf und Privatleben, neben der Arbeit bleibt mehr Frei- und Familienzeit.

Zeitmanagement ist also – wie die gesamte Literatur darüber sagt – nichts weiter als Selbstmanagement, das sich letztlich auf die Zeit nur indirekt auswirkt. Voraussetzung dafür ist, dass wir uns den Einfluss der Zeit auf unsere Arbeit bewusst machen. Die Grundideen, die in diesem Kapitel dargestellt werden, sind vielen Publikationen zum Zeitmanagement entnommen (siehe Literaturverzeichnis), hier aber auf die Tätigkeitsfelder von Anwälten umgearbeitet worden.

2.2 Über das Ziel unverplanter Zeit

Zu lang gesetzte (Zeit)Fristen führen – wie jede Anwältin weiß – eher dazu, dass die Aufgabe gar nicht, oder im letzten Moment angegangen wird. Zu eng verplante Zeit wird hingegen als Einengung, als unangenehmes Joch empfunden, das man sich in der Freizeit für ein paar Stunden abschütteln darf: Deshalb ist undefinierte Zeit im Beruf ein Stück Freiheit!

Wir Anwälte gönnen uns diesen Luxus nicht allzu oft. Wenn man sich nur jeden Tag eine zusätzliche Stunde Freizeit verschaffen, diese aber geschickt auf bestimmte Zeiträume zusammenfassen könnte: Wären das nicht 360 Stunden im Jahr oder – verteilt auf einen Zehnstundentag – sechs Wochen (!) Urlaub mehr? Die Rechnung zeigt: Es gibt nur ein Lebenszeitkonto, aus welchem wir die berufliche Zeit ebenso wie die private Zeit leben. Das folgende Modell ist ein sehr vereinfachter Überblick über meine Lebenszeit aus heutiger Sicht:

1 Jahr im Leben der Anwältin: 365 Tage x 24 Stunden = 8760 Stunden/Jahr

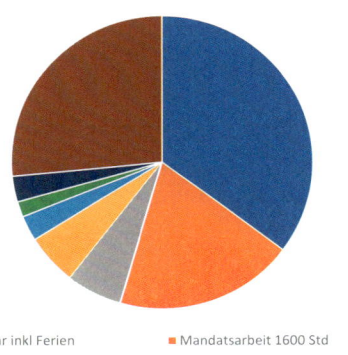

- Schlafen 8 Std/Tag im Jahr inkl Ferien
- Mandatsarbeit 1600 Std
- non billable 500 Std
- Kinderbetreuung wochentags (2 Std /Tag)
- Privatorganisation (1 Std/Wochentag)
- Sport 3 Std/Wo
- Einkauf/Bestellen/Kochen, Essen: 1 Std/Wochentag
- Wochenende, Ferien inkl Kinder, Sport 6 Wo

Daran sieht man: Wenn die Idee sich nur auf das berufliche Umfeld beschränkt, gehen wesentliche Aspekte verloren, auf die es beim Zeitmanagement entscheidend ankommt:

- Zeitmanagement soll größere Zeiträume schaffen, die nicht durch Planung strukturiert werden müssen. Es sollen leere Zonen entstehen, die nicht planerisch fremdbestimmt sind, sondern zB für längere Arbeitsblöcke bereitstehen, und
- Zeitmanagement soll unverplante Zeit und damit Freiheit ermöglichen!

Wir können dabei zusehen wie schnelllebig sich unser Work-Flow entwickelt und durch Phänomene wie New Work stetig verändert. Immer schwieriger wird es dabei, sich mental gesund zu halten. Time-Management darf nicht nur dazu dienen eine grenzenlose wirtschaftliche Produktivität zu erreichen. Anwälte sind dauerhaft erheblichem Leistungs- und Termindruck ausgesetzt. Der selbstständige Anwalt muss sein Büro am Laufen halten. Der angestellte Anwalt wird an seinen abrechenbaren Stunden gemessen. All das ist verbunden mit der Erwartung ständig erreichbar zu sein und den „digitalen Overload" zu bewältigen. Das gefährdet die mentale Gesundheit und erhöht das Burnout-Risiko. Zeitmanagement soll Freiräume und die Möglichkeit schaffen, sich Auszeiten zu nehmen. Die Entscheidung wie man seine Zeit an die mentale Gesundheit „verschwendet" obliegt jedem Einzelnen ganz persönlich – sei es mit Hilfe von autogenem Training, Yoga, Meditation oder auf dem Tennisplatz. Wichtig ist, dass man Stresssituationen und Überlastungen erkennt und Techniken parat hat, damit umzugehen (siehe hierzu im Folgenden → IV).

> Die Autorin Teresa Bücker entwickelt in ihrem Buch „Alle Zeit" den Begriff „Eigenzeit" oder „Me-Time" als Ausnahme von Arbeitszeit und von verplanten Freizeitterminen, für eine Zeit, deren Verwendung man nicht offenlegen muss, in der man nichts oder nichts Zielgerichtetes tun muss. „Me-Time ist oft zu kurz, um sich darin erholen zu können. Sie ist das minimale Zugeständnis an Menschen, die sich nach längeren Eigenzeiten sehnen oder sie für ihr Wohlbefinden bräuchten. Wer im Internet nach Me-Time für Eltern oder stressbelastete Menschen sucht, findet vor allem Tipps für fünfminutige Rituale, wie 'alleine auf dem Balkon einen schönen Cappuccino trinken, bevor der Rest der Familie wach wird'.", vgl. Bücker, Alle Zeit. Eine Frage von Macht und Freiheit, S. 186, siehe Literaturverzeichnis.

2.3 Höhere Qualität der Arbeitsergebnisse

Time-Management ermöglicht ein zweites Ziel: Es kann die Arbeitsergebnisse der Anwälte auf eine höhere Qualitätsstufe heben. Wenn man überhastet, improvisiert, ohne gesteckte Ziele und mitten im organisatorischen Chaos arbeitet, dann muss man schon ein ziemliches Genie sein, wenn die Arbeitsergebnisse mehr als durchschnittlich sein sollen, denn „wer sich nicht selbst organisiert, kann auch nichts Anderes organisieren" (Peter Drucker).

Gutes Zeitmanagement hilft nicht nur bei der Zeiteinteilung und schafft damit mehr Zeit. Es hilft darüber hinaus dabei, seine eigene Arbeit besser zu verstehen, Qualitätsmängel aufzudecken und sich selbst besser, das heißt vor allem einfacher zu organisieren.

Als Anwalt habe ich Ärzte oft beneidet, weil sie die Patienten nehmen, wie sie kommen und allenfalls einmal sagen: „Kommen Sie in drei Wochen wieder einmal vorbei.". Wenn der Patient dann nicht mehr gekommen ist, muss der Arzt sich nicht darum kümmern, und wenn er in den Urlaub fährt, geht der Patient eben zum Notarzt.

Notanwälte gibt's leider (noch) nicht! Anwälte müssen ständig überwachen, dass die Mandanten auch das tun, was sie tun sollen, weil sie ihrerseits vom Gericht und von Dritten überwacht werden – und dazu noch ihre Haftpflichtversicherung im Kreuz haben. Immer mehr arbeiten wir an größeren Projekten, die sich über Monate hinziehen und den Aufbau komplexer Beziehungsnetze zwischen einzelnen Personen, Problemen und Zwischenlösungen voraussetzen.

Derartige Arbeit kann man nicht mehr – wie es früher meistens ging – auf „Zuruf" gestalten – hier ist schon die Mindestqualität ohne ziemlich detaillierte Organisation der eigenen Arbeitsabläufe kaum erreichbar.

Auch das Einhalten der vereinbarten Abgabefrist für ein Gutachten oder einen Schriftsatz ist Teil der Qualität des

Arbeitsergebnisses: Die Rechtzeitigkeit ist für den Mandanten oft genauso entscheidend für seine Zufriedenheit wie die inhaltliche Qualität. Richtig ist aber auch, und zwar gerade bei sehr eiligen Aufträgen mit sehr kurzen Abgabefristen: Das Arbeitsprodukt (Gutachten, Stellungnahme, Schriftsatz) bleibt in der Welt und darunter steht Ihr Name als Verfasser, nicht hingegen, wie die Zeitnot zustande kam. Wenn es also nicht möglich ist, mit dem Mandanten eine angemessene Abgabefrist zu vereinbaren, dann sollten Sie auf diese vom Mandanten gewünschte Eile und die daraus resultierende Knappheit der Ausführung möglicherweise an geeigneter Stelle kurz hinweisen.

> Das gilt besonders, wenn Sie junge Anwältin sind, aber auch, wenn Sie sich in eine neue, komplexe Materie wagen. Wir alle kennen die Momente, in denen einem bei der Prüfung der Rechtslage der Kopf schwimmt. Man liest im Gesetz, bei Juris, macht sich Notizen, aber es ergibt sich kein klares Ergebnis, oder man mag das Ergebnis nicht glauben. Hier ist es umso wichtiger, dass Sie mit Zeitmanagement arbeiten. Denn dann haben Sie genügend Zeit, um dennoch „einen Griff" an das Problem zu bekommen. Sie können, das ist die schnellste Lösung, eine Kollegin befragen, die mehr Erfahrung in der Materie hat. Sie könnten, wenn sich eine solche Kollegin nicht findet, wenigstens mit irgendeinem Anwaltskollegen brainstormen und seine zweite Meinung einholen. Und, wenn all das nicht möglich ist, können Sie wenigstens eine Nacht über dem Problem schlafen und Ihrem Gehirn damit Gelegenheit geben, das Problem über Nacht weiter zu verarbeiten, so dass es am nächsten Tag schon deutlich weniger schwierig ist.

2.4 Individualität, Einfachheit, Flexibilität

Viele Bücher über Zeitmanagement überfallen einen geradezu mit der – für mich alptraumhaften – Vorstellung, man müsse alle seine Tätigkeiten, einschließlich der „privaten" Aktivitäten, bis in die letzte Minute durchplanen und detaillierte täglich zu überarbeitende To-Do-Listen schreiben. Ich brauche für meine Arbeit das genaue Gegenteil von Standard und Raster und deswegen ist mir damit wenig geholfen.

Ich bin eher ein Freund der privaten Passivitäten, bin also ein fauler Mensch, der versucht, seine Intelligenz einzusetzen, um weiterhin faul bleiben zu können, darum ist mir der Ansatz von *Diogenes* so sympathisch. Die Erstellung und Änderung aller denkbaren Pläne und Listen dauert heute im Smartphone nur noch Sekunden und ist einfach mit mehreren Programmen vernetzbar. Jeder kann sich individuell und einfach so flexibel organisieren, wie er das will (dazu näher → XIV). Dieses Buch soll Sie nicht in ein solches enges Korsett aus verplanter Zeit und To-Do-Listen zwängen, sondern Ihnen Blöcke freier Zeit ermöglichen, die nicht durch dringende Rückrufbitten, drohende Fristabläufe und vergessene Privataufgaben unterbrochen werden.

2.5 Biorhythmus

Ich habe selbst lange Zeit nicht daran geglaubt, musste aber anerkennen, dass es den Biorhythmus gibt. Und er ist nicht für jeden gleich. Vereinfacht spricht man vom Frühaufsteher, dem Early Bird und dem Spätaufsteher, der Nachteule. Beide erreichen den Höhepunkt ihrer Leistungsfähigkeit zu unterschiedlichen Tageszeiten:

Early bird or night owl

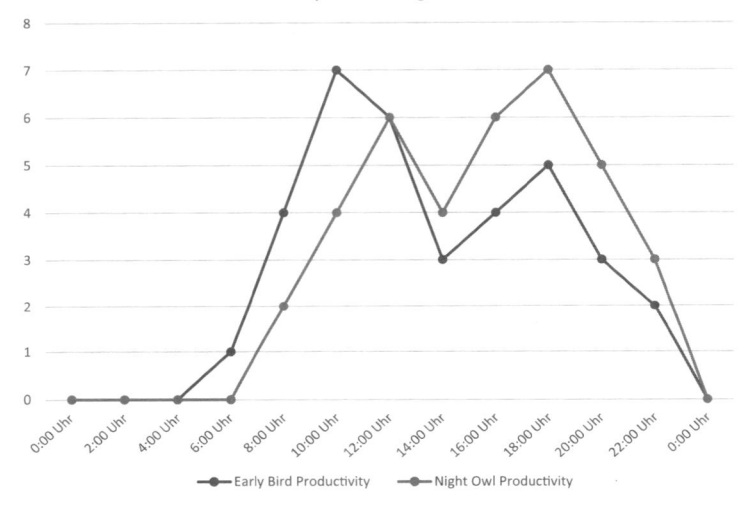

— Early Bird Productivity — Night Owl Productivity

In der Zeit zwischen 10.00 bis 12.00 Uhr haben die meisten von uns die höchste Konzentrationsfähigkeit und Arbeitskraft und können auch schwierige Aufgaben besser erledigen als zu anderen Tageszeiten. Die meisten erreichen eine weitere Spitze gegen 18.00 Uhr, aber vergleichbar mit der Periode am Vormittag ist diese beim Early Bird nicht, während bei der Night Owl der Vormittag nicht zu der produktivsten Zeit gehört.

Wer als Early Bird vormittags viel auswärts zu tun hat, verpasst daher leider sehr oft die beste Zeit, um eine wirklich anspruchsvolle Arbeit zu machen – es sei denn, er berücksichtigt den Biorhythmus bei seiner Zeitplanung.

Zusammengefasst: Wichtige und anspruchsvolle Arbeiten sollte man seinem persönlichen Biorhythmus anpassen, so oft es geht. Wenn man – wie viele Anwälte – von fünf Arbeitstagen zwei Vormittage außerhalb des Büros bei Gericht, in der Einigungsstelle oder beim Mandanten tätig ist, dann sollten Early Birds eben an den beiden übrigen Tagen den Vormittag nutzen. Das Gleiche gilt für die Night Owls unter Ihnen, die nur ins Büro können, während die Kinder vormittags in der Schule oder in der Kita sind. Versuchen Sie sich an einzelnen Tagen in der Woche am Nachmittag Zeiträume zu schaffen, in denen Sie den Höhepunkt ihrer Produktivität nutzen.

Wer dauerhaft gegen seinen Biorhythmus arbeitet und über lange Zeit ständig seine körperlichen Grenzen überschreitet, gefährdet sich erheblich bis zum Burn-Out:

> „It is now common to encounter reports, especially from younger adults, of an all-encompassing, bone-deep burnout, characterized by an inability to complete basic daily chores – the paralyzing exhaustion of "a generation of finely honed tools, crafted from embryos to be lean, mean production machines" in the words of the millennial social critic Malcolm Harris. Burkeman, 4000 Weeks. Time Management for Mortals, S. 9, siehe Literaturverzeichnis.

2.6 Möglichkeiten und Grenzen der Planbarkeit

Wir Anwälte helfen unseren Mandanten, das Chaos, das sie mitunter selbst angerichtet haben, wieder zu beseitigen und Konflikte zu lösen. Wenn nichts mehr zu retten ist, dann fahren wir den Müllwagen zum Gericht. Intelligentere Mandanten fragen gelegentlich, wie sie den Ärger hätten vermeiden können. Da helfen wir dann mit gutem Rat zur Vertragsgestaltung, Vertragsverhandlung oder auch zum juristischen Management. Kurz: Wir sind gewohnt, bei anderen Leuten Ordnung zu schaffen und haben deshalb, wie die meisten Schuster, selbst Löcher in den Sohlen. Wir haben eine instinktive Abneigung dagegen, uns zu organisieren. Besonders phantasiebegabte Anwälte brauchen eine kreative (und das heißt für sie: chaotische) Umgebung, damit ihnen die richtigen Gedanken kommen.

Es hat lange gedauert, bis ich verstanden habe, warum das so ist. Erst die Forschung zu nicht-trivialen Systemen (wie das Rechtssystem) zeigt uns, dass wir sie nicht ein für alle Mal in aller Tiefe begreifen oder gar planerisch erfassen zu können. Jeder Fall liegt ein bisschen anders. Wie oft erlebt man, dass selbst Fälle, die sich völlig gleich sind, wegen des unterschiedlichen Erfahrungshorizonts der Mandanten ganz anders dargestellt werden müssen! Die Unmöglichkeit einer endgültig „richtigen" Planung führt zwangsläufig dazu, dass erst jahrelange Erfahrung den Anwalt trittsicher macht. Er erkennt bestimmte Muster, die er schon einmal gesehen hat und verhält sich ähnlich. Ausschlaggebend ist das Vertrauen in die eigene Erfahrung.

Wenn das so ist, was hilft einem dann ein einigermaßen strukturierter Tages- und Arbeitsablauf? Hindert er nicht sogar, die Instinkte zu entwickeln? Muss man nicht die Schiffe der Ordnung hinter sich verbrennen, um wirklich nach vorn stürmen zu können?

Meine persönliche Erfahrung ist: Man kann nur dann wirklich kreativ sein, wenn man sich nicht von drohenden Fristen, unangenehmen Personalgesprächen, nutzlosen Akquisitions-Meetings und überflüssigen Telefonaten bedroht fühlt. All das prasselt wie ein Meteoritenschauer auf den Anwalt ein, der keine aktiven Maßnahmen zur Steuerung dieser Probleme ergreift. Im Kern der anwaltlichen Arbeit, also im Einschätzen der Situationen, der Tatsachen und der Rechtslage kann und wird es immer Unsicherheit, Zufallsergebnisse, Verständnisprobleme oder andere – auch chaotische – Elemente geben. Den Rahmen aber, der sich darum schließt, kann man (innerhalb bestimmter persönlicher Grenzen) planen. Dabei sollte am Ende folgendes erreicht werden:

- Konzentrierter Arbeiten
- Schwerpunkte setzen
- Stress vermindern
- Arbeitsqualität verbessern
- Lebensqualität erhöhen („Work-Life-Balance")

III. Die Struktur des Time-Managements

1. Drei Grundregeln

Die meisten Anwälte werden die oben skizzierten Gedanken durch eigene Erfahrung bestätigt finden und zustimmen, dass sie die Art, wie sie die Zeit wahrnehmen und mit ihr praktisch umgehen, ändern müssen.

Die Durchführung dieses Vorsatzes ist erheblich schwerer, als man zunächst denkt. Sie gelingt nur, wenn man sich im Wesentlichen (also nicht: zwanghaft) an folgende drei Grundregeln hält:

1. Ziele bestimmen
2. Verhalten analysieren
3. Planen, delegieren, kontrollieren

Die Umsetzung dieser Regeln ist erfolgreich, wenn man sich einen Arbeitsbereich nach dem anderen vornimmt und zunächst diejenigen Bereiche umorganisiert, bei denen es einem am leichtesten fällt. Sie werden auf den nächsten Seiten unglaublich viele Details und Vorschläge lesen, von denen Sie sich bei vielen sagen werden: Das hat mit meiner persönlichen Organisation überhaupt nichts zu tun. Kein Wunder! Ich kann nur aus meiner eigenen Erfahrung berichten, die mich allerdings von den typischen Problemen des Einzelanwalts bis hin zum Partner einer großen Sozietät geführt hat. Wann immer Sie das Gefühl haben, dass eine bestimmte Überlegung auf Sie nicht zutrifft, können Sie folgendem Grundsatz folgen:

Zeit- und Selbstmanagement muss man so organisieren, dass

- alle individuellen Eigenarten den Vorrang haben,
- nur wenige einfache Regeln genügen,

- alle Anordnungen flexibel geändert werden können,
- das Ergebnis die unverplante Zeit vermehrt.

2. Ziele bestimmen

Bevor Sie zu der Frage kommen, wie Sie Ihre Zeiteinteilung verändern wollen, müssen Sie sich darüber klar werden, wo Ihre ganz persönlichen Ziele liegen.

Auch hier besteht das wesentliche Problem darin, diese Ziele möglichst ehrlich gegenüber sich selbst zu definieren. Natürlich wollen viele Anwälte gern reich und berühmt werden. Es ist aber nicht so ganz einfach, sich das einzugestehen und man landet dann irgendwo bei halbwahren Feststellungen wie: „ein guter Scheidungsanwalt" etc. Solche Ziele sind viel zu abstrakt. Vor allem ändern sich die Ziele innerlich ständig, es kommt also auch darauf an, innere Stimmungsschwankungen und Einflüsse von außen wahrzunehmen und auf sie flexibel zu reagieren. Die Zielbestimmung muss also möglichst konkret, einfach formuliert, aber Änderungen gegenüber offen sein. Vor allem deshalb sollte man sie zeitlich begrenzen. Sie könnte etwa lauten

„Ziel ist es,
- innerhalb der nächsten zwei Jahre
- das derzeitige Einkommen zu halten,
- freitags ab 14.00 Uhr das Büro zu schließen und
- am Wochenende nicht mehr zu arbeiten."

Ich kenne eine ganze Reihe von Anwälten, die seit Jahren erfolglos versuchen, diese – eigentlich bescheidenen – Ziele zu erreichen. Was tatsächlich eintritt, ist Folgendes: Das Einkommen verdoppelt sich innerhalb von zehn Jahren, und zur Wochenendarbeit ist auch die zusätzliche Arbeit im Urlaub gekommen. Niemand kann leugnen, dass es angenehm ist, doppelt so viel zu verdienen wie vorher, wenn man sich genau das zum Ziel gesetzt hat. Wenn man aber eigentlich mit seinem Einkommen zufrieden ist und mehr Freiräume für Kinderbetreuung und mehr Urlaubszeit haben möchte, ist man trotz des Mehreinkommens Opfer einer Fehlplanung geworden.

Ich will nur am Rande erwähnen, dass die Ziele, die man sich setzt, absolut nichts mit der beruflichen Arbeit zu tun haben müssen. Ein denkbares Ziel kann es ebenso gut sein, Politiker zu werden und die Arbeit als Anwalt ganz aufzugeben, oder aber mit seinem Anwaltsbüro zu den führenden Beratern in Europa zu gehören. Ein künftiger Politiker wird so planen, dass er möglichst viele Kontakte zu anderen Menschen wahrnehmen kann; der andere wird mehr Zeit mit dem Studium juristischer Literatur verbringen, um seine Mandanten durch die Qualität der Arbeit zu beeindrucken (was bekanntlich die beste Art der Akquisition ist).

Die Zeitanalyse kann allerdings auch zu der problematischen Erkenntnis führen, dass man keinen größeren Wunsch hat, als die ganze Zeit im Büro zu verbringen, weil man mit sich selbst sonst nichts Sinnvolles anzufangen weiß. Um diesen Zustand aufrechtzuerhalten, gibt es ein sicheres Mittel: den Zeitmanagement-Versuch sofort abbrechen!

3. Verhalten analysieren

3.1 Ein Gefühl für die Zeit entwickeln: Zeitbudgets

Das nachfolgende Kapitel wird Sie sehr frustrieren. Schon beim nächsten Fragebogen werden Sie das Buch in die Ecke werfen und drei Tage lang nicht wieder hervorholen. Wenn Sie so reagieren, sind Sie ein sehr guter Kandidat für das Zeitmanagement, denn Ihr Verhalten sagt Ihnen: Zeit ist wertvoll! Sie wollen sie nicht strukturieren, Sie wollen sie nicht einteilen, Sie wollen mit ihr umgehen wie mit einem Luxusgut, das immer und in unbegrenzter Menge zur Verfügung steht. Jeder von uns will das. Es ist aber leider eine Illusion. Holen Sie das Buch also nach drei Tagen wieder aus der Ecke und versuchen Sie, ein Gefühl dafür zu bekommen, wie die Zeit mit Ihrem Beruf und Privatleben zusammenhängt. Sie brauchen dazu nicht den nachfolgenden Fragebogen auszufüllen, Sie müssen einfach nur weiterlesen.

Wie gehen Sie mit Ihrer Zeit um?

1. Ich plane größere Ziele, lege Zeitbudgets fest und kontrolliere die Ergebnisse.
   0 fast nie   1 manchmal   2 häufig   3 fast immer
2. Ich delegiere alles, was delegierbar ist.
   0 fast nie   1 manchmal   2 häufig   3 fast immer
3. Ich lege schriftlich Aufgaben und Ziele mit Erledigungsterminen fest.
   0 fast nie   1 manchmal   2 häufig   3 fast immer
4. Ich bemühe mich, jedes Schreiben nur einmal und abschließend zu bearbeiten.
   0 fast nie   1 manchmal   2 häufig   3 fast immer
5. Ich erstelle wöchentlich eine Liste mit zu erledigenden Aufgaben, geordnet nach Dringlichkeit. Die wichtigsten Dinge bearbeite ich zuerst.
   0 fast nie   1 manchmal   2 häufig   3 fast immer
6. Ich versuche, den Arbeitstag oder Teile des Arbeitstags von störenden Telefonanrufen, unangemeldeten Besuchern und plötzlich einberufenen Besprechungen möglichst freizuhalten.
   0 fast nie   1 manchmal   2 häufig   3 fast immer
7. Ich versuche, die Arbeiten täglich nach meiner Leistungskurve zu disponieren.
   0 fast nie   1 manchmal   2 häufig   3 fast immer

8. Mein Zeitplan hat Spielräume, um auf akute Probleme reagieren zu können.
   0 fast nie   1 manchmal   2 häufig   3 fast immer
9. Ich versuche, meine Aktivitäten so auszurichten, dass ich mich zunächst auf die „wenigen lebenswichtigen" Probleme konzentriere.
   0 fast nie   1 manchmal   2 häufig   3 fast immer
10. Ich kann auch „nein" sagen, wenn andere meine Zeit beanspruchen wollen und ich wichtigere Dinge zu erledigen habe.
    0 fast nie   1 manchmal   2 häufig   3 fast immer

Auflösung

Wenn Sie nun die Punkte zusammenzählen, die Sie beim Überprüfen Ihrer Arbeitsweise erzielt haben, kommen Sie zu folgendem Ergebnis:

0–10 Punkte: Sie haben keine Zeitplanung und lassen sich von anderen treiben: Einige Ihrer Ziele können Sie jedoch erreichen, wenn Sie eine Prioritätenliste führen und einhalten.
11–15 Punkte: Sie versuchen, Ihre Zeit in den Griff zu bekommen, sind aber noch nicht konsequent genug, um damit auch Erfolg zu haben.
16–25 Punkte: Ihr Zeitmanagement ist gut.
25–30 Punkte: Sie sind ein Vorbild für jeden, der den Umgang mit Zeit lernen will. Lassen Sie auch andere von Ihren Erfahrungen profitieren!

Erstmals taucht hier das Wort „Zeitbudget" auf. Geldbudgets sind wir gewöhnt, aber wenn man Zeit und Geld in ihrer Funktion und ihrer Abhängigkeit voneinander betrachtet, erscheint es nicht mehr seltsam, für bestimmte Tätigkeiten auch Zeitbudgets zu bilden. Die Erfahrung zeigt einem nach einiger Zeit, wie lange man durchschnittlich braucht, um zB einen

Standardschriftsatz zu entwerfen, wie lange das Erstgespräch mit einem scheidungswilligen Mandanten dauert oder dass man regelmäßig nicht mehr als 5 Stunden braucht, um einen durchschnittlichen Lizenzvertrag zu entwerfen. Instinktiv richten wir uns bei unserer Zeiteinteilung danach. Sobald wir uns aber einmal angewöhnt haben, diese Zeit zu erfassen und sie bei der Zeitplanung für künftige Tage zu berücksichtigen, gibt es eine bemerkbare Feedback-Wirkung: Wir beginnen uns zu ärgern, wenn es länger dauert und freuen uns, wenn wir in kürzerer Zeit fertig geworden sind. Außerdem entdecken wir den Anteil der Standardtätigkeiten im Verhältnis zu individuellen Arbeiten. Auf diese Weise wird die Zeitplanung nach kurzer Zeit sehr viel einfacher, als sie einem am Anfang vorkommt.

> Aus meiner Sicht sind Zeitbudgets auch unumgänglich, um die von Mandantenseite zunehmend häufig geäußerte Frage nach einer Kostenschätzung zu beantworten. Nur wenn ich weiß, wie lange es ungefähr dauern wird, kann ich sagen, was es – bei Arbeit auf Basis von Stundensätzen – kosten wird. (siehe zum Thema Zeiterfassung auch im Folgenden unter → VII) Darüber hinaus gebe ich auch jungen Anwälten oder wissenschaftlichen Mitarbeiterinnen mehr oder minder verbindliche Zeitbudgets vor, die sie nach angemessener Zeit nicht mehr überschreiten sollten. So wissen sie, in welcher Tiefe sie in die Materie einsteigen können. Nach Ablauf dieser Zeit machen wir gemeinsam „Kassensturz" und besprechen, wie weit wir in der Aufgabe gekommen sind, und wie es weitergehen soll.

3.2 Die dreizehn Tätigkeitsbereiche

Man muss nicht jeden Bereich seines Lebens dem Zeitmanagement unterwerfen. Deshalb schlage ich vor, die gesamte Zeit, die man hat, in dreizehn Bereiche zu unterteilen. So hat man die Chance, das Zeitmanagement in nur einem Bereich zu versuchen und auszuprobieren, ob man davon einen Gewinn hat. Wenn ja, wird die Methode sich langsam auch in andere Bereiche ausdehnen.

Die Nummerierung von 1 bis 13 ist gleichzeitig ein Vorschlag zu den Prioritäten: Termine, die Dritte setzen, kommen in der Regel von Ranghöheren und müssen daher unter allen Umständen eingehalten werden. Sie stellen immer ein Organisationsproblem dar (man muss pünktlich irgendwo hin), während man den Bereich 13 (Schlafenszeit) notfalls verkürzen kann. Natürlich können Sie die vorgeschlagenen Prioritäten für sich verändern, so zB, wenn Sie wenig telefonieren oder als Junior Associate für die Büroorganisation keine Zeit verwenden müssen.

1. Termine, die andere bestimmen (Gerichte/Mandanten/Dritte)
2. Termine, die man selbst bestimmt (Interne Besprechungen/Verabredung zum Mittagessen)
3. Telefonieren und Online-Meetings
4. Mandate bearbeiten (Lesen/Sachverhalt ermitteln/Bewerten)
5. Management der eigenen Kanzlei oder des Dezernats (Planen/Besprechen/Kontrollieren)
6. Know-how (Ausbildung und Fortbildung)
7. Akquisition (Planen/Besprechen/Kontrollieren)
8. Transferzeiten (ins Büro, nach Hause, zu Gericht, zum Mandant, zur Konferenz)
9. Private Organisation (Steuererklärung/Arzttermine etc.)
10. Allgemeines Privatleben (Kinder/Familie/Freunde)
11. Besondere private Interessen (Kultur/Sport etc.)
12. Zeitverschwendung und Pausen
13. Schlafen

Eine besondere Kennzeichnung von Prioritäten, wie sie von den meisten Zeitplanern vorgeschlagen wird (zB „A" für die wichtigsten und „C" für die unwichtigsten) ist nach meiner Erfahrung für Anwälte nicht erforderlich, weil die nötige Flexibilität der Tagesplanung zu oft Änderungen notwendig macht und man instinktiv weiß, was wichtig und was unwichtig ist.

Bereich 1: Termine, die andere bestimmen

Gerichtstermine und Verhandlungen im Mandat werden immer von dritter Seite – durch Gerichte, Behörden und Gegner – beeinflusst oder gar bestimmt. Sie sind gelegentlich mit nutzlosem Warten (und insbesondere bei großen Teams-Meetings mit nutzlosem Zuhören) verbunden und müssen immer zuverlässig organisiert sein. Viele Anwälte sind gern bei Gericht oder Vertragsverhandlungen, weil das emotional eine tolle Sache sein kann (offene Feldschlacht etc.), andere leiden sehr darunter. Wenn Anwälte, die Prozesse lieben, sich bevorzugt Prozessmandate suchen, die anderen hingegen Beratungsmandate, haben sie zwei Fliegen mit einer Klappe geschlagen: Zum einen konzentrieren sie sich auf Gebiete, auf denen ihre besten Fähigkeiten liegen, zum anderen vergeuden sie keine Zeit.

Bereich 2: Termine, die man selbst bestimmt

Das sind überwiegend Besprechungen, bei denen man zwei Arten unterscheiden muss:

- Besprechungen im Mandat: Art und Umfang hängen von der Mandatsstruktur ab und können nur über sie beeinflusst werden. Die Anwältin, die das Mandat führt oder eigenständig bearbeitet, wird hier in Abhängigkeit von der Dringlichkeit der Angelegenheit und von der eigenen Verfügbarkeit gemeinsam mit dem Mandanten den Zeitpunkt für den nächsten Teams-Call oder das nächste Treffen festlegen können.

- Interne Besprechungen über Managementfragen: Hier hat man mehr oder weniger starken Einfluss auf die Art und Weise, wie sie organisiert werden und ablaufen. Erfahrungsgemäß wird sehr viel weniger Zeit verbraucht, wenn man solche Besprechungen im Stehen, womöglich mit interaktiven Whiteboards oder Touchdisplays, jedenfalls aber mit einer straffen Agenda, durchführt. Für Online-Meetings hat sich herauskristallisiert, dass sie effektiver sind, wenn sie von vornherein zeitlich begrenzt sind, ebenfalls hier mit einer klaren Agenda. Eine gute Idee ist es auch, neben dem (inhaltlichen) Gesprächsleiter einen Pacemaker zu bestimmen, der nur für das zeitliche Einhalten der Agenda verantwortlich ist.

Eine Besprechung, deren Ergebnis man nicht mindestens intern in einem Protokoll festhält, ist nahezu nichts wert. Das Protokoll zwingt uns übrigens auch zur strafferen Führung von Besprechungen. Idealerweise hat man nach einer Besprechung mindestens eine halbe Stunde Zeit, sofort das Protokoll zu diktieren, oder herunterzuschreiben. Wer bei kontroversen Besprechungen die Protokollführung übernimmt, hat zwar die Arbeit, aber auch die „Protokollhoheit", die ein entscheidender taktischer Vorteil sein kann (zum Aufbau des Protokolls → IX.5.4).

Bereich 3: Telefonieren und Online-Meetings

Oft hört man den Rat, man müsse disziplinierter telefonieren und könne durch kurze Online-Meetings viel Zeit sparen. Es gibt aber nur wenige Gesprächspartner, die über die militärische Kürze eines Telefonats besonders glücklich sind und noch weniger genießen sie es, in ihren eigenen Ausführungen unterbrochen zu werden.

Man braucht meist längere Gespräche, um dahinterzukommen, was der Gesprächspartner (Mandant, Gegner etc.)

wirklich will und besonders bei der Tatsachenermittlung muss man seinen Mandanten oft genug „die Würmer aus der Nase ziehen", vor allem wenn es um die Aufdeckung von Fehlern geht, die gemacht worden sind. Im Gespräch mit dem Individualmandanten ist es oft unumgänglich, diesen lange und vieles erzählen zu lassen, bis man zB nach 45 Minuten plötzlich aufhorcht, weil der Mandant in seiner Schilderung das entscheidende Argument für eine gute Strategie im Prozess am Rande erwähnt hat.

Einen gewissen Einfluss hat man auf die Dauer eines Telefonats mit folgenden kleinen Tricks:

- Man nimmt sich zweimal am Tag eine halbe bis eine Stunde ausschließlich für Telefonate oder Teams/Zoom/Webex-Besprechungen, deren Zeitpunkt und Dauer in der Regel im Voraus mit den Mandanten oder den Kollegen vereinbart sind.
- Der Empfang oder das Sekretariat hat eine VIP-Liste von wichtigen Gesprächspartnern (Mandanten, Anwälte, Richter etc.), die er immer ohne zu fragen durchstellen darf. In allen anderen Fällen bittet die Assistenz um ein Stichwort und nimmt die Rückrufbitte auf oder vereinbart sogleich einen Telefontermin.
- Während des Telefonats hat man die Akte zur Verfügung oder die entsprechenden Informationen auf dem Bildschirm, und ist vorbereitet relevante Dokumente auf dem Bildschirm auch mit den Gesprächspartnern teilen zu können.
- Während man sich in den Call einwählt, sollte idealerweise im Vorhinein feststellen, was das Ziel des Gespräches sein soll (zB „Fristverlängerung", „Vergleichsbetrag erhöhen", „Schriftsatzentwurf besprechen" etc.).
- Man kündigt bereits zu Beginn des Telefonats an, wann man in den nächsten Termin muss (expectation management!), insbesondere, wenn man sich früher aus einem größeren Teilnehmerkreis verabschieden muss.

- Man macht sich bereits während des Telefonats stichwortartig Notizen, insbesondere Anfangs- und Endzeit des Telefonats sowie die Teilnehmer. Für die „Hausaufgaben", die ich selbst oder jemand anderes aus dem Telefonat als „to do" mitnehme, habe ich mir angewöhnt die Initialen der Verantwortlichen mit einem Kreis herum als Kürzel zu notieren, zusammen mit dem Zusatz „FA 31.05." für die vereinbarte Frist. So habe ich jedenfalls diese Notizen in der Akte, falls ich es nicht schaffe oder nicht für erforderlich halte, einen Telefonvermerk zu diktieren.

Bereich 4: Mandate bearbeiten (Lesen/Sachverhalt ermitteln/rechtlich bewerten)

Hier lohnt es sich, den Zeitaufwand genau festzuhalten, denn das Lesen bestimmt unsere berufliche Arbeit in hohem Maße, da wir seltener als manche Politiker „lesen lassen" können.

Der entscheidende Zeitaufwand steckt in der Ermittlung der Tatsachen. Um diesen einfachen Satz wirklich zu verstehen, habe ich ungefähr zehn Jahre Praxis gebraucht, in denen ich immer wieder die Erfahrung machte, dass meine ausgefeiltesten rechtlichen Begründungen nichts wert waren, wenn die Zeugen das Gegenteil von dem sagten, was mein Mandant sich erträumt hatte. Bei der Ermittlung des Sachverhalts muss Zeit investiert werden, weil sonst die Qualität erheblich leidet.

Bewerten heißt stets: Am Ende muss eine Entscheidung stehen! Es ist individuell sehr unterschiedlich, wie viel Zeit man für eine Entscheidung braucht – manche Anwälte entscheiden sehr schnell und intuitiv, andere erst nach langem Abwägen, ohne dass eine der beiden Methoden allgemein die Richtige wäre. Man muss seinen eigenen Rhythmus für die persönliche Entscheidungsreife finden und seine Organisation dem anpassen. Entscheidend ist, dass man das Büro verlässt, ohne von Zweifeln geplagt zu sein, die einen nachts nicht schlafen lassen.

Damit eine Akte nicht bei jeder Bearbeitung erneut gelesen werden muss, lohnt es sich in vielen Fällen eine Timeline mit allen relevanten Sachverhaltsdarstellungen zu erstellen. In Prozessmandaten kann man bei Dokumenten gleich auch notieren, wer das Dokument als welche Anlage in den Prozess eingebracht hat. Diese Timeline wird dann jeweils um neue Informationen ergänzt, sobald sie anfallen. Wenn sie ganz vorne eingerichtet wird, hat man bei jedem Bearbeitungsvorgang sofort einen schnellen Überblick.

Getrennt davon sollte man sich alle Urteile und ggf. auch Kommentarstellen, die man recherchiert hat, als Ausdruck in die Akte heften, oder im Mandat abspeichern, damit man sie bei Verhandlungen oder zur erneuten Durchsicht sofort zur Hand hat. Natürlich sind Entscheidungen etwa bei beck-online oder Juris schnell wieder verfügbar. Ich persönlich freue mich aber, wenn ich das von mir schon mit Stift oder Textmarker durchgearbeitete Exemplar in der Akte verfügbar habe (und sei es als Scan in der E-Akte), weil es mir die Zeit für die erneute Durchsicht spart.

Bereich 5: Management der eigenen Kanzlei oder des Dezernats

Für Organisation geht unglaublich viel Zeit drauf, wenn man es nicht gelernt hat, vieles zu delegieren und sich dann auf die Überwachung zu beschränken. Nach meiner Erfahrung kann man hier auf den ersten Griff eine Menge Zeit sparen, wenn man sich schlicht anders organisiert als bisher. Ein Anwalt ist weder Buchhalter noch Einkäufer, geschweige denn Bürobote, Marketing- oder IT-Experte. Man scheut sich oft instinktiv, für all diese Organisationsaufgaben Personal vorzuhalten, weil man sparsam sein will oder gerne selbst die Kontrolle über den Qualitätsstandard der Kanzlei behält (näheres dazu in Heussen, Anwaltsunternehmen führen).

Delegieren bedeutet meistens auch investieren. Deshalb: Soweit wie möglich delegieren und statt dessen mehr Umsatz machen, weil das die Arbeit ist, die am meisten Spaß macht, und die vom Mandanten vergütet wird.

Die Rechnungsstellung ist ein Bereich, in dem Anwälte in höchst unterschiedlichem Ausmaß delegieren. Das gilt für die Einzelanwältin, die auf RVG-Basis arbeitet, ebenso wie für Partner in Großkanzleien. Natürlich müssen Rechnungen mit Fingerspitzengefühl erstellt und versandt werden. Dasselbe gilt für Zahlungserinnerungen. Dennoch sollte es das Ziel sein, diesen Bereich so weit wie möglich an das Sekretariat zu delegieren. Meine Erfahrung ist, dass viele Assistenzen diesen Bereich sehr selbständig und höchst motiviert und verantwortungsvoll bearbeiten. Voraussetzung ist natürlich, dass man in regelmäßigen Besprechungen, etwa zu Beginn des monatlichen Rechnungslaufes, festlegt, wer was macht, welcher Mandant gemahnt werden soll und von wem. Ich persönlich bin auch, allem Wunsch nach Papierlosigkeit zum Trotz, immer noch schneller darin, ein Time Sheet, für die Abrechnung zum Stundensatz, auf Papier, in einer Rechnungsmappe durchzusehen.

Bereich 6: Know-how (Ausbildung und Fortbildung)

Der Generalist, den es noch vor circa dreißig Jahren ganz überwiegend gab, ist außerhalb von Routinesachen nicht mehr konkurrenzfähig. Nach meiner Erfahrung wird das Spezialwissen allerdings selten allein durch gezielte Weiterbildung, sondern meist „am Fall" erreicht. Spezialisten sind oft auch deshalb sehr viel besser als die anderen Kollegen, weil sie viel variantenreichere Fallgestaltungen zu sehen bekommen und darüber hinaus nur sehr beschränkt Spezialliteratur lesen müssen, um sich fortzubilden.

Unumgänglich ist also bei der Aneignung von neuem Wissen, gerade in der Mandatsarbeit, das Lesen, bei dem man Schnelligkeit und Qualität in der Auffassung mit einigen Techniken deutlich verbessern kann (vergleiche zB *Ott, Optimales Lesen,* siehe Literaturverzeichnis). Texte, die ich nicht nur überflogen, sondern verstanden haben muss, drucke ich auch weiterhin – wenn auch beidseitig – aus und arbeite sie mit einem Bleistift oder Textmarker durch, und ergänze Gedanken als Randnotizen. Ich stelle aber in der Zusammenarbeit mit jüngeren Kollegen fest, dass diese häufig dieselben BAG-Entscheidungen gelesen und verstanden haben, ohne dass sie diese ausgedruckt hatten. Entscheidend ist, was für einen selbst am besten funktioniert.

Daneben sind die Fachanwälte und -anwältinnen seit 2015 zu 15 Stunden fachlicher Fortbildung im Jahr verpflichtet. Obwohl ich diese Pflichtstunden in der Regel über Veröffentlichungen und eigene Vorträge (beides wird von der Anwaltskammer als Fortbildung anerkannt) schon erfülle, versuche ich, auch Konferenzen wie die halbjährlichen Tagungen der Arbeitsgemeinschaft im DAV zu besuchen, oder Webinare zu interessanten Themen zu hören.

Bereich 7: Akquisition

Sie werden bemerkt haben, dass die dreizehn vorgeschlagenen Bereiche sechs rein berufliche und fünf rein private Bereiche umfassen, denn die Akquisition und der nachfolgend genannte Arbeitsweg stehen genau in der Mitte.

Wenn Akquisition nicht auch privat ein bisschen Spaß macht, dann hat man selten Erfolg damit. Jeder akquiriert auf seine Weise: Der kontaktfreudige Anwalt ist Mitglied in hundert Vereinen, der wissenschaftlich Interessierte nur in wenigen ausgewählten. Es gibt Anwälte, die nur im Golf- und Reitsportverein akquirieren, andere wiederum sind mit ihren Mandanten verwandt, was auch ein abendfüllendes Geschäft sein kann.

Es ist nicht einfach, sich darüber klar zu werden, wie viel Zeit man wirklich für Akquisition aufwendet, denn ein

Mandat kann sich auch aus einem fröhlichen Abendessen bei Freunden ergeben. Wenn man überhaupt keine Zeit dafür aktiv verwendet, dann hat man oft auch keine hinreichend klaren Vorstellungen darüber, welcher Teil der Arbeit einen wirklich am meisten interessiert, und sollte dann zuerst einmal die Zielsetzung überprüfen.

Auch Veröffentlichungen und Referententätigkeiten sind nicht nur Fortbildung, sondern auch Akquisetätigkeit. Wer sich einen Ruf als Experte im eigenen Fachgebiet erarbeiten möchte, kommt um sie nicht herum. Zeitmanagement lässt sich auch hier einsetzen, etwa durch das Delegieren von Recherche oder durch die „Zweitverwertung" eines Themas, das man dank der Mandatsarbeit gerade durchdrungen hat.

Heute ist wichtiger Teil der Akquise auch die eigene Sichtbarkeit in Social-Media Plattformen wie LinkedIn oder Xing, bei der Vernetzung mit Individualmandaten womöglich auch Instagram oder Facebook. Ein gut gepflegtes Profil auf einer dieser Plattformen bietet erhebliches Potential neue Kontakte zu knüpfen und dazu, sich bei bestehenden Kontakten in Erinnerung zu bringen. Hier kann man Veröffentlichungen „posten" und damit seinem Netzwerk zeigen. Man kann an inhaltlichen Diskussionen zu aktuellen Entscheidungen teilnehmen. Gelegentlich erfahre ich selbst hier von einer LAG-Entscheidung oder einer datenschutzrechtlichen Bußgeldanordnung, die ich sonst nicht gesehen hätte.

Bereich 8: Transferzeiten (ins Büro, nach Hause, zu Gericht, zum Mandant, zur Konferenz)

Ebenfalls zwischen dem beruflichen und dem privaten Bereich liegt der Arbeitsweg. Nur die wenigsten von uns arbeiten aber ausschließlich von zu Hause. Und selbst die Kolleginnen, die das tun, haben gelegentlich einen Gerichts- oder Mandantentermin, der Fahrtzeiten mit sich bringt. Wenn Sie also beispielsweise drei Mal in der Woche in einer Großstadt ins

Büro fahren (mit unterstellten dreißig Minuten Fahrtzeit je Strecke), und an diesen Büro-Tagen noch zwei Mal vom Büro zu Gericht oder zum Mandanten (mit weiteren fünfzehn Minuten pro Strecke), kommen Sie in der Woche bereits auf vier Stunden solcher Transferzeiten.

Vielleicht fahren Sie gerne mit dem Auto. Oder Sie müssen auf dem Hinweg die Kinder an der Schule absetzen, so dass Ihnen keine Wahl bleibt. Jedenfalls könnten Sie versuchen diese Transferzeiten produktiv zu nutzen, anstatt sich nur über den Stau zu ärgern. Sie könnten:

- Auf dem Hinweg gedanklich durchgehen, was heute alles ansteht,
- Telefonate erledigen, die dann nicht mehr während der Arbeitszeit am Schreibtisch anfallen,
- Nachrichten, Musik oder einen Podcast hören.

Ich wechsele immer wieder zwischen verschiedenen Modellen. Früher war für mich die schnellste Transportmethode mit dem Fahrrad zur S-Bahn zur fahren und das Rad dann in der Bahn mitzunehmen, um dann das letzte Stück mit dem Fahrrad zu fahren. In der Bahn konnte ich jedenfalls die Zeitung oder Rechtsprechung lesen. Mittlerweile wechsele ich zwischen dem eigenen Auto, dem Taxi (wobei ich dann auf dem Rücksitz den Laptop aufklappe und schon früh losarbeite, und den Stau ignorieren kann) und dem Auto, Car-Sharing-Modellen oder der S-Bahn für den Rückweg, wenn ich ohnehin nicht mehr so konzentriert bin. Wer auf dem Land oder in der Kleinstadt lebt, hat nicht eine solche Auswahl, dafür aber oft auch einen kürzeren Arbeitsweg.

Bereich 9: Private Organisation (Steuererklärung/ Arzttermine/Garderobe)

Jeder von uns hat private Schreibtischarbeit der langweiligen Sorte: Einkommensteuererklärung, Krankenkasse, Versicherungen, Betriebskostenabrechnungen, Rechnungen, Reisebuchungen etc. Auch hier gilt, dass man klug planen sollte und prüfen, welche Aufgaben man delegieren kann, welche Aufgaben man lieber am heimischen Schreibtisch oder im Büro erledigt. Der Einzelanwalt kann einzelne Anrufe oder Schreiben an seine Sekretärin delegieren. Jeder kann eine Steuerberaterin, ggf. einen Versicherungsmakler, Vermögensberater, ein Reisebüro beauftragen.

Daneben gibt es Aufgaben der privaten Organisation, die nicht am Schreibtisch stattfinden, wie etwa alle Haushaltsarbeiten, Einkäufe, Arzttermine, das Fahrzeug zur Werkstatt zu bringen oder den Reisepass zu verlängern. Auch hier sollte man – in Abhängigkeit von der finanziellen Situation und der beruflichen Beanspruchung – überlegen, was man delegieren kann.

Die Aufgaben der Privatorganisation, sowohl die am Schreibtisch, wie auch die übrigen, potenzieren sich mit jedem Kind, das in die Familie kommt. Kindergarten- und Schultermine sind wahrzunehmen, es fällt mehr Wäsche an, und regelmäßige Mahlzeiten zu Hause sind unumgänglich. Ratsam ist es, hier im Voraus zu verabreden, wer neben der eigentlichen Kinderbetreuung (siehe hierzu im Folgenden) diese Aufgaben übernehmen wird.

> Auch mit Zusammenstellen der eigenen Garderobe, dem Friseur, einer neuen Handtasche kann man als Anwältin viel Zeit verbringen. Bis zu einem gewissen Grad ist das vielleicht sogar ratsam. Prof. Heussen hat diesen Bereich der Selbstorganisation in den Vorauflagen nicht einmal erwähnt. Der männliche Kurzhaarschnitt ist in der Mittagspause erledigt, und der

Schneider hat die Maße und kann auf Zuruf alle paar Jahre einige neue Hemden oder Anzüge liefern. Bei Anwältinnen gibt es mehr Ausdrucksmöglichkeiten, und sie werden auch mehr zur Kenntnis genommen. Instruktiv hierzu ist das Kapitel „It's all about the hair" in Gillard/Okonjo-Iweala, Women & Leadership (siehe Literaturverzeichnis). Hillary Clinton beschreibt dort, wie ihr Auftritt als US-Außenministerin in Kambodscha 2012 zum Thema Gender Equality in den Medien inhaltlich überschattet wurde von Berichten über die Tatsache, dass sie aus Zeitmangel ihre Haare mit einem „Scrunchie" zusammengebunden hatte, einem mit Stoff überzogenen Haargummi. Ein optisch durchgeplantes Aussehen kostet Zeit. Als meine Kinder noch alle drei im Kindergarten- und Grundschulalter waren, hatte ich eine Art Uniform, einige gleichbleibende Outfits in ständigem Wechsel, und monatelang dieselbe Handtasche von familien- und laptopfreundlicher Größe und in möglichst neutraler Farbe, die ich tags und nachts mit mir herumschleppte, um mir den Zeitaufwand und mögliche Pannen beim Umpacken in andere oder kleinere Taschen zu ersparen.

„I had acquired two cream colored pussy-bow blouses and two Evan Picone wool suits, one in camel and one in black; I wore the jackets and skirts interchangeably to create four combinations. I packed those same items into my carry-on bag every week… " Indra Nooyi, My Live In Full. Work, Family And Our Future, S. 80, siehe Literaturverzeichnis.

Bereich 10: Privatleben (Kinder/Familie)

Ich suche immer noch nach dem Anwalt, der „täglich sechzehn Stunden Arbeit" hinter sich hat. Natürlich kommt es vor, dass jemand morgens um 7.00 Uhr seine Wohnung verlässt und erst um 23.00 Uhr nach Hause kommt. Auch in einem so langen Arbeitstag sind aber selten mehr als vier Stunden konzentrierte Arbeit enthalten. Mancher wäre besser beraten, wenn er wirklich nach acht Stunden nach Hause ginge, statt noch lange Zeit im Büro herumzuhängen und danach noch ein „Arbeitsessen" reinzutreiben, bei dem weder gearbeitet noch genussvoll gegessen, sondern im Grunde nur getrunken wird. Gerade wer Familie hat, wird es sich zweimal überlegen, ob ein solches „Arbeitsessen" wirklich notwendig und sinnvoll ist. Der wesentliche Gewinn des Zeitmanagements kann nur darin bestehen, den Bereich des Privatlebens auszudehnen, was immer man mit dieser Zeit dann anfängt.

Anwälte können allerdings die zeitliche Belastung dann schwer steuern, wenn sie wegen von dritter Seite anberaumter Termine (zB Vertrags- oder Gerichtsverhandlungen) früh im Büro sein müssen und ihre anschließenden Mandantenbesprechungen erst nach 17.00 Uhr abhalten können. Wenn das so ist, muss man zum Beispiel versuchen, eine lange Mittagspause zu organisieren oder gar wie *Konrad Adenauer* es vorgemacht hat, sich einen Mittagsschlaf auf der Bürocouch gönnen.

> Wer Kinder hat, die noch nicht „aus dem Haus" sind, und die nicht im Wesentlichen von einer Ehefrau und/oder Mutter im traditionellen Sinne (oder ausnahmsweise dem Vater) betreut werden, dessen Privatleben ist in großen Teilen durch die gemeinsame Zeit mit den Kindern und oft durch erhebliche Zeitnot geprägt. Das gilt nach meiner Erfahrung auch dann, wenn man in der glücklichen Lage ist, eine Kinderfrau und/oder ein Au pair (siehe hierzu noch im Folgenden) beschäftigen zu können. Es bleiben viele Bereiche, die man nicht delegieren kann oder will. Darüber hinaus ist die Betreuung (jedenfalls gesunder) kleinerer Kinder aus meiner Sicht besser planbar und delegierbar als die vielen Themen, die im Teenager-Alter auftreten (Ärger mit der besten Freundin, Schulwahl, Hausaufgaben, Elternabende, Klassenfahrten, Kieferorthopäde, Sportverein und Musikschule, Fahrdienste, Kindergeburtstage etc.).

> Die sogenannte Mental Load ist aus meiner Sicht erheblich und lässt sich nur begrenzt delegieren. Hilfreiche Tipps zum Überleben finden sich bei Kate Northrup, Do Less. A Revolutionary Approach to Time and Energy Management for Busy Moms, siehe Literaturverzeichnis.

Bereich 11: Eigene private Interessen (Kultur/Sport/Freunde etc.)

Es gibt Anwälte, die außerhalb von Beruf und Familie keine andere Beschäftigung haben, und auch das ist in Ordnung. Wie viel Zeit man für Theaterabende, die Tennismatches, die Briefmarkensammlung, den eigenen Garten oder die Mithilfe im örtlichen Büro von Amnesty International aufwendet, ist jedermanns freie Entscheidung.

Manchen mag es schwerfallen, noch ein eigenes Hobby oder ganz persönliche Interessen neben dem Berufs- und Familienleben unterzubringen. Oftmals bringt der Besuch im Yoga-Studio oder die Reitstunde am frühen Abend nicht die erhoffte energiebringende Abwechslung, sondern ist mit weiterem Stress verbunden: Wie ist das Büro in der Zeit aufgestellt, muss ich erreichbar sein, wo sind möglicherweise die Kinder untergebracht? Jeder muss für sich einen Weg finden, einen Nutzen aus ganz persönlichen Aktivitäten und Interessen zu ziehen.

Bereich 12: Pausen und Zeitverschwendung

Man braucht ein Mindestmaß undefinierter Zeit, jenen unfassbaren Luxusgegenstand, dessen Bedeutung immer wieder unterschätzt wird. Einen gewissen Teil dieser Zeit muss man gleichwohl planen. Das sind die Pausen, die man während des Tages einschiebt, um sich kurz zu regenerieren. Selbst kleine Pausen von fünf oder zehn Minuten, die mit sehr einfachen Methoden wie autogenem Training, Atemübungen oder kurzen Meditations- oder Yogaeinheiten verbunden werden, können die Konzentrationsfähigkeit ganz erheblich beeinflussen. Es gibt Anwälte, die mit solchen Minipausen sehr viel besser zurechtkommen als mit einer großen Mittagspause. Ausgedehnte, tägliche Mittagessen im Restaurant sind in Deutschland, USA und Japan eher unmodern; die Franzosen und Italiener hingegen halten das für einen schlimmen Kulturverfall. Die Pausenverteilung muss jeder für sich selbst entscheiden, da sie in erster Linie mit dem Biorhythmus zusammenhängt.

Viel wichtiger aber ist die Zeit, die man neben der beruflichen Arbeit, den sonstigen Interessen und dem Schlafen noch übrig hat. Ich habe viele Monate verbracht, ohne auch nur eine Stunde am Tag davon zu haben und hätte gerne jeden Tag zwei Stunden zusammengekratzt, wenn es nur gegangen wäre. Es ist eine ausgesprochen sportliche Herausforderung, sich an einem Freitagnachmittag hinzusetzen und seine Termine für die nächste Woche so zu legen, dass mittendrin auf einmal ein halber Tag frei wird. Das muss nicht immer der Nachmittag sein, es kann auch ein völlig verbummelter Vormittag sein, den man in München im Sommer mit einem Weißbier am Chinesischen Turm einläuten kann. Danach macht man gerade noch die Post und dringende E-Mails und verbringt den Rest des Nachmittags beim Lesen der Fachzeitschriften. Am Ende eines solchen Tages sind oft seltsamerweise doch sechs bis sieben Arbeitsstunden zusammengekommen, obgleich man den Eindruck hatte, es sei ein Ferientag gewesen. Solche Erlebnisse muss das Zeitmanagement verschaffen, sonst taugt es nichts.

Bereich 13: Schlafen

Schlafen ist lebensnotwendig. Wenn man jemanden dauerhaft am Schlafen hindert, wird er zunächst geisteskrank und stirbt dann sehr bald. Ich vermute, dass das Gehirn und einige andere körperliche Funktionen während des Schlafens einen ähnlichen Zustand durchmachen wie unsere Computersysteme, die sich nachts über die entsprechenden „Reorganisationsläufe" wieder in einen geordneten Zustand versetzen. Man sollte auf Dauer nicht weniger als acht Stunden am Tag schlafen, kurz: Man muss das Schlafen ernst nehmen.

> Diese Vermutung von Prof. Heussen ist wissenschaftlich mittlerweile gut belegt, vgl. etwa das empfehlenswerte, 2017 erschienene Buch von Matthew Walker, Why we sleep, siehe Literaturverzeichnis. Das Gehirn regeneriert sich nachts und verarbeitet tagsüber Erlerntes. Gerade unter Anwälten trifft man viele Kollegen, die von sich selbst sagen, dass sie mit sehr wenig Schlaf auskommen. Das ist eine beneidenswerte Eigenschaft. Laut Walker ist sie aber deutlich weniger weit verbreitet als oft subjektiv angenommen.

3.3 Die Selbstanalyse

Die Perfektionisten unter Ihnen werden nun Spaß daran haben, eine genaue Selbstanalyse vorzunehmen. Andere hingegen wissen schon jetzt: Ich gehe mit meiner Zeit falsch um und werde dieses Kapitel überspringen.

Wenn man mit dem Ausfüllen der nachfolgenden Zeitanalyse damit beginnt, beim Schlafen acht Stunden einzutragen, bleiben für den Rest eben nur sechzehn Stunden übrig und mit denen muss man in allen anderen zwölf Bereichen auch auskommen können.

Ich schlage einen drei Tage bis höchstens sechs Wochen langen Test vor, den mancher vielleicht schon nach zwei Tagen abbricht, weil er schon in diesem Zeitraum genau sieht, was er falsch macht. Das folgende Formblatt wird kopiert und jeden Tag am Tagesende möglichst genau ausgefüllt. Am Ende der Testzeit wertet man die durchschnittlichen Zeitaufwendungen aus und erhält so ein eindeutiges Ergebnis darüber, ob man sich zu Anfang richtig oder falsch eingeschätzt hat, da man sich zum Beispiel über den Zeitaufwand, den man mit Telefonieren verbringt, gewaltig täuschen kann.

Mit dem vorgeschlagenen Formblatt „Zeitanalyse Anfangsschätzung" wird festgehalten, welchen Zeitaufwand man seiner eigenen Ansicht nach innerhalb jedem der dreizehn Bereiche benötigt. Wir werden später diese Anfangsschätzung mit der tatsächlichen Analyse vergleichen: Je zutreffender die Schätzung am Anfang war, umso einfacher wird die Neuplanung!

Wichtig ist, dass man während der Analysezeit versucht, sich den eigenen Gewohnheiten gegenüber völlig neutral zu verhalten und keinesfalls die erkennbaren Angewohnheiten zu kritisieren oder zu bewerten. Das ist wahrscheinlich der schwierigste Teil der Aufgabe, weil man natürlich sehr gerne schon jetzt eine ideale Zeiteinteilung hätte. Die so gewonnenen Feststellungen trägt man in den Testbogen für den Sechs-Wochen-Test ein, der nach dem gleichen Muster aufgebaut ist, wie die zuvor unternommene Selbsteinschätzung.

Meist werden Sie erhebliche Abweichungen zwischen dem Zeitaufwand feststellen, den Sie zunächst angenommen hatten, und noch größer kann die Differenz zwischen der Realität und den Wünschen zu Beginn des Test hinsichtlich Ihrer Zeiteinteilung sein.

Bereich 8:
Zeitanalyse
(Testbogen für den 3-Tage bis 6-Wochen-Test)

Tätigkeitsbereich	Tatsächliche Stundenzahl am (Datum)
1. Termine die andere bestimmen	
2. Termine die man selbst bestimmt	
3. Telefonieren und Online Meetings	
4. Mandate bearbeiten (Lesen/Sachverhalt ermitteln/rechtliche Bewertung)	
5. Management des eigenen Unternehmens (Planen/Besprechen/Kontrollieren)	
6. Know-how (Ausbildung und Fortbildung)	
7. Akquisition (Planen/Besprechen/Kontrollieren)	
8. Transferzeiten (ins Büro, nach Hause, zu Gericht, zum Mandant, zur Konferenz)	
9. Private Organisation (Steuererklärung/Versicherungen etc.)	
10. Allgemeines Privatleben (Familie/Freunde/soziale Kontakte, Kinderbetreuung)	
11. Besondere private Interessen	
12. Zeitverschwendung und Pausen	
13. Schlafen	
	24 Stunden

3.4 Zeit und Aufgaben neu planen

Die Neuplanung besteht im Wesentlichen darin, für die Zukunft diejenige Zeiteinteilung zu wählen, mit der man mit hoher Wahrscheinlichkeit die gesteckten Ziele wirklich erreichen kann. Wenn eine grundlegende Änderung des eigenen Verhaltens notwendig ist, muss man in diesem Bereich schrittweise vorgehen. Es hat wenig Zweck, von heute auf morgen drei Stunden am Tag für ungestörte Arbeit einzuplanen, wenn man bisher dafür nicht einmal eine halbe Stunde hat aufwenden können. Die Umplanung kann nur gelingen, wenn eine Vielzahl von Einzelmaßnahmen ergriffen wird, die wir im Kapitel VI „Der Sprung ins Time-Management" im Einzelnen schildern. In den Testbogen „Neuplanung" tragen Sie nun eine an der konkreten Erfahrung korrigierte realistische Einschätzung ein, von der Sie annehmen können, dass sie in Zukunft – das sind etwa drei bis sechs Monate – erreichbar sein wird.

Zeitanalyse (Neuplanung)

Tätigkeitsbereich	Angestrebte Stundenzahl pro Tag
1. Termine die andere bestimmen	
2. Termine die man selbst bestimmt	
3. Telefonieren und Online-Meetings	
4. Mandate bearbeiten (Lesen/Sachverhalt ermitteln/rechtliche Bewertung)	
5. Management des eigenen Unternehmens (Planen/Besprechen/Kontrollieren)	
6. Know-how (Ausbildung und Fortbildung)	
7. Akquisition (Planen/Besprechen/Kontrollieren)	
8. Transferzeiten (ins Büro, nach Hause, zu Gericht, zum Mandant, zur Konferenz)	
9. Private Organisation (Steuererklärung/Versicherungen etc.)	
10. Allgemeines Privatleben (Familie/Freunde/soziale Kontakte, Kinderbetreuung)	
11. Besondere private Interessen	
12. Zeitverschwendung und Pausen	
13. Schlafen	

4. Planen, Delegieren und Kontrollieren

Ein großer Teil der anwaltlichen Tätigkeit darin, Mandate zu bearbeiten. Die wichtigsten Techniken hierfür sind planen, delegieren und kontrollieren. Diese drei Werkzeuge des Zeitmanagements darf man nicht isoliert betrachten, denn die Wirksamkeit des Kontrollierens hängt von der Qualität der Planung ab und hat man nicht geplant, kann man auch nichts delegieren. Allerdings ist die Fähigkeit zur Delegation die wichtigste von ihnen: Ein Anwalt kann auf eine detaillierte Analyse seiner Arbeitsabläufe etc. notfalls verzichten, man muss seine Zeit nicht erfassen, man muss keine Leistungsplanung betreiben. Wer aber nicht delegieren kann, und die dazu gehörende Kontrolle vergisst, wird weder seine Zeit noch seine Haftungsrisiken in den Griff bekommen.

4.1 Planen

Der Hauptgrund dafür, dass Gerichte und Verwaltungsbehörden relativ langsam arbeiten, liegt daran, dass sie es seit Jahrhunderten gewöhnt sind, ihre Aufgabe in der Reihenfolge zu erledigen, in der sie an sie „herangetragen werden".

Oft genug wird bei Behörden zwar die Akte, aber nicht der Fall bewegt – bei Anwälten darf das nicht vorkommen, denn sie sind es, die die Sache vorwärts und zu Ende bringen müssen. Dafür werden sie honoriert und (im schlechtesten Fall) bezahlt. Jedes Mal, wenn man die Akte anfasst (sei sie physisch oder elektronisch), sollte ein Fortschritt in der Sache erzielt werden. Insbesondere wenn Sie Ihre Arbeit zum Stundensatz abrechnen, sollten Sie den Mandanten sowohl über die auflaufenden Stunden wie auch über den Fortschritt der Angelegenheit auf dem Laufenden halten.

4.2 Die richtige Reihenfolge

Als Anwalt muss man es daher zuerst lernen,

- die wichtigen und eiligen Dinge zuerst und
- die weniger eiligen und/oder unwichtigen Dinge zuletzt bzw. gar nicht

zu erledigen. Für viele Kollegen hört sich das nach einem argen Gemeinplatz an, denn das wirkliche Problem liegt ja darin, unterscheiden zu lernen, was wichtig und was unwichtig ist. Diese Unterscheidung gewöhnt man sich aber erst an, wenn bereits im Unterbewusstsein die Aufgabe fest verankert ist, Wichtiges von Unwichtigem zu unterscheiden. Steven Covey differenziert in seinem Buch „The Seven Habits of Highly Effective People" (siehe Literaturverzeichnis) ferner zwischen „Wichtig" und „Eilig". Diese Unterscheidung ist sinnvoll, wenn man sich klarmacht, dass es ausgesprochen wichtige Aufgaben gibt, die aber nie an einem konkreten Tag eilig sind. Das sind alle Aufgaben der langfristigen Planung oder zB Feedbackgespräche mit Mitarbeitern, das Nachdenken über geeignete neue Mandanten und das mögliche Aussortieren von Mandaten, die weder lukrativ noch sonst sympathisch sind. Funktionierendes Zeitmanagement soll es ermöglichen, sich solchen wichtigen, aber nicht eiligen Aufgaben gezielt zu widmen!

Im Hinblick auf die Differenzierung zwischen „Eilig" und „Nicht Eilig" fängt man am besten mit der unscheinbaren „Postfach-Übung" an: In Ihrem E-Mail-Postfach befinden sich eine Vielzahl von Schriftstücken und man hat genau 15 Minuten Zeit, sich mit dem Postfach zu beschäftigen – ohne dass einer sagt, was zu tun ist. Anfänger machen es wie die Sachbearbeiter im Finanzamt: Sie nehmen das erste Schriftstück, überlegen sich, was zu tun ist und dann folgt das Nächste. Nach drei bis vier Schriftstücken ist die Zeit vorbei, Schriftstück Nr. 6 hingegen ist eine Eilmitteilung, die lautet:

„Bitte rufen Sie sofort Ihren Mandanten an – es ist ein Streik angekündigt!"

Richtig wäre es natürlich andersherum gewesen: Man geht unverzüglich das gesamte Postfach durch, ohne in einem Einzelfall eine Entscheidung zu treffen, damit man innerhalb kürzester Zeit feststellen kann, was sofort erledigt werden muss und was nicht. Für dreißig Mails braucht man maximal fünf Minuten (Sie können das jederzeit ausprobieren!) und wenn nichts Wichtigeres als der angekündigte Streik dabei ist, haben Sie noch zehn Minuten Zeit, die Sache kurz zu prüfen, bevor Sie versuchen den Mandanten zurückzurufen.

Sie sehen also: Auch wenn Sie sich noch keine Tabellen, Pläne oder Checklisten erstellen, haben Sie damit mehr gewonnen, als ein anderer, der gleich von Anfang an versucht, alles gleich wegzuarbeiten, ohne auf die Reihenfolge zu achten. Eine Ausnahme gibt es (vgl. hierzu auch Allen, „Getting Things Done", siehe Literaturverzeichnis): Wenn Sie die Aufgabe in zwei Minuten selbst erledigen können, ist es wenig sinnvoll, sie zu delegieren oder sie später noch einmal anzufassen, und sich damit zwei Mal hineindenken zu müssen. Dann sollten Sie die Aufgabe sofort erledigen.

4.3 Die größeren Einzelaufgaben zuerst einplanen und im Kalender vermerken

Eine klassische Empfehlung ist das Bild von den Steinen im Glas: zuerst die dicken Steine in das Glas füllen (die schwierigen Aufgaben fest einplanen) und dann in den entstehenden Lücken mit kleineren Steinen (unscheinbaren Aufgaben) ausfüllen.

Oliver Burkeman (in „4000 Weeks", siehe Literaturverzeichnis) lehnt dieses Bild als irreführend ab – es erwecke den falschen Eindruck, mit der richtigen Technik seien alle sich bietenden Aufgaben in den Tag zu füllen. Das sei falsch. Es gebe immer mehr zu tun als der Tag Zeit und Energie bietet, man müsse daher priorisieren. Ich denke, da hat er recht. Dennoch ist die Technik richtig, mit den – ggf verbleibenden – großen Aufgaben anzufangen und sodann die kleineren einzufügen.

Für Anwälte ist es zwar unbedingt nötig, sich zuallererst eine Übersicht über die Aufgaben zu verschaffen, die vor ihnen liegen, danach aber gilt es, im nächsten Schritt die größeren Einzelaufgaben wie zum Beispiel Schriftsätze, Gutachten, längere Besprechungen, Reisen etc. von anderen zu trennen, die weniger Konzentration und Zeit erfordern. Dafür gibt es drei Gründe:

- Eine Schwierigkeit beim Zeit-Management besteht darin, dass man eine einzelne Aufgabe, die nicht mehr als fünf bis zehn (nach David Allen, Getting Things Done, sogar nur zwei) Minuten Zeit erfordert, nur mit großem Aufwand planen oder umplanen kann. Das wäre nicht zweckmäßig und der Aufwand würde kaum das Resultat rechtfertigen. Daher ist es bei solch kurzen Aufgaben am sinnvollsten, sie sofort zu erledigen.
- Dass wichtige Aufgaben viel Zeit erfordern, ist nicht unbedingt immer ein zuverlässige Unterscheidungsmethode. Manchmal kann zwar die Gewissheit, Zeit zu brauchen, ein Indiz für die Wichtigkeit der Aufgabe sein. Aber auch die Rückmeldung gegenüber Mitarbeitern oder Mandanten kann schnell gehen und dennoch von Wichtigkeit sein. Gleichzeitig kann beispielsweise die Anpassung sämtlicher Vertragsmuster an eine neue Rechtsprechung oder ein Langzeitprojekt außerhalb der Mandatsarbeit sehr fleiß- und zeitintensiv, aber dennoch nicht von überragender Wichtigkeit sein, eine angepasste Klausel wird bis dahin „manuell" eingefügt.
- Wichtige Aufgaben kündigen sich in der Regel vorher an, und meist gibt es angemessene Fristen, die gegebenenfalls auch verlängerbar sind (typisch vor allem bei den Rechts-

mitteln), während viele kleine Aufgaben ohne Vorwarnung wie Hagelkörner auf einen herunterprasseln.

Der späteste Zeitpunkt für solche Planungen ist der Vorabend des nächsten Tages. Machen Sie das kleine Experiment:

- Bevor Sie nach Hause gehen, werfen Sie einen Blick in den Terminkalender des nächsten Tages.
- Wenn dort schon Aufgaben vermerkt sind, legen Sie sich das Material, das sie dafür brauchen auf den Schreibtisch, laden sich ggf. die benötigten Dateien runter und entfernen und schließen Sie alles, was nicht mit dieser Aufgabe zu tun hat.
- Werfen Sie dann noch einen kurzen Blick in die entsprechenden Dokumente, um sich zu vergewissern, was Sie ungefähr tun wollen (aber fangen Sie bewusst nicht jetzt an, daran zu arbeiten).

Wenn Sie nun am nächsten Tag an Ihren Schreibtisch gehen, bzw. Ihr Laptop aufklappen, werden Sie feststellen, dass Sie mit viel mehr Schwung an die Arbeit gehen, als wenn Sie sich die Aufgaben des Tages erst aus dem Restmüll des Vortages zusammensuchen müssen.

Sollten wider Erwarten keinerlei Aufgaben am nächsten Tag notiert sein, dann nehmen Sie die Gelegenheit wahr und definieren Sie solche Aufgaben.

Diese Methode hat als erster unser Anwaltskollege Johann Wolfgang von Goethe beschrieben, allerdings erst 1826, als er schon etliche Jahrzehnte Erfahrung darin hatte, seine verschiedenen Interessen zu koordinieren und zu organisieren. Er schreibt im Brief an Sulpiz Boisserée vom 22.10.1826, er arbeite Tag und Nacht:

> „Tag und Nacht ist keine Phrase, denn gar manch nächtliche Stunden, die dem Schicksal meines Alters gemäß ich schlaflos zubringe, widme ich nicht vagen und allgemeinen Gedanken,

> sondern ich betrachte genau, was den nächsten Tag zu tun? Das ich denn auch redlich am Morgen beginne und soweit es möglich durchführe. Und so tue ich vielleicht mehr und vollende sinnig in zugemessenen Tagen, was man zu einer Zeit versäumt, wo man das Recht hat, zu glauben oder zu wähnen, es gebe noch Wiedermorgen und Immermorgen." (zitiert nach Unseld, „Goethe und seine Verleger" (1998), Seite 487)

Gewiss gedachte er dabei jener Zeiten, in denen er als Anwalt „zuweilen willig oder widerwillig den Advokaten (machte)", wie Johann Christian Kästner schrieb, denn dabei haben ihn Aufgaben des Anwaltsmanagements wohl kaum belästigt: Für die 25 dokumentierten Rechtssachen stand ihm nicht nur beratend sein Vater (als Of-Counsel) zur Seite, sondern auch ein Bürovorsteher, der sich in den gerichtlichen Formalitäten auskannte, die der junge Kollege Goethe zu ignorieren geruhte.

Die Idee, auf dem Schreibtisch – oder auf seinem Desktop – nur diejenigen Vorgänge zu haben, an denen man arbeitet, ist nicht leicht zu verwirklichen. Eine Methode ist es, wenn man für die Arbeit mit der Papierakte in seinem Arbeitszimmer auch ein offenes Regal hat, in dem man drei Fächer beschriftet und zwar:

- Heute
- Morgen
- Demnächst

Vergleichbare Fächer sollte man auch in seinem Sekretariat einrichten. Diese Fächer sind das Zwischenlager für Akten und andere Unterlagen, die gerade nicht bearbeitet werden, aber griffbereit sein müssen (zB für Telefonate etc.).

Nichts anderes gilt natürlich für die digitale Ordnung auf dem Desktop und im E-Mail-Postfach. Die Ordnung des Aufgabenbereichs in Outlook sollte in die oben genannten Kategorien eingeteilt sein und auch in der genutzten Akten-Datenbank sollte man sich To-Dos für den nächsten Tag griffbereit etwa unter Favoriten zurechtlegen.

4.4 Arbeitsplanung und Haftungsrisiken

Es ist aber nicht nur eine Frage der Qualität, sondern auch der Haftungsrisiken, dass man seine Aufgaben nicht sequentiell erledigen darf: Wenn ich am 31. Dezember ein Mandat annehme, muss ich an diesem Tage etwaige Verjährungsfristen berechnen und den Mahnbescheid beantragen, wenn das nötig ist. Und wenn am gleichen Tag eine Berufungsfrist abläuft oder auch zwei, kann ich mich auf Arbeitsüberlastung nicht berufen. Die Frage, ob ich an einem solchen Tag ein solches Mandat annehmen kann, ist also eine Planungsfrage, die unter bestimmten Umständen zur Mandatsablehnung führen muss. Es kann durchaus sein, dass ein Mandant in einer solchen Situation überhaupt keinen Anwalt mehr findet, der tätig werden will – das ist dann aber sein Risiko. Es wird erst das des Anwalts, wenn das Mandat angenommen wird und man sich damit selbst dem Planungsrisiko ausgesetzt hat. Vielen Anwälten ist nicht klar, dass eine unverzügliche Mandatsablehnung die erste Maßnahme der Qualitätssicherung ist, die man planen muss! Auch deshalb ist sie berufsrechtlich vorgeschrieben.

Richtige Planung ist das einzige Mittel, um den Stress zu bewältigen, der aus der inneren Unsicherheit besteht: Reicht meine Zeit für die Aufgaben aus, die zu erledigen ich mich verpflichtet habe? Man kann als Anwalt so viel Erfahrung haben, wie man will: Diese Unsicherheit erlebt man bis zum letzten Tag, an dem man berufstätig ist, und zwar auch dann, wenn man als besonderer Spezialist einen besonderen Ruf hat, denn gerade dann erwarten die Mandanten für ihr Geld etwas Besonderes.

Jüngere Anwälte haben darüber hinaus noch den Stress, nicht zu wissen, ob sie einzelne Aufgaben auch fachlich bewältigen können. Auch können sie den Zeitbedarf nicht einschätzen, der auf sie zukommt, sie können oft die Organisation nicht bewegen, weil die Sekretariate mächtiger sind als sie, sie haben darüber hinaus häufiger kleinere Kinder, wodurch mehr Zeitaufwand für die Organisation des Familienlebens erforderlich ist, und schnell zu einer erhöhten Stressanfälligkeit führt.

Wer es fertig bringt, zu wissen, was er tun muss und wann er das tun sollte, hat diesen unangenehmsten aller Stressfaktoren einigermaßen im Griff.

4.5 Priorisierung

In Zeitmanagementbüchern für Manager wird immer wieder hervorgehoben, wie wichtig es sei, bestimmten Aufgaben formale Prioritäten zuzuweisen. In einigen Organisationsapps wie zB Todoist lassen sich Aufgaben in „Priorität 1 bis 4" nach Wichtigkeit priorisieren.

Nach meiner Erfahrung können Anwälte darauf in der Mandatsarbeit aus den folgenden Gründen verzichten:

- Soweit es um Prozessmandate geht, ergibt sich die Frage, was zu einem bestimmten Zeitpunkt getan werden muss, ganz von selbst aus der Fristverantwortung und den drohenden Haftungsrisiken, die man als Anwalt völlig verinnerlicht hat. Bei Beratungsmandaten sollte dem Mandanten stehts ein realistischer Zeitpunkt in Aussicht gestellt worden sein für die Abgabe des Gutachtens oder des Entwurfs einer Antwort.
- Im Know-how-Bereich steuert ebenfalls in den meisten Fällen das Mandat die Art und den Umfang der Kenntnisse, die man sich zulegen muss, um mit der nötigen Qualität zu arbeiten. Wer einen Kündigungsschutzfall zuletzt vor zwei Jahren bearbeitet hat, weiß, dass er auf alle Fälle einen Blick in den Kommentar oder beck-online werfen muss, um zu sehen, ob jüngere Urteile sein Präsenzwissen überholt haben.
- Im Bereich des Managements sind es in erster Linie alle Fragen, die mit Kollegen und Mitarbeitern zusammenhängen. Wer hier die nötigen Entscheidungen oder Maß-

nahmen auf die lange Bank schiebt, wird sofort schwierige Reaktionen provozieren, mit denen er sich dann viel länger beschäftigen muss, als wenn er rechtzeitig gehandelt hätte. Die typische zweite Priorität ist das Geld, dann kommen die Steuern etc. ... Als Anwalt hat man nach wenigen Jahren diese Eckdaten im Kopf, die sich nach meiner Erfahrung auch kaum verändern.
- Im Akquisitionsbereich schließlich ergibt sich: Wer viel Arbeit auf dem Tisch hat, wird hier wenig Zeit investieren müssen und sich nur um die Umstrukturierung seiner Mandate Gedanken machen; hat jemand aber wenig zu tun, dann langt die Zeit für akquisitorische Tätigkeiten allemal.

Deshalb erreichen Anwälte mit einer schlichten Vorausplanung der wichtigsten Aufgaben, die sie zu erledigen haben, das, was Manager vielleicht nur mit Prioritätskategorien erreichen können:

- Arbeiten werden wie geplant erledigt.
- Dringende Arbeiten werden termingerecht erledigt.
- Unterbrechungen werden gesteuert.
- Dringlichkeiten werden geprüft.
- Alternativen werden ermittelt (zB durch Auswahlfragen).
- Wenn nötig, wird nach „unten" oder „oben" delegiert.

4.6 Vergleich: Ein geplanter und ein ungeplanter Tag

Wenn wir uns an einem Beispielsfall einen geplanten und einen ungeplanten Arbeitstag eines Anwalts ansehen, werden Sie feststellen, dass eigentlich nichts anderes geschehen ist als die Bildung größerer Zeiteinheiten und die Delegation einzelner Tätigkeiten. Beim ungeplanten Tag wird der Anwalt laufend in seiner Tätigkeit unterbrochen und kann sie nicht steuern. Der geplante Tag hingegen enthält einige feste Zeitblöcke, aber noch genügend undefinierte Zeit, in der plötzlich auftretende Aufgaben erledigt werden können.

Geplanter Tag

Uhrzeit	*Tätigkeit*
08.00	Ankunft im Büro
08.05–08.15	Zu mehreren nachts aus den USA angekommenen E-Mails die Rückantworten verfassen
08.30–10.00	Termine beim LG Zivilkammer
10.00–10.45	Wartezeit: neue NJW und mehrere Blogs zum Datenschutz durchgelesen
10.45–11.15	Termin beim LG Handelskammer: dann zurück ins Büro
11.30–12.15	Telefonstunde: alle geplanten und angelaufenen Telefonate werden erledigt
12.15–12.30	Organisationsbesprechung mit Kollegen
12.30–13.00	Terminsbericht schreiben oder diktieren
13.00–13.45	Mittagspause, dabei kurzer Anruf zu Hause Zug-Umbuchung für das Wochenende wird an Assistenz delegiert
13.45–14.30	Durchsicht der eingegangenen Post und E-Mails: Fristsache delegiert an jüngere Kollegin
14.30–15.15	Neues Mandat inklusive Besprechungsprotokoll
15.15–17:00	Erledigung der angelaufenen E-mails und Telefonate
17.00–17.30	Einstellungsgespräch mit Assistenz
17.30–17.45	Schriftsätze korrigieren und unterschreiben
17.45–18.15	Besprechung der Monatsauswertung mit Partner, dann nach Hause
19.00	Ankunft zu Hause zum Abendessen mit Freunden

Ungeplanter Tag

Uhrzeit	Tätigkeit
08.00	Ankunft im Büro
08.05–08.15	Zu mehreren nachts aus den USA angekommenen E-Mails die Rückantworten verfassen
08.30–10.00	Termine beim LG Zivilkammer
10.00–10.45	Wartezeit
10.45–11.15	Termin beim LG Handelskammer: dann zurück in Büro
11.30–11.50	Vier eilige Telefonate erledigen
11.50–12.00	Beginn des Terminsberichts
12.00–12.30	Referendar legt Gutachten zur Prüfung vor, Beginn Durchsicht
12.30–13.00	Mehrere Telefonate
13.00–13.30	Mittagessen
13.30–13.50	Fortsetzung des Terminsberichts
13.50–14.10	Durchsicht der eingegangenen Post und E-Mails
14.10–15.45	Heutiger Fristablauf: Beginn Schriftsatz
15.45–16.10	Besprechung: neues Mandat
16.10–16.30	Fortsetzung und Korrektur des Schriftsatzes für den Fristablauf
16.40–17.10	Mehrere eilige Rückrufe
17.10–18.00	verspätetes Eintreffen zum Einstellungsgespräch für neue Assistenz
18.00–18.05	Partner bittet um Stellungnahme zur betriebswirtschaftlichen Monatsauswertung
18.05–18.10	Vergeblicher Anruf beim Mandanten für Rückfrage im heutigen Fristablauf
18.10–18.15	Eilschriftsatz unterschreiben, dazwischen Telefon
18.15–18.50	Terminbericht wird beendet
18.50–19.00	Partner um Verschiebung der Besprechung bitten
19.00–20.15	Akte für einstweilige Verfügung am Folgetag durcharbeiten
21.00	Noch rechtzeitig zum Nachtisch zu Hause

4.7 Planquadrate oder Baumstrukturen?

Wer die Technik des mindmapping kennt, weiß, wovon ich spreche (näher dazu → IV.4): Es geht um die Frage, ob die täglichen Arbeiten im Anwaltsbüro sich eher nach einem systematischen Planungsschema (Planquadrate) oder nach organisch gewachsenen – nicht selten chaotischen – Baumstrukturen entwickeln. Sie können einmal den Versuch unternehmen, sämtliche Tätigkeiten während eines Tages in ihrem Kalender als Planquadrat zu blocken. Und darin zusammenzufassen, was systematisch zusammengehört. Sie werden sehen, dass dieser Versuch an einigen Tagen scheitern wird: Warum?

Nehmen wir einmal an, Sie bilden sich einen Terminblock „Telefonieren" von 11.00 bis 12.00 Uhr (damit Sie Ihre Gesprächspartner noch vor der Mittagspause erreichen) und von 15.00 bis 16.00 Uhr (bevor die anderen aus dem Büro sind). Eine weitere Zeitzone („Gutachten korrigieren") erstreckt sich von 14.00 bis 14.30 Uhr. Sie wissen nun, dass Sie für die Korrektur des Gutachtens noch eine Information des Mandanten benötigen. Telefonat und Korrektur gehören also zum Block „plandata" und müssen dort zusammengefasst werden.

Solche Kollisionen sind üblich und werden nur befriedigend gelöst, wenn man thematisch gliedert, was nahezu immer zu einer Baumstruktur und sehr selten zu Planquadraten führt.

Wenn man sich innerlich darauf einrichtet, kann das nur bedeuten: Die Planung muss so flexibel gehalten werden, dass eine Menge Zeit für Unvorhergesehenes vorgesehen wird – leere Zeiträume, die sich durch die Entwicklung einer bestimmten Aufgabe ganz von selbst füllen.

4.8 Kleine oder große Einheiten?

Schließlich kommt es bei der Bildung der Zeitzonen wesentlich darauf an, dass man für jede beabsichtigte Tätigkeit das richtige Zeitmaß bestimmt. Wie lang die beiden täglichen Telefonkonferenzzeiten, die man braucht, ausfallen, hängt sehr von der Mandatsstruktur und den eigenen Angewohnheiten beim Telefonieren zusammen. Bei manchen sind es je zweimal 1,5 Stunden, bei anderen nur zweimal je eine halbe Stunde.

Wie viel Zeit man jeweils planen muss, lernt man nur durch das Planen selbst. Zu kurze Zeiteinheiten führen sehr schnell zu Hektik und Stress, zu weiträumige korrigieren sich ganz von allein, weil man dann Zeit übrig hat, die dann für andere Tätigkeiten sinnvoll genutzt werden kann.

Zu den Blöcken im Verlauf des Tages gehören auch Meetings und Telefontermine. Hier empfehle ich, zu jedem Meeting die Vor- und Nachbereitung gleich mit einzuplanen. Ich blocke also zB den Telefontermin mit der Mandantin für 15:30 Uhr bis 16:30 Uhr. Dann buche ich gleich dazu eine Vorbereitungszeit von zB 30 Minuten um 15:00 Uhr. In der Zeit kann ich die Unterlagen in der Sache noch einmal durchsehen, und mir die wichtigsten Fragen zum Sachverhalt notieren, sowie Entscheidungen, die im Termin zu treffen sind. Nach dem Call buche ich von 16:30 Uhr bis 16:45 eine Nachbereitungszeit, in der ich die To-Dos aus dem Meeting festhalten oder auch gleich delegieren kann (und die Zeit in der Zeiterfassung notieren kann). So werden Sie weniger gestresst von Termin zu Termin hetzen, und es rutscht Ihnen nicht etwas durch.

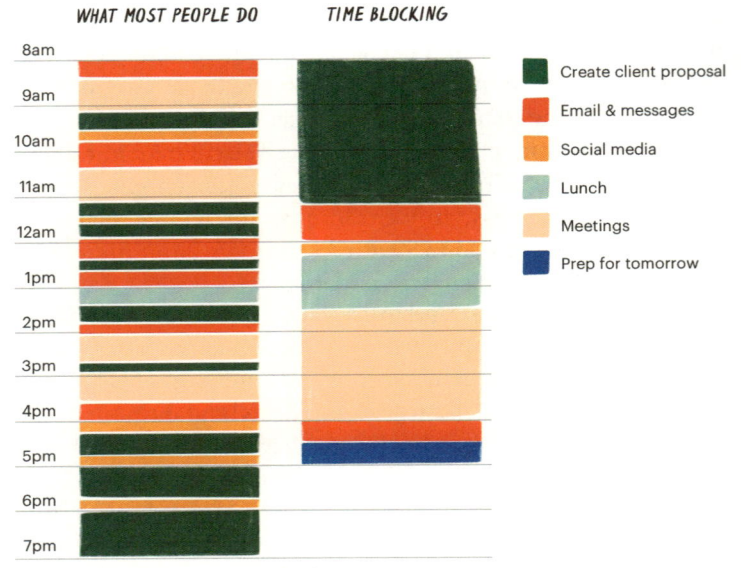

Abdruck mit freundlicher Genehmigung von
https://todoist.com/de/productivity-methods/time-blocking

4.9 Leerlauf und Stand-by-Tätigkeiten

Es lässt sich nicht immer vermeiden, dass Leerlauf entsteht, weil zB Gesprächspartner vereinbarte Besprechungstermine nicht wahrnehmen, weil man bei Gericht wartet, ein Schriftsatzentwurf nicht weitergeschrieben werden kann, weil bestimmte Informationen fehlen oder ein Teams-Call früher endet als geplant.

Für solche Fälle sollte man Reservetätigkeiten (stand-by) vorhalten, die man für spätere Zeitpunkte geplant hatte und jetzt vorziehen kann.

Hier gibt es eine Vielzahl von Möglichkeiten im Bereich Akquisition, Management und Know-how, jedoch nur sehr wenige im Bereich der Mandatsbearbeitung, denn hier müssen alle Maßnahmen entweder sehr schnell erfolgen oder innerhalb bestimmter Fristen erledigt werden. Typische Stand-by-Aufgaben sind:

- Management
  - Auswertung von Informationen
  - Gespräche mit Mitarbeitern
  - Taktische und strategische Planungen, insbesondere Nachwuchsgewinnung
  - Abstimmung Digitalisierungsthemen
- Know-how
  - Zeitschriftenlektüre
  - Fortbildung im Fach
  - Literaturrecherchen
  - Erstellung von Checklisten
  - Veröffentlichungen
- Akquisition
  - Überarbeitung der Webseite, Aktualisierung des Kanzlei-Blogs
  - Telefonate mit Mandanten zur Mandatspflege und Erweiterung
  - Ausbau des Netzwerks durch Beiträge in Social Media, LinkedIn, Xing usw.
  - Suche von geeigneten Korrespondenzanwälten und Fachleuten zur Zusammenarbeit

Wichtig ist, dass Sie für solche Arbeiten schon einige Ideen und Artikel sammeln und sich geeignete Unterlagen – am besten nach Themengebieten aufgeteilt und in geeigneter Weise vorsortiert – ins Zimmer (und evtl. auch in Akten- oder Handtasche) legen, damit Sie sofort anfangen können. Für Themen, die ich lieber auf Papier lese, nutze ich gerne bunte DIN A4 Klarsichthüllen.

Nach meiner Erfahrung können solche Aufgaben auch eine sinnvolle Abwechslung sein, wenn man sich gerade durch ein

„dickes Brett" gebohrt hat. Wenn ich ein langes Gutachten zu einer komplizierten Rechtsfrage diktiert habe, kann ich nicht nahtlos die nächste anspruchsvolle Aufgabe in Angriff nehmen. Ich kann dann aber gut zur Abwechslung eine halbe Stunde die Budget-Zahlen prüfen, eine Zeitschrift durchblättern, eine Urlaubsreise buchen oder meine Unterlagen für den Steuerberater vorbereiten.

Wenn Sie all diese Tätigkeiten schon erledigt haben und wirklich nichts anderes zu tun hätten, ist Aufräumen immer eine sinnvolle Beschäftigung, falls Sie es nicht vorziehen, einen halben Tag Urlaub zu nehmen.

4.10 Reserven vorhalten

Bei seiner Zeiteinteilung darf man schließlich auch nicht vergessen, dass

- man nicht übergangslos von einer zur anderen Tätigkeit wechseln kann,
- man manche Arbeiten mehr Zeit einnehmen, als man voraussehen konnte,
- man für bestimmte Termine mehr Zeit benötigt wird, weil die jeweiligen Partner unpünktlich sind oder der Zeitrahmen gesprengt wird,
- man nach bestimmten Arbeiten einfach eine längere Ruhepause braucht.

Einer meiner größten Fehler war es früher, mir nur die jeweiligen Termine in meinen Kalender zu schreiben, ohne darüber nachzudenken, in welchem Zustand ich am Ende des einen Termins sein würde, bevor ich den anderen wahrnehmen kann. Man hat zB eine größere Wettbewerbssache, die das Gericht auf 11.30 Uhr vor der Mittagspause terminiert hat, ein Mandant ruft an und bittet um eine Besprechung, man vereinbart 13.00 Uhr, weil man selbst nicht zum Mittagessen gehen will, und hofft, dass die Richter gewiss um 12.30 Uhr fertig sein wollen, damit sie noch genügend Zeit zum Mittagessen haben.

Selbst wenn alles so läuft wie geplant, kann sich jeder denken, dass ich mich der neuen Sache um 13.00 Uhr nicht in bester Verfassung widmen werde: Entweder ist die Sache gut gelaufen, dann würde ich jetzt gerne meinen begeisterten Terminbericht diktieren, der mir in diesem Zustand sicher sehr leicht fällt, oder sie ist schlecht gelaufen, dann würde ich mir vielleicht doch lieber eine Stunde Pause gönnen, um in Ruhe über das weitere Vorgehen nachzudenken: Richtig wäre es gewesen, den neuen Termin auf 15.00 Uhr zu legen.

Man sollte sich überhaupt angewöhnen, einen Zeitblock von vier bis fünf Stunden pro Woche grundsätzlich gegen alle vorgeplanten Termine zu sperren, so wie einige Ärzte das mit ihrem Mittwochnachmittag tun.

Da der Montag für Anwälte immer die größte Hektik hat, weil die Rechtsprobleme übers Wochenende in den Mandanten brodeln, kommt dafür nur Mittwoch, Donnerstag oder Freitag in Frage. Es muss nicht immer der Nachmittag sein, es kommen auch zwei Stunden am Vormittag in Frage, wenn man sehr eng planen muss.

Solche Zeiten sollte man sich für alle „internen" Arbeiten und vorhersehbare Notfälle vorhalten, die dringend sind, in der normalen Zeitplanung aber nicht untergebracht werden konnten.

4.11 Urlaubsabwesenheit und berufliche Reisen

Wenn Sie eine mehrtägige Reise planen, müssen Sie zunächst prüfen, ob in dieser Zeit

- noch Fristen ablaufen und der Schriftsatz noch nicht entworfen ist,
- Gerichtstermine oder sonstige Verhandlungen anstehen,

- Mitarbeiter auf Ihre Entscheidung in dringenden Fällen warten und
- Anrufe oder E-Mails unbeantwortet sind, deren Dringlichkeitscharakter geklärt werden muss.

Während der Abwesenheit ist eine Out-of-Office-Antwort im E-Mail-Postfach sinnvoll und üblich, um zu signalisieren, dass man auf eingehende Mails nicht in der Geschwindigkeit reagieren wird, die der Mandant sonst gewöhnt ist, und dass man während der Reise voraussichtlich nur begrenzt für längere Telefontermine oder Aufträge zur Verfügung stehen kann. Wer im Team arbeitet, kann eine Kollegin benennen, die in der Abwesenheitszeit für eilige Fragen zur Verfügung steht.

Ist man nicht ständig erreichbar und arbeitet E-Mails nicht schon von unterwegs ab, folgt die Strafe natürlich, sobald man wieder am Schreibtisch sitzt: Jeden Tag circa 40 bis 50 E-Mails summieren sich in drei Tagen schon auf über einhundertfünfzig und denen soll man sich widmen, während der Kalender voll mit Terminen ist? Das kann manchmal vorkommen und deshalb plane ich für den Tag, an dem ich zurückkomme, grundsätzlich keinerlei Besprechungstermine oder sonstigen Aufgaben ein, weil ich weiß: Um den Überblick zu gewinnen, braucht man nach einer Faustformel für jeden Tag Abwesenheit etwa eine Stunde „Feuerwehrarbeit". Ferner möchte oder muss man am ersten Tag nach der Rückkehr auf interne Themen reagieren können, mit jeder Kollegin ein paar Minuten sprechen und Notfälle lösen können.

4.12 Aufzeichnen und Umplanen

a) To-Do-Listen

Zeitmanagement fällt vielen Anwälten schwer, weil das ständige Im-Auge-Behalten der Aufgaben und das Umplanen zunächst zusätzliche Zeit kostet, und man nicht auf den ersten Blick sieht, dass die Einsparung später viel größer ist. Darüber hinaus muss man stets Eingriffe in die Art und Weise vornehmen, wie man sich selbst bisher organisiert hat. Das wirkt sich sowohl auf das Sekretariat als auch manchmal auf die gesamte Büroorganisation aus. Vor dieser Mühe scheut mancher zurück.

Um sich den Eintrag von Notizen für anstehende Aufgaben leichter zu machen, gibt es ein paar einfache Apps zur Listen-Notiz- und Mindmap-Führung:

- „Microsoft Outlook" ermöglicht die Erstellung von Aufgabenlisten für den jeweiligen Kalendertag. Man kann auch E-mails aus dem Posteingang in eine Aufgabe für einen bestimmten Tag verwandeln. Das hat den weiteren Vorteil, dass man nicht ständig ein überfülltes E-Mail-Postfach ansehen muss.
- Microsoft Teams" bietet ebenfalls die Erstellung von Notizen und To-Do-Listen für den oder die Einzelne ebenso an wie die Planung größerer Projekte mit mehreren Beteiligten, ggf auch von Mandantenseite (siehe hierzu noch im Folgenden bei „Projektmanagement")
- „Todoist" eignet sich zur Erstellung von Aufgaben und Listen mit Erinnerungsfunktion
- „Mindly" ist eine hilfreiche App für den Mindmap-Ersteller
- „Trello" hilft bei der Erstellung von Checklisten und Mindmaps und lässt sich mit mehreren Benutzern verknüpfen

Eine andere Technik ist die Erinnerungsfunktion zum richtigen Zeitpunkt, zum Beispiel durch eine in den Outlook Kalender eingetragene Wiedervorlage um 8:30 Uhr des richtigen Tags in der kommenden Woche. Hat man einmal den Einfall und notiert man diesen strukturiert und kategorisiert, kann er aus dem Kopf verschwinden und man realisiert ihn zum relevanten Zeitpunkt. Es ist erstaunlich, wie viel leichter die unsichtbare Gedankenarbeit wird, wenn nicht ständig das Gefühl mit sich rumschleppt, man müsse diese Woche unbedingt an die Rückmeldung beim Mandanten zum Vertragsentwurf denken. Wenn mir unterwegs etwas einfällt, schreibe ich mir häufig selbst eine E-Mail mit einem Stichwort, so dass ich das Thema bei der nächsten Gelegenheit adressieren kann.

Für mich haben sich Aufgabenlisten auf Wochenbasis bewährt. So erspare ich mir das tägliche Umtragen und behalte mehr Flexibilität. Idealerweise verschaffe ich mir schon vor Beginn der Arbeitswoche einen Überblick und notiere mir die wichtigsten Aufgaben der Woche. Ich trenne dabei nach den Kategorien:

- Mandate (unterteilt nach dem oder der Anwältin mit dem oder der ich die Sache bearbeite)
- Non-billable Aufgaben wie Rechnungsstellung, Vorstell- oder Feedbackgespräche, Veröffentlichungen etc.
- Privatorganisationsaufgaben, die vom Schreibtisch zu erledigen sind, wie zB Reisebuchungen oder Unterlagen für die Steuerberaterin.

b) Teilen und Freigeben von Kalendern, Aufgaben und Mindmaps

Sowohl für die private Organisation als auch für die kanzleiinterne Organisation kann es eine erhebliche Erleichterung sein, seinen Kalender und auch Dokumente und Checklisten freizugeben und mit anderen zu teilen. Die Mitarbeiter wissen so, wann man erreichbar ist und wann man in Telefonkonferenzen sitzt. Freigegebene Dateien können parallel bearbeitet werden und im Mark-Up Modus sind Bearbeiter und Änderungen auf einen Blick sichtbar.

Um effektiv zum Zeit-Management beizutragen, müssen Kalendereinträge und Aufgaben natürlich hinreichend verständlich formuliert werden. Das bedeutet insbesondere, dass sich die Verwendung von Abkürzungen und unbenannten

Terminblöcken in Grenzen halten sollte. Man muss nämlich aufpassen, dass man nicht zu viele Abkürzungen verwendet, die man – werden sie nicht ständig benutzt – sogar selbst vergisst und am Ende nichts davon hat.

Beispiel für eine schlechte Aufgabenliste	Beispiel für eine gute Aufgabenliste
Meyer	Rechtsstreit Meyer ./. Müller: Entwurf Klageerwiderung prüfen, FA 31.05.
Veröffentlichung	Entwurf Aufsatz zu Arbeitnehmerdatenschutz fertigstellen, Abgabe bei Verlag 10.06.
Zahnarzt	Anruf bei Dr. Schulze (030)13243546 für Kontrolltermin

Kennzeichnen Sie für Ihre Kollegen im Kalender auch Zeiträume, die für Ihr Privatleben geblockt sind, um zu vermeiden, dass Sie doppelt gebucht werden und den einen oder anderen Termin verschieben müssen. Je nach Einsichtsrechten können Sie in Ihren Kalender Termine einstellen, deren Inhalt nur Sie selbst sehen können, oder ggf. auch Ihre Assistenz.

5. Delegieren

Man kann die Zeit nicht betrügen. Auch wenn man noch so gut organisiert, und vieles zur Routine geworden ist, braucht man auch für ziemlich triviale Aufgaben immer eine Menge Zeit, die einem anderswo fehlt. Wenn Zeitmanagement nur den Blick dafür schärft, welche Aufgaben man wirklich nicht selbst machen muss, ist schon eine ganze Menge gewonnen. Wer bestimmte Tätigkeiten konsequent an andere delegiert, erfüllt damit gleichzeitig eine der wichtigsten Forderungen des Personalmanagements: Fordern und fördern! Es gibt keinen besseren Test für die Fähigkeiten von Mitarbeitern und die Solidarität von Mandanten als die Erledigung übertragener Aufgaben. Voraussetzung ist allerdings eine konsequente Kontrolle und Feedback.

Vielen Anwälten fällt das Delegieren schwer, sie haben das Gefühl das Geschehen bis ins Detail beherrschen zu müssen und können Verantwortung nicht ruhigen Gewissens abgeben. Dieses Buch will Sie überzeugen, dass es nur einen sehr kleinen Kern der anwaltlichen Arbeit gibt, den man absolut selbst machen muss, weil von ihm der Erfolg am Ende abhängt (weitere Details finden sich in Heussen, Anwaltsunternehmen führen).

5.1 Wie können Einzelanwälte delegieren?

Bevor ich mich den Detailfragen zuwende, die hierher gehören, muss ich diese Frage beantworten, denn sonst werden diejenigen von Ihnen, die als Einzelanwälte tätig sind, dieses Buch gleich weglegen.

Auch der Einzelanwalt muss delegieren lernen, und zwar selbst dann, wenn er nicht einmal ein Sekretariat hat. Wie das? Wer ohne Sekretariat arbeitet, muss technisch ausgerüstet sein und muss für Vertretung sorgen, wenn er abwesend ist. Dafür setzt er Dritte ein und diesen Dritten muss er bestimmte Aufgaben übertragen und kontrollieren, ob sie ausgeführt werden. Wer sich das klar macht, wird als Einzelanwalt sehr schnell darauf kommen, dass die Bürogemeinschaft die beste Möglichkeit ist, sich diese Organisationsaufgaben zu erleichtern. Auch und gerade der „Anwalt im Nebenberuf" sollte diese Möglichkeit erwägen, denn wenn er nicht am Schreibtisch sitzt, kann jeder Absender ihm Dokumente per Post oder aber im beA zustellen und damit Fristen in Lauf setzen, um die sich dann niemand kümmert.

Viele Einzelanwälte sollten aber nicht nur über die Bürogemeinschaft nachdenken, sondern ernsthaft erwägen, wenigstens halbtags eine Kollegin oder einen Kollegen zu beschäftigen. Einige Einzelanwälte werden hier abwinken und darauf hinweisen, dass wegen des Risikos der Scheinselbständigkeit keine Anwälte mehr als freie Mitarbeiter beschäftigt werden können (was fast immer richtig ist) und die Kostenbelastung für ein Arbeitsverhältnis viel zu hoch sei – von den Kündigungs- und Krankheitsrisiken einmal abgesehen.

Man kann aber durchaus einen Bürogemeinschafter aufnehmen, der nicht ganztags tätig sein will oder kann, wenn man den Vertrag und die tatsächliche Zusammenarbeit entsprechend gestaltet und den freien Mitarbeiter im Unterauftrag einsetzt. Voraussetzung ist allerdings, dass die Arbeitseinteilung der zum Beispiel halbtags tätigen Kollegin tatsächlich genügend Entscheidungsfreiheit lässt und das nicht nur auf dem Papier steht. In der Praxis heißt das: Wenn die als freie Mitarbeiterin tätige Kollegin ihr Kind vom Kindergarten abholen muss und daher nicht zu Gericht kann, müssen Sie selbst gehen!

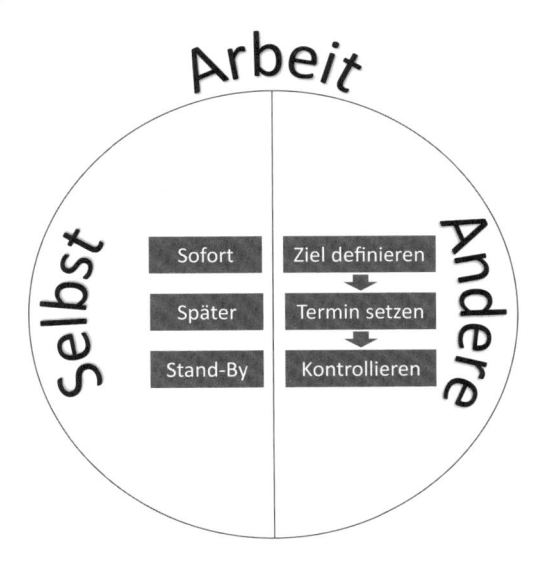

Bei vielen Gesprächen mit Kollegen wird mir vorgehalten, der Gesamtumsatz des Büros ernähre gerade einen Anwalt, keinesfalls aber einen halben oder gar ganzen zusätzlich. Ich will an dieser Stelle aber beharrlich bleiben: Was ist der größte Zeitfresser für den Allgemeinpraktiker? Zweifellos die Gerichtstermine, zu denen man hinfahren muss, die oft mit Wartezeiten verbunden sind und deren Ende man schlecht einplanen kann. In Berlin und im Rheinland hat man dieses Problem früher einmal durch das „Kartell" gelöst, also durch Kollegen, die im Anwaltszimmer des Gerichts die Akte zu lesen bekamen und sie dann verhandeln sollten. Auch wenn das heute noch so geht, tut es dem Mandat nicht gut und wird von den Richtern ganz zu Recht schlecht aufgenommen.

Der Allgemeinpraktiker kann aber sehr wohl die Wahrnehmung der Gerichtstermine einem Mitarbeiter übertragen, der sich rechtzeitig mit der Akte rechtzeitig vertraut machen kann. Es könnten sich auch innerhalb einer Bürogemeinschaft die Kollegen wochenweise bei denjenigen Gerichtsterminen abwechseln, die keine individuelle Behandlung brauchen etc. Die so entstehende Freizeit kann man zum Akquirieren oder – meist noch viel notwendiger – für die Spezialisierung in den gängigen Fächern nutzen (Familienrecht/Arbeitsrecht/Unfallabwicklung). Gerade den stets überlasteten Allgemeinpraktikern, deren Geschäft keinen zweiten Kollegen verträgt, geht allzu oft der Ruf voraus, dass sie ihre Fälle nicht schnell genug vorwärts bringen. Das lässt sich durch geeignete Organisation und Delegation ändern. Deshalb also: Wenn irgend jemand Zeitmanagement benötigt, dann sind es die Einzelanwälte!

5.2 Vorurteile gegen das Delegieren

Es gibt zwei wichtige Vorurteile, die zweckmäßiges Delegieren verhindern:

- Die Vorstellung, nur man selbst könne eine bestimmte Aufgabe in der geforderten Qualität und Zeit erledigen, und
- die Meinung: Bis ich es dem erklärt hab', habe ich es schon selbst gemacht.

> "I recently asked one of our executives how a new employee he had hired was getting along. 'He'll work out just fine', he said, 'but right now it's frustrating. It takes me five hours to show him something I could do myself in five minutes." McCormack, What they don't teach you at Harvard Business School, S. 176, siehe Literaturverzeichnis.

Noch heute erwische ich mich trotz großer Mühe nahezu täglich bei einem dieser beiden Gedanken, die offenbar sehr tief vom Unterbewusstsein unterstützt werden, denn beide beruhen auf der erfreulichen (aber leider auch falschen) Annahme, die anderen seien eben doch nicht so gut wie man selbst. Unter dieser Eitelkeit muss man zur Strafe erheblich leiden, denn wer nicht delegiert, dessen Mitarbeiter können keine eigenen Erfahrungen machen, und das sind bekanntlich die wichtigsten und erfolgreichsten Lehrer.

Was das zweite Vorurteil betrifft, so ist natürlich richtig, dass beim ersten oder zweiten Mal die Erklärung der Aufgabe und ihre anschließende Kontrolle mindestens die gleiche Zeit benötigt, wie wenn man es selbst machte. Schon beim dritten oder vierten Mal wird sich das aber ändern und dann erst entsteht der zeitliche Freiraum, den man für wichtigere Aufgaben nutzen kann. Bei Aufgaben, von denen ich mir sicher bin, dass sie nicht wiederholt auftreten werden, kann es also sinnvoll sein, wenn ich diese – ausnahmsweise – selbst mache.

Das sollte aber die echte Ausnahme sein, denn lernen wird der andere immer etwas! Für die Organisation, die man sich aufbaut, muss auf jeder Ebene das Delegieren an die jeweils untere Ebene eine völlige Selbstverständlichkeit sein, sonst klappt es in Krisenfällen nicht und das System bricht zusammen. Nur so wird aus dem Team ein „lernendes System".

Je nach Fachgebiet kann es sinnvoll sein, die Stationsausbildung von Referendaren zu übernehmen oder Studierende als wissenschaftliche Mitarbeiter zu beschäftigen. Selbstverständlich ist dafür häufig eine intensivere Betreuung von Nöten, man sollte den Gewinn jedoch nicht unterschätzen. Referendare können Gerichtstermine, bei denen man keine besonderen Komplikationen erwartet, übernehmen, Schriftsätze und Gutachten entwerfen – die rechtliche Würdigung eines Verkehrsunfalls, die Rechtmäßigkeit eines Verwaltungsakts und den Ablauf eines Strafverfahrens kennen sie aus Stationen, die der Anwaltsstation vorausgegangen sind. Wissenschaftliche Mitarbeiter können – je nach Ausbildungsstadium – enorm viel Vorarbeit leisten und Ihnen eine häufig zeitintensive Recherche ersparen.

5.3 Die Eisenhower-Regel

Der General und spätere US-Präsident Dwight D. Eisenhower hat vier Regeln entwickelt, die ihm als Organisationsidee ganz unabhängig von seinen Leistungen als Soldat oder Politiker einen Namen sichern werden. Sie lauten:

1. wichtige Aufgaben sofort selbst erledigen (und selten delegieren)
2. durchschnittliche Aufgaben auf einen späteren festen Termin setzen (und häufig delegieren)
3. weniger wichtige Aufgaben in vollem Umfang delegieren
4. Unwichtiges konsequent ignorieren

Sein Vorgänger, Harry S. Truman, hat allerdings behauptet, Eisenhower habe vor allem unerfreuliche Entscheidungen delegiert und vor sich hergeschoben, weil er Angst gehabt habe, sich unbeliebt zu machen. Selbst wenn das stimmt, hat Eisenhower es richtig gemacht, denn er hat wenigstens dafür gesorgt, dass andere Leute sich der Sache angenommen haben. Schlechtere Manager entscheiden selbst nichts, lassen aber auch die anderen nicht ran.

Was wichtig, durchschnittlich oder weniger wichtig ist, weiß ein Anwalt nach wenigen Jahren der Berufstätigkeit ohne viel nachzudenken. Dem Anfänger wird die Tabelle auf der folgenden Seite nützlich sein. Eine weitere Differenzierung ist die von Steven Covey (siehe oben 4.2) stammende Unterscheidung danach ob etwas nicht nur wichtig, sondern auch eilig ist. Aufgaben, die zwar wichtig, aber nicht eilig sind, wären im obigen Schema der zweiten Kategorie zuzuordnen, können aber in der Regel nicht delegiert werden. Beispiele hierfür sind etwa das Feedbackgespräch mit engen eigenen Mitarbeitern, die Auswertung der Quartalszahlen und Ähnliches.

Die Kategorie 4 gab es in dem ursprünglichen Eisenhower-Schema nicht. Ich habe sie hinzugefügt, weil man sonst binnen kurzem das Büro mit allen möglichen „unerledigten" Angelegenheiten zugeschüttet bekommt, die einen allein wegen ihrer Präsenz beunruhigen. Das sind zB Zeitungsartikel, die man „in einer ruhigen Stunde" (die es nie gibt) einmal durchsehen will, die Fachzeitschriften, die man eigentlich sofort richtig lesen wollte, dann aber wieder unterbrochen wurde und viel Vergleichbares mehr.

> Man kann das gar nicht oft genug betonen – am meisten Zeit sparen Sie, wenn Sie etwas gar nicht machen. Wenn Sie es also gar nicht als Aufgabe annehmen, sondern gleich freundlich ablehnen. Sie sollten Ihre Stärken kennen und wissen, für welche Aufgaben, und für welche Mandate Sie die beste Besetzung sind – und für welche nicht. Diese Aufgaben sollten

Sie dann entweder an jemand delegieren, der besser geeignet ist, oder zB Mandatsanfragen außerhalb Ihrer eigenen Spezialisierung und Ihres Erfahrungshorizonts konsequent ablehnen. Etwas anderes ist es natürlich, wenn Sie bewusst aus Ihrer Komfortzone herausgehen, und die Zeit investieren, die es kostet, sich in eine unbekannte Materie einzuarbeiten, weil Sie auf die Dauer gerne öfter in diesem Bereich tätig werden möchten.

Kategorie	Einstufung	Konsequenz
1	Tätigkeit mit hohem Zeitdruck, erfordert viel Aufmerksamkeit und höchste Qualität.	Muss an diesem Tag in vollem Umfang selbst erledigt werden.
2	Tätigkeit mit Zeitrahmen von zwei bis fünf Tagen; verdient durchschnittliche Aufmerksamkeit, Zeitaufwand und erfordert durchschnittliche Qualität.	Sofort entscheiden, ob die Tätigkeit selbst übernommen oder delegiert wird. Im ersten Fall Aufnahme in die Wochenplanung, im anderen Fall delegieren.
3	Tätigkeit außerhalb des Zeitrahmens von einer Woche, die unterdurchschnittliche Aufmerksamkeit erfordert und nur mittleren Qualitätsansprüchen genügen muss.	Sofort delegieren.
4	Tätigkeit nicht veranlasst, evtl. Ablehnung mitteilen.	Sofort ablehnen und Absage vorsorglich speichern lassen

Es ist am Anfang gar nicht einfach, sich dazu zu zwingen, diese vier Fragen ständig zu stellen. Immer wieder neigt man dazu, sich drei ganz andere, für das Time-Management aber ganz nebensächliche Fragen zu stellen. Sie lauten: Ist diese Aufgabe

- leicht/angenehm?
- lästig/unangenehm?
- schwierig/riskant?

Diese drei Fragen sind zwar auch interessant, bringen einen aber keinen Schritt weiter. Im Gegenteil: Sie schaden nur, denn wenn man eine Aufgabe als angenehm identifiziert hat (zB die Mitteilung an den Mandanten über einen gewonnenen Prozess), dann neigt man dazu, sie den lästigen oder schwierigen Aufgaben vorzuziehen. Tatsächlich aber müsste man es fast immer umgekehrt machen: Den verärgerten Mandanten zuerst anrufen und beruhigen (richtiges Beschwerdemanagement ist die beste Akquisition!), den Berufungsschriftsatz, bei dem die Frist in vier Tagen ausläuft, jetzt endlich anfangen und nicht auf den letzten Tag verschieben etc.

Die Grundregel lautet also: Vergessen Sie die Kategorien leicht, lästig und schwierig und ersetzen Sie sie durch: wichtig, durchschnittlich oder unwichtig.

Das wesentliche an der Eisenhower-Regel ist, dass sofort entschieden werden muss, was an diesem Tage zu tun ist. Wenn man beispielsweise mit einem Vorlauf von etwa vierzehn Tagen plant, sind am Morgen eines Arbeitstages schon 60 % bis 70 % der Arbeitszeit vergeben, so dass man nur noch über 30 % verfügen kann. Diese Entscheidungen müssen aber sofort getroffen werden.

Der zweite Vorteil der Eisenhower-Regel besteht darin, dass man sich dazu zwingt, jede neue Information sofort zu bewerten. Das Risiko, dass man sich in einer Bewertung irrt, ist, wie ich zu meinem Erstaunen festgestellt habe, sehr gering, denn wirklich wichtige Informationen kommen ganz selten nur einmal – sie tauchen immer wieder, oft in wechselndem Gewand, auf und mit der Zeit bekommt man einen Blick für sie.

Die Notwendigkeit der Bewertung von Informationen schärft gleichzeitig den Blick für das Planungsbedürfnis und zwingt einen dazu, Prioritäten zu setzen.

So einfach es auf den ersten Blick aussieht, sich vorzunehmen, den Schriftsatz in Sachen Meyer ./. Müller am Mittwoch zwischen 15.00 und 17.00 Uhr zu erledigen, so schwer ist es,

- die benötigte Zeit richtig abzuschätzen,
- alle Informationen zu diesem Zeitpunkt griffbereit auf dem Schreibtisch zu haben, die man für die Arbeit benötigt,
- Störungen von außen abzuwehren.

Ich ahne schon, dass Sie jetzt schon wieder nahe daran sind, dieses Buch in die Ecke zu werfen. Sie sagen sich: Erstaunlich, wie man einfache Sachen so kompliziert machen kann! Sie haben völlig recht: Wer viele Jahre in diesem Beruf gearbeitet hat, braucht keine Anleitungen darüber, was er sofort oder später erledigen soll. Vergessen Sie aber nicht die jungen Kolleginnen und Kollegen, die oft genug ihre ersten Berufsjahre fern vom Mandat verbringen und mitunter nicht einmal gesagt bekommen, welche Fristen oder Termine mit einem bestimmten Auftrag verknüpft sind. All diese Aufgaben sind einfach für den, der die Übersicht hat, für alle anderen hingegen schwierig.

Viele Anwälte haben die Vorentscheidung, wie wichtige oder unwichtige Dinge behandelt werden, zudem in ihrer Organisation abgebildet. Wer täglich den roten Vorfristzettel auf den Tisch bekommt, oder mehrfach am Tag durch aufpoppende Erinnerungen auf dem Bildschirm unterbrochen wird, muss blind sein, wenn ihm nicht klar wird, dass jetzt Fristen ablaufen. Gerade bei Einzelanwälten ist all das eine Selbstverständlichkeit. Hier zeigen sich manche Organisationsschwächen größerer Sozietäten, in denen viele Kollegen relativ fern vom Mandat tätig sind.

5.4 Wie delegiert man?

Mit der Erkenntnis, was wichtig und unwichtig ist, haben Sie aber erst die Hälfte der Aufgabe gelöst! Jetzt müssen Sie noch eine weitere Entscheidung treffen: Wer soll die Aufgabe erledigen? Dazu gibt es sechs Fragen – auf den ersten Blick eine lange Checkliste, die aber recht bald verschwindet, wenn man für alle routinemäßig vorkommenden Tätigkeiten ein festes Verhaltensmuster entwickelt, das man sich anhand der drei Checklisten über mögliche Delegationsthemen (→ 5.5) schnell erarbeitet.

Die sechs Delegationsfragen

1. **Was** ist zu tun?
2. Muss **ich** das selbst tun?
3. Wenn ja: **warum**?
4. Wenn nein: an **wen** wird delegiert?
5. Bis **wann** soll es erledigt sein?
6. Wiedervorlage zur **Kontrolle**

Dank der Digitalisierung, insbesondere E-Mail und beA, elektronische Signatur und digitalen Fristenkalender können Sie die allermeisten Sachen auch dann delegieren, wenn Sie selbst nicht im Büro sind.

Gleichwohl werden immer wieder Notsituationen entstehen, in denen Sie eigentlich delegierte Aufgaben selbst erledigen müssen. Dazu kann es gehören, die Berufungsbegründung – etwa im Falle einer Störung des beA – selbst an das Gericht zu faxen, wenn keine Mitarbeiter mehr da sind, oder Fristnotierungen im Kalender selbst vorzunehmen.

Ein wichtiger Tipp im Zusammenhang mit dem Delegieren ist, es frühzeitig zu tun oder wenigstens anzukündigen! Vielleicht teilen Sie eine Assistenz mit anderen Kollegen, was im Allgemeinen zu einer hohen Auslastung führt, oder ausgerechnet an diesem Tag bleibt das Sekretariat ab 13 Uhr unbesetzt.

Oder Sie möchten, dass die Referendarin heute Nachmittag noch etwas für Sie recherchiert, müssen aber zunächst selbst genauer prüfen, was. Dann empfiehlt sich in jedem Fall eine frühzeitige Ankündigung, dass Sie heute noch Unterstützung brauchen und die Bitte, hierfür ein Zeitfenster einzuplanen.

Wenn Arbeitsaufträge weitergegeben werden, ist es nicht zielführend und erst recht nicht zeitsparend, dem Kollegen die Anfrage des Mandanten kommentarlos weiterzuleiten. Entweder gibt die Mail allein den konkreten Auftrag gar nicht her, oder dem Kollegen fehlen nötige Vorinformationen, die Sie mit dem Mandanten schon vorab telefonisch besprochen haben. Oder aber Sie haben schon eine bestimmte Vorstellung wie die Antwort an den Mandanten aussehen soll. Vermeiden Sie also Zeitverzögerungen durch Nachfragen und änderungsbedürftige Ergebnisse, indem Sie diese relevanten Informationen direkt mit dem Auftrag mitliefern. In den meisten Fällen wird ein Anruf, in dem Rückfragen sofort beantwortet werden können, die schnellste und beste Lösung sein. Möchten Sie Aufgaben an den Referendar delegieren, der erst am kommenden Dienstag wieder im Büro ist, so schaffen Sie sich die Arbeit lieber sofort vom Tisch, schreiben ihm eine E-Mail und nennen ein Zeitfenster am Dienstag, in dem er sich für Rückfragen bei Ihnen melden kann.

Wichtig ist beim Delegieren auch eine konkrete zeitliche Vorgabe für die Abgabe des Entwurfs, sei es als gemeinsamer Kalendereintrag oder anders vereinbart. Oft ist es auch hilfreich eine ungefähre Angabe zu machen, wie viel Arbeitszeit für die jeweilige Aufgabe aufgewendet werden sollte.

5.5 Was kann man alles delegieren?

Es ist gar nicht so leicht, sich vorzustellen, was man nicht selbst machen muss, und noch schwieriger ist es, es nicht nur zu versuchen, sondern auch durchzuhalten. Nur wenige Anwälte kommen auf die Idee, dass die Einforderung von Informationen von den Mandanten auch ein Teil notwendiger Delegation ist. Wer das erkennt, stellt verständliche Forderungen nach den Informationen, die er braucht, setzt Fristen, wann er das Material benötigt und kontrolliert die Einhaltung. Nicht nur das Mandat muss geführt werden, auch der Mandant bedarf der Führung!

Wie oft sagt man sich: „Niemand kann das besser als ich" und wie sehr schreckt man immer wieder davor zurück, Mitarbeiter, die etwas nicht richtig machen, zu schulen, ihnen Hilfestellung zu geben und Geduld und Zeit (!) aufzuwenden, bis sie eine bestimmte Aufgabe selbständig beherrschen. Wer dafür weder Geduld noch Begabung hat, muss ein Assistenzteam oder Office Management dafür fit machen, ihm die Mitarbeiterschulung weitgehend abzunehmen. Das bedeutet aber auch seine besonderen organisatorischen Vorlieben und Qualitätswünsche abzustimmen, bis alles so sitzt, wie man es haben will. Es gibt Kollegen, deren Schriftsätze wirklich die Visitenkarte ihres Büros sind, andere, die darauf nicht viel Wert legen. Die wichtigste Aufgabe des Delegierens besteht gerade darin, seinen Mitarbeitern diese individuellen Besonderheiten zu vermitteln.

Man braucht am Anfang Anregungen, welche Tätigkeiten man delegieren kann. Sie finden sie hier:

Checklisten für die Delegation einzelner Tätigkeiten

Bereich A): Mandatsführung

Tätigkeit	100% selbst ausführen	Zum Teil delegieren	Voll delegieren
1. Akquisition, zB • Jahresversammlung Golfclub • Geburtstag Mandant • Mittagessen bei der IHK • Teilnahme an Messe/Kongress			
2. Mandate annehmen • Neue Mandanten • Mandate im Spezialgebiet • Normale Aufträge von Dauermandanten • Aufträge von Zufallsmandanten • Aufträge von empfohlenen Mandanten			
3. Mandatsführung/Schriftsätze/Gutachten • Sachverhalt ermitteln • Rechtliche Fundstellen/Bibliographie • Thematische Gliederung • erster Entwurf • Korrektur • weitere Entwürfe • Erläuterung gegenüber Mandant			

Tätigkeit	100% selbst ausführen	Zum Teil delegieren	Voll delegieren
4. Gerichtstermine • Termine beim Arbeitsgericht und Amtsgericht • Termine Beim Landesarbeitsgericht und Landgericht • Oberlandesgerichtstermine • BAG-Termine			
5. Rechtsmittel • Rechtsmittelaussichten bewerten • Rechtsmittel einlegen • Rechtsmittel begründen			
6. Vertragsverhandlungen • Ausarbeitung Erstentwurf • Schriftliche Überarbeitungen • Verhandlung • Dokumentation/Anlagen • Terminkoordination • Informationsbeschaffung			
7. Honorare • Honorarrechnungen erstellen • Honorarrechnungen kontrollieren • Honorarrechnungen anmahnen			

Bereich B): Management

Tätigkeit	100% selbst ausführen	Zum Teil delegieren	Voll delegieren
1. Aufbauorganisation planen • Mietvertrag für das Büro • Serviceverträge • Partner • IT und Datenschutz • Beschaffung • Strukturen • Verantwortung			
2. Personal • Einstellen von Rechtsanwälten • Einstellen von Sekretariatspersonal • Einstellen von leitenden Mitarbeitern (Office Manager//Buchhaltung) • Einstellen von sonstigen Mitarbeitern, Knowledgemanagement, Social Media • Einstellen von Referendaren, Wissenschaftlichen Mitarbeitern			
3. Aktenorganisation			
4. Bürotechnik • Telefonanlage • Videokonferenzsysteme • Online-Zugang zu Datenbanken • Software			
5. Buchhaltung			

Tätigkeit	100% selbst ausführen	Zum Teil delegieren	Voll delegieren
6. Ablauforganisation • Informationseingang organisieren • Informationsausgang organisieren • Gesetzliche Verpflichtungen überwachen (Compliance) • Meetings organisieren • Sekretariate organisieren			
7. Reiseorganisation • Reisetermine festlegen • Tickets und Hotel bestellen • Termine und Hotel überwachen			

Bereich C): Private Tätigkeiten

Tätigkeit	100% selbst ausführen	Zum Teil delegieren	Voll delegieren
1. Private Organisation vom Schreibtisch aus • Bank • Rentenversicherung • Lebensversicherung • Haftpflichtversicherung • Krankenversicherung • Unfallversicherung			

Tätigkeit	100% selbst ausführen	Zum Teil delegieren	Voll delegieren
2. Haushalt • Lebensmittelkauf/bestellung • Putzen • Wäsche bügeln • Fensterputzen • Balkon/Garten/Dekoration			
3. Soziale Kontakte, Urlaub • Reisebuchungen • Private Einladungen zu Hause • Theaterkarten buchen • Soziales Engagement im Verein etc.			
4. Care Arbeit • Kinderbetreuung • Arzttermine mit Kind • Elternsprechtag			

Die erste Recherche in einer neuen Angelegenheit werden die meisten gern selbst machen, weil man erst beim Anblick bestimmter Informationen auf neue Ideen kommt. Solche Recherchen kann man fast nicht delegieren. Erst wenn man einen Überblick hat, in welche Richtung die Angelegenheit läuft, kann man sie delegieren. Bei schwirigen und unbekannten Aufgaben ist es eine hilfreiche Alternative, dass man selbst die Angelegenheit vollständig durchprüft, und zugleich eine weitere Kollegin bittet, unabhängig davon einen eigenen Entwurf zu machen. Dann kann man die beiden Lösungsansätze vergleichen und so Fehlerquellen in neuartigen, schwierigen Angelegenheiten ausschließen.

Im Bereich der Akquisition zB müssen ältere Partner einer Sozietät unmittelbar an der Front stehen, weil sie es viel leichter haben als die jüngeren, das Vertrauen der Mandanten zu gewinnen. Davor darf man sich als Seniorpartner nicht drücken, muss aber gleichzeitig immer einen jüngeren Kollegen mitnehmen, damit er sieht, wie ein Akquisitionsgespräch richtig geführt wird. Wer das versäumt, muss sich nicht beschweren, dass seine jüngeren Kollegen keine Aufträge heranschaffen können. Vertrauen und Erfahrung allein sind heute längst kein zuverlässiges Erfolgsrezept mehr. Vor allem die Unternehmenswelt hat sich durch rasch voranschreitende Digitalisierung und Globalisierung verändert. Im Bereich der arbeits- und wirtschaftsrechtlichen Beratung legen potentielle Mandanten Wert auf Flexibilität, Kreativität, Diversity und Nachhaltigkeit. Für den gelungenen Pitch braucht es neben einer guten Idee auch eine zeitgemäße Präsentation, beziehen Sie junge Kollegen ein.

Beim Anmahnen von Honorarrechnungen kann man geteilter Meinung sein: Einige Anwälte lassen alles, was mit Geld zu tun hat, grundsätzlich nur durch ihre Mitarbeiter erledigen, andere (wie ich) verhandeln über Honorare stets selbst und schalten sich auch in die Mahnungen ein, weil sie wissen: Wenn ein Mandant eine Honorarrechnung nicht routinemäßig bezahlt, hat das immer einen Grund, der wahrscheinlich darin liegt, dass er nicht ganz zufrieden ist. Wer dieses Symptom übersieht, kann dem Mandat großen Schaden zufügen, und die Buchhaltung ist, schon weil sie nicht in die Beratung einbezogen ist, nicht imstande, dafür ein Gefühl zu entwickeln.

5.6 Aufgaben, die man selbst erledigen muss

Wenn Sie alles richtig gemacht haben, bleiben am Ende nur noch vier Fragen übrig, nämlich ob Sie die Aufgaben, die an Ihnen hängen bleiben,

- sofort
- stand-by

- später
- oder überhaupt nicht erledigen müssen.

Ich empfehle, mit der letzten Variante anzufangen und alles entschlossen in den Papierkorb zu verschieben, mit dem Sie sich nicht beschäftigen wollen. Das sind nicht nur große Teile der Werbung, sondern auch Einladungen aller Art. Im beruflichen Bereich wird es allerdings wenig Gelegenheit geben, nichts zu tun.

Ebenso gering ist aber der Anteil der Dinge, die man sofort, das heißt am gleichen Tag, erledigen muss. Je größer ihr Anteil ist, desto schlechter ist man organisiert. Sie müssen auf alle Fälle vermeiden, dass es Ihnen geht wie vielen Kollegen, die die Mails, die sie sofort bearbeiten wollen, wochenlang in roter Schrift in der Aufgabenleiste haben. Bei den Kollegen, die noch mit Papierakten arbeiten, stapeln sie sich auf dem Schreibtisch. Sie sollten maximal die Akten, die Sie innerhalb der nächsten zwei oder drei Tagen bearbeiten wollen, in einem Regal in Ihrem Büro verwahren.

Die „stand-by-Aufgaben" sollten deshalb in der Regel nicht in der Bearbeitung Ihrer Mandate bestehen, sondern eher aus organisatorischen Aufgaben, die nicht fristgebunden sind oder weiträumige Fristen haben (→ 4.9).

> Eine andere Technik, die ich vor Jahren aus einem Buch übernommen habe, ist „positive procrastination": Ich soll eigentlich den Entwurf eines Gutachtens prüfen, das für übermorgen fällig ist. Es ist aber schon später Nachmittag, einige unvorhergesehene Eilt-Anfragen haben viel Zeit gekostet und mein Kopf ist nicht mehr ganz frisch. Ich schiebe also das Gutachten vor mir her – ich prokrastiniere. Anstatt dann aber anstelle des Gutachtens etwas wenig Sinnvolles zu machen, wie zB mehr als wenige Minuten auf LinkedIn oder Instagram zu verbringen, nehme ich mir etwas anderes Sinnvolles vor, das aber

weniger Konzentration und Willenskraft erfordert, wie zB die Durchsicht der Unterlagen für den Steuerberater, oder für die nächste Konferenz.

6. Rückmeldung und Kontrolle

Die Kontrolle ist eines der ganz delikaten Themen, weil in Anwaltsbüros die meisten Leute gewöhnt sind, selbständig zu arbeiten und damit auf Kontrolle empfindlich reagieren. Es geht nicht so einfach wie bei der Bundeswehr, wo der Soldat meldet: „Auftrag ausgeführt!", damit der Vorgesetzte sich nicht merken muss, welche Aufträge er gegeben hat. Folgendes ist zu veranlassen:

- Sie müssen sich die Aufträge notieren, die Sie delegieren,
- müssen sich eine Frist dazu vermerken und nach Ablauf der Frist
- nachfragen, was geschehen ist.

Das müssen Sie selbst dann tun, wenn Ihnen Ihr Sekretariat aktiv Rückmeldung über erledigte Aufträge gibt, denn möglicherweise wird es einmal vergessen und dann haben Sie ein Haftungsproblem. Nicht selten hat sich der Bundesgerichtshof bereits mit Wiedereinsetzungsanträgen befassen müssen, etwa weil Kanzleimitarbeiter übersehen haben, dass im beA die automatisierte Eingangsbestätigung nach § 130a Abs. 5 S. 2 ZPO nicht erteilt worden ist. Nur wenn Sie ganze Aufgabenfelder delegieren (zB die Buchhaltung), können Sie sich auf die Kontrolle der Ergebnisse beschränken.

All das klingt auf den ersten Blick kompliziert. In der Praxis beschränkt es sich auf folgenden Outlook-Eintrag: „Abstimmung zum Berufungsbegründungsentwurf Meier./.Müller mit Referendar Dengler"

Erleichtern können Sie sich die Kontrolle auch, wenn Sie mit demjenigen Mitarbeiter, der Ihnen hilft, im Voraus zunächst im Gespräch vereinbaren, bis wann Sie einen Entwurf benötigen, und dies dann als Kalender-Termin für beide einstellen.

7. Teamarbeit zwischen Anwälten, Mitarbeitern, Mandanten und Dritten

Delegation findet auf selbstverständliche Weise in allen Teams statt. Allerdings erkennen viele Anwälte gar nicht, dass sie in einem Team arbeiten. Sie verstehen darunter nur das typische Team, das ein älterer Anwalt mit seinen jüngeren Associates bildet oder fachliche Gruppierungen von Anwälten, die gemeinsam an einem Fall tätig sind. Aber auch der Einzelanwalt bildet ein Team mit seiner Assistenz oder, wenn er keine hat, mit der Bürogemeinschaft, die ihn umgibt, dem IT-Service oder einem anderen Dienstleister, den er einsetzt usw. Noch seltener wird der Mandant als Teil des Teams erkannt. Nur Anwälte, die ständig gemeinsam mit Rechtsabteilungen oder der HR-Abteilung am Fall arbeiten, erkennen das sofort. Anderen ist dieser Aspekt völlig fremd. Dabei kann es eine wesentliche Voraussetzung für ein gutes Gelingen des Projekts darstellen, den Mandanten optimal in die eigene Arbeit zu integrieren. Ähnliches gilt für außenstehende Berater (Steuerberater, Wirtschaftsprüfer, Unternehmensberater), Gutachter oder andere Dritte. Mit all diesen Personen kann man genauso wie mit Anwälten Microsoft Teams organisieren, Dokumente in Sharepoints teilen, Termine koordinieren usw.

Entscheidend ist dabei die Frage, wer dieses Team führt. Es sind nicht immer die Anwälte, oft sind es die Rechtsabteilungen, manchmal auch die Wirtschaftsprüfer, seltener die Steuerberater. Über die Frage, wer führt (und damit kontrolliert), sollte offen gesprochen werden, weil sonst die Reibungsenergien und damit der Zeitverschleiß sehr groß werden kann. Folgendes ist zu tun:

- Teamziele und Einzelziele vereinbaren/vorgeben: Das sind mindestens die Termine und Tätigkeiten.
- Die anderen Teammitglieder beim Erreichen ihrer Ziele unterstützen und informieren.
- In unklaren Situationen: Führung übernehmen.
- Bei Konflikten: Schnell entscheiden!
- Erreichen der Ziele bestätigen/Ziele anpassen oder ändern.
- Ergebnisse kontrollieren und besprechen.

8. Zeit-Management im Mandat – je nach Art des Mandats

8.1 Die Personal- oder Rechtsabteilung im Konzern

Die routinierteste Art der Zusammenarbeit ergibt sich meist mit der Personal- oder Rechtsabteilung größerer Gesellschaften. Die Ansprechpartner arbeiten von Berufs wegen mit uns Anwälten und Anwältinnen zusammen. Entsprechend professionell ist der Kontakt, auch wenn sich im Laufe einer jahrelangen Zusammenarbeit durchaus ein sehr freundschaftliches Verhältnis ergeben kann. Gerade wenn Juristinnen in Rechts- oder Personalabteilung beschäftigt sind, ist die anwaltliche Aufgabe oft weniger das minutiöse Vorbereiten aller Schriftstücke, sondern eher ein Erfahrungsaustausch und Benchmarking zu der Frage, wie andere Mandanten solche Themen lösen, welcher Sozialplanfaktor in der Branche und Region üblich ist etc.

Vereinbarte Telefontermine im unternehmensseitigen Mandat finden in der Regel zu „normalen" Bürozeiten wochentags zwischen 9 und 18 Uhr statt, bei starkem Zeitmangel auch einmal in Randzeiten. Persönliche Treffen sind seit der COVID19-Pandemie seltener geworden, finden aber wenn überhaupt, dann oft beim Mandanten vor Ort statt, sofern nicht die Besprechung in einer vertraulichen Angelegenheit oder Verhandlungen mit dem Betriebsrat möglichst ohne Aufsehen besser in den Kanzleiräumen stattfinden. Die Mandanten arbeiten Anfragen der Anwaltsseite, etwa zu mehr Sachverhaltsinformationen für einen Schriftsatz, routiniert und in der Regel auch pünktlich ab. So entsteht in der Summe eine hohe Qualität der Arbeitsprodukte.

8.2 Der Mittelständler und der Start-Up-Gründer

In kleineren Gesellschaften löst der Geschäftsführer oder die Vorständin rechtliche Schwierigkeiten selbst, bisweilen administrativ unterstützt von seiner Assistentin oder seinem Assistenten. Hier gibt es eine ganze Bandbreite an Möglichkeiten der Zusammenarbeit, vom kurzen telefonischen Rat hin bis zu einer umfassenden Übernahme der Aufgaben ähnlich einer externen Rechtsabteilung. Einer meiner langjährigen Mandanten ist Vorstand einer kleinen Aktiengesellschaft. Er ruft gelegentlich an und sagt „Also, ich hab den/die jetzt rausgeschmissen. Sagen Sie mir dann, was es gekostet hat." In der Mandatsarbeit sind Mittelstands-Mandanten oft dankbar, wenn sie alle Entwürfe von der Anwältin als Ghostwriter zugeliefert bekommen, zusammen mit gut verständlichen Instruktionen, wie die Kündigung zuzustellen ist etc.

Im Startup geht es in der Regel noch etwas schwungvoller zu. Der oder die Gründerin sind oft jung, meist kostenbewusst und sehr entscheidungsfreudig. Gerne sprechen sie Englisch. Das Verständnis für langwierige Rechtsstreitigkeiten ist niedrig. Dafür ist das Unternehmen und der Spirit der Beschäftigten in der Regel interessant, oft technikaffin, oft „purpose driven". Hier ist auf Anwaltsseite ein gutes „Expectation Management" wichtig, sowohl hinsichtlich der Zeit, in der ein

Ergebnis geliefert werden kann, wie auch hinsichtlich der Kosten, die es verursachen wird und schließlich auch hinsichtlich der Erfolgsaussichten zB für arbeitgeberseitige Verteidigung gegen eine Kündigungsschutzklage.

8.3 Das Individualmandat

Gerade Einzelanwälte beraten oft ganz überwiegend Individualmandanten, sei es in deren Scheidung, dem Verkehrsrechtsstreit oder der Kündigungsschutzklage. Hier ist eine persönliche Besprechung, wenigstens zu Beginn des Mandats, noch völlig üblich. Es ist auch je nach Naturell der Mandantin denkbar, dass diese den Anwalt im Laufe des Arbeitstags öfter anruft, weil ihr „noch etwas eingefallen" ist. Da hilft nur das unten erwähnte Abwehrteam gegen Störungen und ein gebündelter Termin für alle Rückrufe. Oder die Vereinbarung eines Zeithonorars, die in aller Regel einen eindämmenden Effekt gegen unstrukturierte Fragen hat. Positiv ist in der Zusammenarbeit, dass Ihr Mandant in der Regel Ihre Nachfragen zum Sachverhalt in kürzester Zeit beantworten wird. Auch ist es unter dem Stichwort „Lebensziele" und „Purpose" durchaus erfreulich und nachhaltig, wenn man aufgrund seines Berufs als Anwältin in der Lage ist, Menschen in teilweise verzweifelten Lebenssituationen weiterzuhelfen.

8.4 Das Mandat im Freundeskreis

Jede Anwältin und jeder Anwalt kennt die Frage beim Abendessen, beim gemeinsamen Spaziergang oder den Anruf auf dem Handy am Wochenende: „Wie ist das eigentlich? Mir ist gestern jemand in mein Auto gefahren…" Hier müssen Sie selbst entscheiden, wen Sie gerne in welchem Umfang kostenlos beraten möchten. Insbesondere Fachfragen, die nicht in das eigene Spezialgebiet fallen, kann man mit wenigen tröstenden Sätzen an eine spezialisierte Kollegin verweisen.

Innerhalb des eigenen Fachgebiets kann man hier auch Einiges an (unbezahlter) Zeit verbringen. Meine eigene Regel ist: Ich berate meine Freunde, nicht aber die Freundin einer Bekannten. Ich berate kostenlos, wenn es ungefähr unter einer Stunde bleibt, und wenn ich keinen Schriftverkehr produzieren muss. Eine Ausnahme sind echte pro bono Mandate, die ich gezielt und aus eigener Überzeugung übernehme. Ihre Regel kann eine andere sein. Aber Sie werden nicht umhinkommen, sich eine Lösung zu überlegen.

IV. Nützliche Werkzeuge und Arbeitsmethoden

Ich will an dieser Stelle noch einmal ausdrücklich wiederholen, was ich schon eingangs gesagt habe. Der Erfolg von Selbstorganisation und Zeitmanagement hängt von drei Faktoren ab:

1. Der Erkenntnis, dass die Zeit einer der wesentlichen Faktoren ist, die unsere Lebensqualität bestimmen,
2. einer Handvoll guter und individuell wirksamer Organisationsideen,
3. geeigneten Arbeitstechniken und Werkzeugen, zu denen vor allem zuverlässige IT und Software gehören.

Auf die ersten beiden Faktoren hat jeder selbst hinreichend Einfluss. Auf den dritten Teil, der Arbeitsumgebung, hat der einzelne Anwalt in einer größeren Einheit oft wenig Einfluss; selbst als Partner muss er erstmal die Gelegenheit finden, seine eigenen Vorstellungen und Bedürfnisse durchzusetzen. Aber viele kümmern sich viel zu wenig darum, in den internen Besprechungen Digitalisierungsprozesse und Investitionen auf den Weg zu bringen. Wer heute noch in den technischen Details, die in diesem Zusammenhang eine Rolle spielen, wenige Kenntnisse hat und auch keine erwerben will, kann sich an folgende Faustformel halten: IT-Anwendungen müssen in ihrer Größe flexibel mit der Organisation wachsen und sich ihr anpassen können; die Bedienung muss so einfach und einleuchtend wie möglich sein und die Auswahl sollte man stets danach treffen, wie erfolgreich es bei einem Kollegen oder einer anderen Kanzlei, schon im Einsatz ist, oder das Programm vor dem Kauf einer Testphase unterziehen. In jedem Fall sollte man für sich und seine Kollegen Schulungen in Anspruch nehmen und Drop-In Sessions anbieten um alle Mitarbeiter dort abzuholen, wo sie merken, welche Erleichterung mit einer etwaigen Umstellung der Gewohnheiten am Ende einhergeht.

1. Schneller lesen und recherchieren

Wie kommen Anwälte mit den ungeheuren Rechtsprechungsfluten, dem Lesen in Datenbanken, im beA oder den Aktennotizen zurecht, die sie in ihrer Arbeit bewältigen müssen? Die Antwort: Das weitaus meiste lesen wir nicht! Unser Beruf schult uns seit der Studentenzeit, Texte zu überfliegen, nach bestimmten Suchworten zu analysieren, ihre Relevanz abzuschätzen und nur dort vertieft nachzulesen, wo wir fündig geworden sind.

Bei dem enormen Überangebot an fachlicher Information muss man also schon beim Lesen die „Eisenhower-Regel" (→ VI.5.2) anwenden, um so das Relevante vom Irrelevanten zu trennen. Hat man entschieden, dass eine Information wesentlich sein kann, dann muss zuvor – der Grundregel entsprechend – zunächst das Ziel des Lesens bestimmt werden. Die Frage „Wonach suche ich eigentlich?" ist das entscheidende Hilfsmittel für eine wirksame Verkürzung der Lesezeit.

Von den sieben Fachzeitschriften, die ich regelmäßig auswerte, lese ich jedes Exemplar am gleichen Tag, an dem es geliefert wird, und zwar unabhängig davon, was ich sonst noch vorhabe, denn zum Lesen brauche ich (auch im Fall der sechzigseitigen NJW am Montag) im Durchschnitt genau zehn Minuten. Dieselbe Herangehensweise empfiehlt sich auch, wenn man vielleicht nur ein oder zwei Zeitschriften, dafür aber mehrere Newsletter, Blogs oder etwa die Pressemitteilungen des Bundesarbeitsgerichts liest.

Wichtig ist dabei, dass man fokussiert liest und nicht ins Schmökern kommt. Es ist nicht immer ganz einfach, diese Teile der NJW zu überspringen, weil ja oft über spannende Fälle etwa im Straf- oder Verwaltungsrecht berichtet wird, die einen „so ganz allgemein" interessieren würden. Wenn ich durch Zufall auf so etwas stoße, dann speichere ich mir das Urteil oder den Aufsatz (oder drucke es aus) und ich lese es erst, wenn ich allgemein Zeit zum Lesen habe. Das Auswerten einer Zeitschrift oder jede andere rechtliche Recherche hingegen ist zielgerichtetes Suchen nach bestimmten Informationen.

Hier bewährt sich die oben entwickelte Grundregel:

- das Ziel bestimmen,
- planen,
- durchführen und
- kontrollieren,

was übertragen auf rechtliche Recherchen Folgendes bedeutet:

- Ziel ist die Erfassung der für mich und meine Tagesarbeit relevanten juristischen Informationen.
- Die Planung besteht in der Anordnung, dass ich eine Zeitschrift oder einen monatlichen Newsletter entweder immer am gleichen Tag des Erscheinens vorgelegt bekomme bzw. öffne und an bestimmten Tagen eine halbe Stunde Zeit für das Durchsuchen aller aktuellen Meldungen einplane. In größeren fachübergreifenden Kanzleien trudeln meist viele unterschiedliche Zeitschriften in ungleichem Erscheinungs-Rhythmus ein. Dabei ist es hilfreich die Assistenz zu bitten, die Inhaltsverzeichnisse von Zeitschriften und etwa des Bundesgesetzblattes zu sammeln und einmal im Monat komprimiert per E-Mail zu verschicken.
- Ich prüfe das Inhaltsverzeichnis einer Zeitschrift oder in einem Newsletter/Blog oder die Übersicht in der Datenbank daraufhin, ob Themen angesprochen sind, die für mich wichtig sind.

- Ist das nicht der Fall, ist die Lektüre sofort beendet.
- In Zweifelsfällen überfliege ich die Zusammenfassungen.
- Wenn ich eine Information wirklich lesen, das heißt durcharbeiten muss, speichere ich sie ab, oder, lasse sie für mich kopieren und lese sie dann in der „Lesestunde", die ich mir mindestens einmal, gelegentlich zweimal in der Woche gönne.
- Meine Lesestunde ist normalerweise Freitagnachmittag von 15.00 bis 16.00 Uhr, also die Zeit, in der die Behörden, Banken und die meisten Unternehmen schon abgeschaltet haben, während einige Anwaltskanzleien noch ganz ordentlich summen. Wenn ich in dieser Zeit nicht fertig werde, nehme ich mir das ungelesene Material in einer Klarsichthülle vorsorglich zu allen Terminen mit, bei denen es voraussichtlich Wartezeiten gibt (Gericht, Reisen, Elternsprechtage etc.).
- Mit einer Spezialzeitschrift wie etwa „Computer und Recht" oder dem „Datenschutzberater" gehe ich etwas anders um. Hier überfliege ich auf jeden Fall das ganze Blatt, also auch die öffentlich-rechtlichen und strafrechtlichen Bereiche, weil diese Informationen allgemein von Bedeutung sind und sich insbesondere im Arbeits- und Wirtschaftsrecht erheblich auswirken können.

Juristische Standardwerke lese ich prinzipiell nur im Zuge der Mandatsbearbeitung und dort, wo ich sie für meine Veröffentlichungen brauche. Das ist dann aber mehr als bloßes Überfliegen, sondern harte Arbeit, die meist auch mit Exzerpieren verbunden ist.

Auf diese Weise lernen wir, nach einem Landkartensystem zu arbeiten, das uns zunächst nur einen sehr groben Aufriss eines Erdteils gibt, danach suchen wir uns ein Land aus, betrachten diese Karte und gehen so weiter ins Detail bis herunter zum Stadtplan – also dem juristischen Detailproblem, von dem oft genug die richtige Lösung des Falles abhängt. Der so geschulte Suchblick reagiert auf typische Schlüsselreize wie zum Beispiel das Kürzel „BGH", das uns signalisiert: „Hier ist ein hochrangiges Urteil!", während wir bei „AG Ettlingen" dazu neigen, den Text nicht wahrzunehmen, obgleich sehr wohl eine interessante juristische Variante in ihm versteckt sein kann.

Diese Techniken habe ich schon vor Jahrzehnten gelernt, als es noch keine Datenbanken gab. Sie sind mir aber auch heute noch nützlich. Wenn ein Anwalt so nicht arbeitet, sondern sich dabei ertappt, dass er für das Studium der NJW zwei Stunden braucht, dann hat er ein Problem, denn Lesen kostet sehr viel Zeit.

2. Mobiles Arbeiten und Home Office

Für die meisten von uns ist es heute üblich, den Laptop bei längeren Abwesenheiten aus dem Büro mitzunehmen. Mobiles und vernetztes Arbeiten ist heute eine Selbstverständlichkeit. Bei überörtlichen Teams, in denen mehrere Spezialisten an der gleichen Sache aber an unterschiedlichen Orten arbeiten, müssen digitale Lösungen her, bei denen alle auf den gleichen Datenbestand zugreifen, weil nicht jeder die gesamte Akte vor Ort bilden kann. Um von unterwegs oder standortübergreifend effizient arbeiten zu können, müssen sämtliche Daten auch remote zugänglich sein, Kalender, E-Mail-Postfächer und elektronische Akten müssen automatisch synchronisiert werden.

Es gibt viele Gründe, neben seinem Arbeitsplatz im Büro auch einen funktionierenden Laptop ständig verfügbar zu haben, für das Home Office womöglich in Kombination mit großem Bildschirm und externer Tastatur. Viele Anwälte sind häufig unterwegs und können vor allem bei großen Prozessen oder Vertragsprojekten nicht viele Dutzend Aktenordner mitnehmen, die sie aber für die Arbeit vor Ort bei Mandanten im In- oder Ausland oder in Verhandlungen benötigen.

Dabei ist auf den Datenschutz zu achten. Es muss gewährleistet sein, dass technische und organisatorische Maßnahmen die Daten der Mandanten und die Arbeitsfähigkeit der Kanzlei wirksam schützen, was seinen Preis hat. Anwälte sollten mit Blick auf das Mandatsgeheimnis die erforderliche Sensibilität beim Umgang mit den Daten ihrer Mandanten zeigen und beim Einsatz mobiler Geräte die erforderlichen Maßnahmen für Daten- und IT-Sicherheit treffen. So verbietet es sich, in der Bahn oder im Flugzeug Mandatsunterlagen zu bearbeiten, wenn der Laptop einsehbar ist. Etwas Erleichterung verschafft eine Sichtschutzfolie, die man an den Bildschirm des Laptops klemmen oder kleben kann, und die den Einsichtswinkel von etwa 30 Grad auf 10 Grad beschränkt. Aber wer von uns hatte nicht schon das Vergnügen, im Flugzeug oder Zug die Power-Point-Präsentation oder den Vertragsentwurf eines Kollegen in der Vorderreihe zu bewundern. Es verbietet sich auch, in solchen Situationen über vertrauliche Themen zu telefonieren, weil man nie weiß, wer das hören kann.

Ein weiterer Aspekt ist die dauernde technische Erreichbarkeit. Die führt oft auch zu höheren Erwartungen von Mandanten- oder Kollegenseite. Diesen Erwartungen innerhalb vernünftiger Grenzen zu entsprechen, aber dennoch im wahrsten Sinne des Wortes auch einmal „abzuschalten" ist eine Aufgabe, die ohne ein funktionierendes Zeitmanagement nicht zu lösen ist.

Das Arbeiten im Home Office ist nicht zuletzt infolge der COVID19-Pandemie für die allermeisten Anwälte in Bürogemeinschaften und größeren Kanzleien alltäglich geworden. Für Eltern kann es Fluch und Segen zugleich sein. Der Drahtseilakt zwischen Home-Office und Home-Schooling gelingt nur, wenn man sich selbst, sämtliche Familienmitglieder und weitere Hausbewohner gut organisiert hat. Im Home-Office sollten Sie die Zeiten, in denen Sie in Online-Terminen sind, im voraus kommunizieren und erklären, dass Sie dort nicht gestört werden wollen, es sei denn, es handelt sich um eine mittelschwere Katastrophe. Der Klebezettel mit „Bitte nicht stören" wird zur Sicherheit an die Tür – in Augenhöhe der Kinder – platziert. Planen Sie Ihre Termine je nach Alter der Kinder möglichst so, dass Sie sich nicht mit Terminen Ihres Partners überschneiden, der ebenfalls im Home-Office sitzt.

> Als meine Kinder sehr klein waren, waren berufliche Telefonate oft auch zu den Zeiten unumgänglich, in denen ich eigentlich „frei" hatte, also mit den Kindern beschäftigt war. Bei vorhersehbaren Fällen habe ich einzelne Gummibärchen in große Zeitungsseiten hineingeknüllt, und diese Zeitungsknäuel nach und nach an die Kinder gereicht, so dass diese mit dem vorsichtigen Auswickeln möglichst lange beschäftigt waren. Meine jüngste Tochter konnte ich im Alter von etwa einem Jahr bei ungeplanten Anrufen von Mandantenseite mindestens eine halbe Stunde dadurch beschäftigen, dass ich ihr erlaubte, meine „heilige" Handtasche Stück für Stück auszuräumen.

3. Online-Meetings und Telefonate

Es gibt Anwälte, die laufend in langandauernden Telefongesprächen oder Online-Meetings mit vielen Beteiligten sitzen, um ein Projekt oder eine Verhandlung zu Ende zu bringen, den ein endloser E-Mail- oder Schriftsatzwechsel nicht hätte lösen können. Andere hingegen sind telefonisch schlechter erreichbar, dafür schreiben sie viele E-Mails und kommen so zum Erfolg.

Ich rate also dazu, den persönlichen Arbeitsstil zu berücksichtigen und es jedem Kollegen selbst zu überlassen, ob er viel oder wenig telefoniert und wie er das macht. Seit wir am Telefon nicht mehr „an der Strippe hängen", empfehle ich sehr viel mehr im Stehen zu telefonieren und dabei herumzulaufen: Körperliche Bewegung ist für jede Art des Nachdenkens ausgezeichnet, die Stimme wird energisch. Wenn größere Konzentration oder ausführlichere Notizen nötig sind, sollten Sie allerdings sitzend – oder am Stehpult – telefonieren.

Es gibt einige Regeln, die mehr in den Bereich der Höflichkeit und Professionalität hineinreichen:

- Man sollte als Anwalt grundsätzlich nicht auf der Straße telefonierend herumlaufen, weil man dann immer Mühe hat, die gebotene Vertraulichkeit zu bewahren.
- Dasselbe gilt für geschlossene Räume wie Züge oder andere öffentliche Verkehrsmittel, Restaurants, Cafés etc. Für Online-Meetings aus dem Home Office sollten Sie einen professionellen und neutralen Hintergrund wählen.
- In Gerichtssälen, bei Konferenzen oder bei jeder Art von Meeting, in dem mehrere Teilnehmer miteinander sprechen wollen, muss das Handy stumm bleiben. Ich finde es absolut unerträglich, wenn Kollegen in solchen Sitzungen in ihr Handy murmeln: „Ich bin in einer Besprechung und kann jetzt nicht zurückrufen", gerade als hätten sie nicht genug Verstand, das ihrer Mailbox zu überlassen. Nutzen Sie zumindest in Online-Meetings die Stummschaltung Ihres Mikrofons, wenn es sich um einen Notfall handelt.
- Was lange Zeit nahezu als unverzeihlich galt, sind Kollegen oder Mandanten, die aus vereinbarten Konferenzen herausrennen. Selbstverständlich gilt es solche Situationen auch heute noch zu vermeiden, weil man einem damit zu verstehen gibt, dass es Wichtigeres gibt als die Zeit, die man selbst zur Verfügung hat.
- Eine Regelung, die allen (nicht) Beteiligten viel Zeit spart, ist kanzleiinterne Meetings in dem kleinstmöglichen Teilnehmerkreis zu veranstalten. Es muss nicht jeder bei allem

dabei sein. Ein kleinerer Ausschuss kann schneller zusammenkommen, schneller entscheiden und schneller die notwendigen Schritte veranlassen.
- Wie schon oben erwähnt gehört zu jedem Meeting Zeit für die Vor- und Nachbereitung einzuplanen.
- Auch gehört zu fast jedem Meeting eine Agenda im Vorhinein und ein Protokoll im Nachhinein (siehe hierzu noch im Folgenden).
- Auch private Telefonate können viel Zeit kosten. Wenn man sie nicht ganz vermeiden kann oder möchte, ist es eine bewährte Strategie, Anrufe mit befreundeten oder verwandten Vielrednern bewusst aus dem Büro zu erledigen. Dann haben die meisten Gesprächspartner Verständnis, dass man sich nach zehn Minuten freundlich aber bestimmt verabschieden muss.

4. Kostenpflichtige juristische Datenbanken, digitale Zeitschriften-Abonnements

Da man im Internet viel geschenkt bekommt, viele Newsletter, Blogs kostenlos abrufbar sind, gibt es immer noch Hemmschwellen, eine kostenpflichtige Datenbank zu beziehen. Das Durchblättern einer Zeitschrift oder die Finger-Suche im Schönfelder sind zudem viel komfortabler. Allerdings ist die gezielte Recherche – insbesondere nach Gerichtsentscheidungen ohne digitale Datenbanken wie beck-online und juris mittlerweile undenkbar. Die Verlage bieten flexible Abonnements an, mit Angeboten für eine verschiedene User-Anzahl und unterschiedliche Rechtsgebiete. Daran sollte heute niemand sparen. Denken Sie allein an eine der zeitsparendsten Erfindungen bei der Recherche: die Suchfunktion!

5. Social Media: LinkedIn, Xing, Facebook, Instagram

Nicht nur mit Blick auf die Gewinnung von Mandaten und die eigene Sichtbarkeit ist die (dosierte) Nutzung von sozialen Medien in jeder Hinsicht ein Mehrwert. Man kann sich sowohl fachlich als auch persönlich austauschen, auf juristische Kuriositäten und Fehlentwicklungen aufmerksam machen, sich auf dem Laufenden halten, Diskurse verfolgen, die einen selbst betreffen oder gerade nicht. Die Werbung, die man für sich und seine Kanzlei machen kann, ist ein begrüßenswerter Nebeneffekt.

Der größte Vorteil ist sicherlich die Möglichkeit sich zu vernetzen. Aufbau und Pflege eines großen Netzwerks nimmt zwar ohne Frage Zeit in Anspruch, in Summe profitierten jedoch sogar diejenigen davon, die den ständigen Diskurs eher anstrengend finden. Denn ein breit gefächertes Netzwerk bringt Ihnen nicht nur das ein oder andere Mandat, sondern Sie können interessierten Nachwuchs für sich gewinnen, können sich selbst einen Rat einholen und haben für jede Schwierigkeit einen erfahrenen Kontakt parat. Xing, LinkedIn und Co, haben selbstverständlich auch negative Effekte. Je nach Plattform werden die Diskussionen gelegentlich unsachlich, so manche Meinung bringt einen auf die Palme. Das Ablenkungspotenzial ist hoch und man hat den Eindruck, die Zeit vergeht dort schneller. Damit Social-Media-Plattformen nicht (ungewollt) zur Zeit-Falle führen, können Sie sich eine maximale Nutzungszeit am Tag oder in der Woche auferlegen und auf Push-Benachrichtigungen verzichten, um nicht ständig abgelenkt zu werden. Wählen Sie gezielt aus, mit wem sie sich vernetzen, wem sie folgen und welche Interessen Sie angeben, um möglichst viele verwertbare Beiträge in der Timeline zu haben, die Ihnen Denkanstöße geben und für Ihre Arbeit interessant sind.

6. Mindmapping

Ein altes chinesisches Sprichwort sagt:

„Wer etwas hört, kann etwas lernen,
wer etwas sieht, kann es behalten und
wer etwas tut, kann es begreifen".

Die neurobiologische Forschung weiß seit langem, dass Bilder und Zeichnungen – also jede Form der Visualisierung – in anderen Regionen des Gehirns gespeichert und weiterverarbeitet werden als verbale Informationen. Bilder sagen mehr als Worte, vor allem dann, wenn Worte und Bilder miteinander kombiniert werden und sich so stillschweigend kommentieren und ergänzen. In Mindmaps geschieht das in idealer Weise.

Mindmaps können jeden Aspekt der anwaltlichen Tätigkeit unterstützen, also zB:

- die Darstellung der Tatsachen im Prozess
- die Darstellung der Tatsachen bei der Vorbereitung von Verträgen
- die Rechtslage
- die einzelnen Anspruchsalternativen
- das geplante Vorgehen und die Mitwirkung der Mandanten
- die Aufbauorganisation eines Anwaltsunternehmens
- die einzelnen Elemente des Know-how Managements

und viele andere Aspekte, die sich jedem aufdrängen, der mit diesem Werkzeug einmal kontinuierlich gearbeitet hat.

Der Vorteil dieser Darstellung ist es, auf einer Seite das gesamte Projekt schlagwortartig abbilden zu können, was sonst nur in einem sehr langen unübersichtlichen Text möglich wäre, vergleiche hierzu auch Buzan, Mind Map Mastery, siehe Literaturverzeichnis.

7. Papier oder Bildschirm

Für mich kam 2010 der Durchbruch zur persönlichen Arbeit mit dem Computer vor allem an Schriftsätzen, Gutachten und bei wissenschaftlichen Arbeiten, als ich zusammen mit dem Spracherkennungsprogramm auf Empfehlung der Fachleute erstmals einen breiten Flachbildschirm vor mir hatte, auf dem zwei DIN A4 Seiten nebeneinander (bei 80 % Verkleinerung) gut lesbar waren. Schon früher hatte ich mir angewöhnt, zwei DIN A4 Blätter nebeneinander zu legen, wenn ich Schriftsätze lese oder korrigiere, denn dadurch bekommt man einen besseren Überblick. In der elektronischen Form ist das Ganze aber natürlich noch sehr viel komfortabler: Wenn man zusehen kann, wie im Rahmen des eigenen Diktats der Schriftsatz entsteht, spürt man nicht nur den Zeitgewinn, sondern hat auch ein intellektuelles Vergnügen. Wer mit zwei breiten Bildschirmen arbeitet, erleichtert sich die Arbeit enorm, weil Sie gleichzeitig lesen und übertragen können, oder mehrere Oberflächen und Aufgaben parallel bespielen können, etwa Zeiterfassung sowie To-Do-Listen und Mindmaps.

Art und Umfang der richtigen technischen Ausrüstung hängt aber nicht von der Größe oder abstrakten Leistungsfähigkeit der Technik ab, sondern von der Art und Weise, wie man sich organisieren will. Manche werden auf den zweiten Bildschirm verzichten und stattdessen stets ein Tablet mit Eingabestift neben sich haben, weil sie handschriftliche Notizen und Skizzen machen wollen. Was ich damit sagen will: Finden Sie Ihren individuellen Weg, schrecken Sie nicht vor Kosten oder Umgewöhnungen zurück! Die effektive Methode ist nicht schwarz oder weiß – man muss sich nicht entscheiden zwischen Analog und Digital. Ich selbst arbeite keinesfalls papierlos. Es geht darum möglichst die jeweiligen Vorteile von Papier und Papierlosigkeit zu nutzen.

Bei aller Digitalisierung bleibt Papier aber für viele ein unverzichtbares Arbeitsmittel. Ich mache mir in jedem Telefonat handschriftliche Notizen auf „Yellow Legal Pads", die früher mühevoll aus den USA bestellt werden mussten, mittlerweile aber auch im deutschen Bürobedarf erhältlich sind. Auch den ersten Entwurf einer rechtlichen Analyse, oder die Grobgliederung für ein Memorandum, gelingt mir am einfachsten und schnellsten auf Papier. Wenn ich ein Gutachten oder einen Vertragsentwurf gründlich durchschauen möchte, bin ich auf Papier trotz großer Bildschirme schneller und fehlerfreier.

Es gibt Vor- und Nachteile beider Arbeitsweisen. Papierfans schätzen die Freiheit von digitalen Störungen, die bessere räumliche Übersicht über den Text, die bessere Lernkurve bei handschriftlichen Notizen. Digitalisierungsfans schätzen das vernetzte Arbeiten von überall, die Speicherbarkeit und Reproduzierbarkeit, die Durchsuchbarkeit, die Fähigkeit zur Verarbeitung großer Datenmengen. Beides hat seinen Platz, meine ich, und Sie müssen selbst herausfinden, für welche Teile Ihrer Arbeit Sie welche Arbeitsmethode bevorzugen.

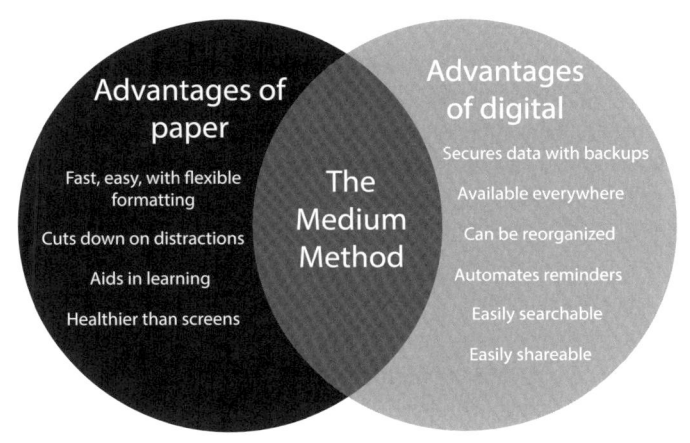

Abdruck mit freundlicher Genehmigung von
https://todoist.com/de/productivity-methods/medium-method

8. Spracherkennung

Ich habe schon vor mehreren Jahren mit unterschiedlichen Spracherkennungs-Programmen experimentiert, war mit den Ergebnissen aber nie zufrieden. Zwischenzeitlich ist die Qualität dieser Programme aber so weit entwickelt worden, dass sie tatsächlich in nahezu allen Situationen mit großem Vorteil benutzt werden können.

Beim Einsatz von Spracherkennungssoftware gibt es zwei grundsätzlich unterschiedliche Methoden:

- Der Anwalt diktiert wie durchaus noch üblich, ohne besonders auf seine Aussprache zu achten und gibt gleichzeitig seine Organisationsanweisungen so wie bei einem ganz normalen Diktat. Danach wird die entstandene Sprachdatei über das Intranet an das Sekretariat weitergeleitet. Der Text wird relativ viele Fehler enthalten, die das Sekretariat aber unschwer beseitigen kann, weil das Diktat gleichzeitig mitgehört wird. So kommen auch die Organisationsanweisungen verständlich an und können umgesetzt werden.
- Der Anwalt trainiert seine Aussprache sorgfältig, nutzt die Funktion der Software, wie beispielsweise Dragon oder DICTNOW fehlerhaft erfasste Begriffe zu korrigieren und künftig zu verbessern und erzielt so eine sehr hohe Erkennungsquote. Er korrigiert alle Fehler selbst und verzichtet auf die gleichzeitige Aufnahme einer Sprachdatei.

Anwälte, die viel unterwegs sind oder in hektischen Situationen eilig diktieren müssen, die kein sorgfältiges Diktat erlauben, können heute auch zur Sprachnotiz (natürlich ohne Mandanteninformationen) in WhatsApp oder iMessage greifen.

In beiden Fällen werden die Schreibsekretariate ganz erheblich entlastet und gewinnen Zeit, andere Aufgaben zu übernehmen, die man an sie delegiert. Es hat mich schon immer gestört, dass wir unsere ausgezeichnet ausgebildeten

Renos überwiegend mit Schreibarbeiten beschäftigen, anstatt sie entsprechend ihrer Ausbildung als Anwaltsassistenten einzusetzen. Die Spracherkennung ist der überzeugendste Weg, auch dieses Problem wirksam zu lösen.

9. Übersetzungshilfen

Viele Anwälte müssen heute auf Englisch oder in anderen Sprachen arbeiten und sollten versuchen, gleich in die Fremdsprache zu formulieren, um sich zu trainieren. Wer nur auf Deutsch diktiert, schreibt und denkt, hat auf Dauer keine Chancen, in einer anderen Sprache auf hohem Niveau mitzuhalten. Es gibt aber eine sehr zeitsparende Unterstützung für Arbeiten in Fremdsprachen. Kostenlose Übersetzer wie Google Translate oder DeepL Translate kann man bei entsprechenden Arbeiten stets geöffnet halten, weil sie in Sekundenschnelle die richtigen Begriffe liefern und zwar auch mit Kontextvorschlägen. Wer internationale Mandate betreut und mehrfach mit ganzen Vertragswerken, oder anderen längeren Dokumenten zu tun hat, ist gut beraten sich ein DeepL Pro-Account anzulegen, um ganze Dokumente sekundenschnell und datenschutzkonform übersetzen zu lassen. Selbstverständlich sind diese Übersetzungen noch nicht frei von Fehlern. Sie sind aber mittlerweile oft von erstaunlich guter Qualität und jedenfalls als „Convenience Translation" für die ausländische Mandantin zum Mitlesen, etwa bei Schriftsatzentwürfen, ausreichend. Wenn es aber auf jedes Wort ankommt, wie etwa bei Vertragstexten, ist die anwaltliche Durchsicht unvermeidlich. Und für Telefonate, die in aller Regel ebenfalls zur Bearbeitung solch internationaler Mandate gehören, ist es unvermeidlich seine Fremdsprachenkenntnisse (in der Regel im Englischen) aktiv zu verbessern.

10. Legal Tech, Künstliche Intelligenz (KI): ChatGPT & Co.

Unter „Legal Tech" versteht man die Nutzung automatisierter Dokumente zur Vereinfachung anwaltlicher Tätigkeiten. So können Programme wie „Bryter" oder „High Q" automatisierte Arbeitsverträge entwerfen, in welchen die Anwenderin nur noch die Besonderheiten des Einzelfalls angibt: Geschlecht des Arbeitnehmers, Startdatum, Job Role, Dauer der Kündigungsfrist, mit oder ohne Dienstwagen, nachvertragliches Wettbewerbsverbot etc. Auch Entscheidungsbäume können in Legal Tech abgebildet werden, etwa zur Frage der Meldepflichtigkeit einer Datenpanne, oder einer Datenschutzfolgenabschätzung.

Die aktive Nutzung künstlicher Intelligenz im Anwaltsleben steckt heute (2023) noch in den Kinderschuhen. Man kann versuchen Texte von ChatGPT entwerfen zu lassen. Da aber die KI nur das zurückgibt, was nach ihrer Einschätzung plausibel klingt, nicht unbedingt das, was juristisch richtig wäre, sind alle Arbeitsergebnisse sorgfältig zu prüfen.

Des weiteren ist auf den Schutz der Mandantendaten zu achten. Solange es keine datenschutzkonformen Versionen gibt, dürfen Klarnamen von Mandanten, von deren Arbeitnehmern oder Prozessgegnern nicht in ChatGPT oder Konkurrenzprodukte eingegeben werden.

Angesichts des rasanten Entwicklungstempos (vergleiche Kissinger/Schmitt/Huttenlocher, The Age of AI, siehe Literaturverzeichnis) ist damit zu rechnen, dass KI bis zur nächsten Auflage dieses Werkes zahlreiche Funktionen in der anwaltlichen Arbeit übernommen haben wird. Der Kernbereich der anwaltlichen Arbeit, die Vermeidung oder Lösung von Konflikten, an denen letztlich immer Menschen beteiligt sind, wird aus heutiger Sicht nie ganz von einer Maschine übernommen werden können. Aber wer weiß.

11. Digitale und andere Hilfen für die Privatorganisation

Sie haben nur eine Art von Zeit, nämlich 24 Stunden am Tag, sieben Tage in der Woche. Diese können Sie beruflich oder privat verbringen, oder in Mischformen. Sie sollten daher jedes Hilfsmittel nutzen, um eher lästige Aspekte des privaten Lebens schnell und effizient zu lösen. Ob Sie dann noch mehr arbeiten mögen, oder die Zeit beim Picknick mit den Kindern oder im Restaurant mit Freunden verbringen, ist Ihre Entscheidung. Sie sollte nur bewusst getroffen werden.

Das Internet bietet heute eine große Anzahl an Hilfen für das tägliche Leben. Lebensmittel und Getränke können online mit taggleicher Anlieferung bestellt werden, in Großstädten sogar innerhalb von weniger als einer halben Stunde. Biomärkte und Kochboxen-Anbieter liefern per Abonnement flexibel und pausierbar jede Woche frische und regionale Lebensmittel nach Hause. Weihnachtsgeschenke können in Online-Shops bestellt und entweder ins Büro, nach Hause oder direkt zum Patenkind geliefert werden. H&M oder Zalando liefern die noch fehlenden Badehosen für den zehnjährigen Sohn rechtzeitig vor dem Urlaub nach Hause und ersparen einem den Weg ins Geschäft.

Wer sehr viel arbeitet, und zugleich Kinder im Haushalt hat, sollte die Beschäftigung von Haushaltshilfen erwägen.

- Relativ üblich ist die tageweise Beschäftigung einer Putzkraft. Scheinselbständigkeitsrisiken lassen sich umgehen durch die Anstellung auf Minijob-Basis, oder die Beschäftigung auf Rechnung über eine Agentur.
- Wer mehr Unterstützung braucht, wird dabei an Grenzen kommen. Hier ist an die Einstellung einer Teilzeit- oder Vollzeit Haushaltshilfe zu denken, in einem angemeldeten und sozialversicherungspflichtigen Arbeitsverhältnis. Die

Erstellung der monatlichen Gehaltsabrechnungen übernimmt ein Steuerberaterbüro für wenig Geld. Wer Kinder unter 12 Jahren im Haushalt hat, kann die Kosten einer solchen sozialversicherungspflichtig beschäftigten Kinderfrau und Haushälterin zu zwei Dritteln von der Einkommenssteuer absetzen, pro Kind einen Betrag von bis zu 6.000 Euro im Jahr (somit bis zu 4.000 Euro Steuerabzug).
- Wer kleine Kinder im Haus hat, wird überdies oder stattdessen evtl. eine Au Pair Hilfe in den Haushalt aufnehmen. In der Regel sind das junge Frauen aus dem Ausland, die für ein Jahr nach Deutschland kommen, und mit im Haushalt der Familie leben. Sie arbeiten bis zu 30 Stunden in der Woche und bekommen neben freier Kost und Logis ein Taschengeld von 280,– EUR.

V. Zeitfallen

Erst wenn man die eigene Zeit in allen Schattierungen wahrgenommen hat, gibt es eine Chance, auch die Zeitfallen zu entdecken, die an allen möglichen Stellen durch schlechte Organisation, Unaufmerksamkeiten und Taktlosigkeiten Dritter, aber in den meisten Fällen durch einen selbst verursacht werden. Mit einigen von ihnen will ich mich vertiefter beschäftigen:

- Persönlichkeitsstruktur
- Abbruch von Projekten
- Der Anwalt: Beute fremder Termine
- Störungen durch andere
- Warten
- Akten- und Dateienorganisation
- Digitale Ablenkung

1. Persönlichkeitsstruktur

Es ist eine ganz individuelle Frage, ob man sich unbewusst dagegen sträubt, seine Zeit einzuteilen, oder ob man nur noch nie erfahren hat, wie es geht und dann die Idee begeistert aufgreift.

Zwischen beiden Verhaltensweisen gibt es ein breites Spektrum von Variationen. Es gibt sehr erfolgreiche Anwälte, die bei ihrer eigenen Zeitplanung niemals Erfolg haben werden, weil ihre Leistungsbereitschaft wesentlich davon bestimmt ist, dass sie ihre gesamte Energie völlig unkontrolliert auf bestimmte Ziele werfen. Jeder Versuch, das zu regulieren, würde den erfolgreichen Stil zunichte machen.

Wichtig ist aber: Man darf sich auf keinen Fall dabei überschätzen, welches Ausmaß an Planung man im Unterbewusstsein noch akzeptiert und ab welchem Zeitpunkt die Planung mit der eigenen Persönlichkeit kollidiert.

Fünfundzwanzig Zeitfallen
(Bitte kreuzen Sie „Ihre" fünf wichtigsten Zeitfallen an!)

- ☐ Keine Ziele, Prioritäten oder Tagespläne
- ☐ Versuch, zu viel auf einmal zu tun
- ☐ Fortlaufendes Beantworten und Ablegen aller eingehenden E-mails
- ☐ Wartezeiten (Verabredungen)
- ☐ Hast, Ungeduld
- ☐ Persönliche Desorganisation/überhäufter Schreibtisch
- ☐ Papierkram und Lesen
- ☐ Internet (Social Media, Fußballergebnisse, Idealo-Deals)
- ☐ Zu wenig Delegation
- ☐ Mangelnde Motivation/indifferentes Verhalten
- ☐ Mangelnde Koordination/Teamwork
- ☐ Telefonische Unterbrechungen
- ☐ Unangemeldete Besucher
- ☐ Unfähigkeit, „nein" zu sagen
- ☐ Unvollständige, verspätete Informationen vom Mandanten, weil zu spät erbeten
- ☐ Fehlende Selbstdisziplin und „Aufschieberitis"
- ☐ Aufgaben nicht in einem einzigen Anlauf zu Ende geführt
- ☐ Ablenkung, Lärm, Arbeitsunterbrechungen im Home-Office
- ☐ Besprechungen
- ☐ Keine oder unpräzise Kommunikation
- ☐ Privater Schwatz im Büro oder längere Privat-Telefonate am Arbeitsplatz
- ☐ Zu viel Kommunikation und zu viele Aktennotizen
- ☐ Unfähigkeit, zuzuhören
- ☐ Alle Fakten wissen wollen und bei jeder Aufgabe 100% Perfektion anstreben
- ☐ Bequemlichkeit

2. Aufgaben hinwerfen

Man ertappt sich gelegentlich dabei, dass Aufgaben mittendrin und manchmal sehr beiläufig abgebrochen und nie vollendet werden. So kommt nach meiner Beobachtung auf jeden promovierten Anwaltskollegen wenigstens einer, der eine Doktorarbeit begonnen und dann – oft nach Investition vieler Monate – nie fertiggestellt hat.

Diese Schwäche ist in der anwaltlichen Tätigkeit eher selten, denn wenn man im Grunde unfähig ist, einen Schriftsatz oder einen Vertrag innerhalb der gegebenen Zeit fertigzubringen, wird man den Beruf frühzeitig gewechselt haben. Die Gefahr besteht bei Anwälten aber in anderen Bereichen, so vor allem bei der Akquisition oder bei der Planung persönlicher Ziele, die oft leichtfertig gegenüber beruflichen geopfert werden, weil man sie jederzeit ohne weiteres abbrechen kann. Die Zahl der Ziele und Projekte, die man in Angriff nimmt, wird von vornherein deutlich kleiner, wenn man sich schon zu Beginn fragt, ob man wirklich fest entschlossen ist, das Ziel zu erreichen. Je weniger man dann anpackt, umso größer ist die Chance, auch wirklich fertig zu werden.

Diese Vorüberlegung sollte auch eine Rolle spielen, wenn Sie To-Do-Listen erstellen. Es kann durchaus Sinn ergeben, eine „Endlos-Liste" zu schreiben, auf der viele Dinge stehen, von denen Sie schon wissen, dass sie diese Woche nicht erledigt werden. Meistens werden es private To-Do's sein, wie eine Terminvereinbarung mit dem Gärtner oder Auswechseln des Teppichbodens im Kinderzimmer, die Sie „auf dem Schirm" haben wollen, die aber keine Priorität haben. Solche Listen sind je nach Persönlichkeitstyp hilfreich, weil sie einem das Gefühl nehmen, diese Projekte ständig im Hinterkopf behalten zu müssen. Die Liste kann allerdings sehr schnell sehr lang werden und je weniger Häkchen Sie setzen, desto unbefriedigender fühlt es sich an.

> „So what goes on your to-do list? First off, if you make your to-do list your brain dump of anything and everything that ever might need to get done by you or anyone else in your immediate vicinity, you will be out before you've even started. This is a recipe for overwhelm and, honestly, working motherhood disaster." Kate Northrup, Do Less, A Revolutionary Approach to Time and Energy Management for Busy Moms, S. 180, siehe Literaturverzeichnis.

Es gibt kaum eine unangenehmere Erfahrung, als ein Projekt abzubrechen und deshalb geschieht das oft auch nur beiläufig, ohne dass man es selbst merkt. Andererseits gibt es keine befriedigendere Erfahrung, als eine angefangene Aufgabe auch wirklich zu Ende zu bringen und das Produkt vor sich zu sehen, wie es mir zB bei großen Schriftsätzen oder Vertragswerken geht.

Nicht unerwähnt lassen möchte ich aber auch die gegenteilige Erkenntnis. Man sollte nicht alles, was man angefangen hat, vollenden, bloß weil man es begonnen hat. Dann sollte das aber eine bewusste Entscheidung sein, nicht ein reines Geschehenlassen. Timothy Ferris empfiehlt in seinem Buch „The 4-Hour-Workweek" (siehe Literaturverzeichnis) Folgendes:

> "Practice the art of nonfinishing. This is another one that took me a long time to learn. Starting something doesn't automatically justify finishing it. If you are reading an article that sucks, put it down and don't pick it back up. If you go to a movie and it's worse than "Matrix III", get the hell out of there before more neurons die. If you're full after half a plate of ribs, put the damn fork down and don't order dessert.
>
> More is not better, and stopping something is often 10 times better than finishing it. Develop the habit of nonfinishing that which is boring or unproductive if a boss isn't demanding it."

3. Perfektionismus – an der falschen Stelle

Perfektionismus ist ein schwieriges Thema. Wir Anwälte haben einen hohen Qualitätsanspruch. Insbesondere in Großkanzleien und spezialisierten Kanzleien gibt es die berechtigte Erwartung, dass die juristische Arbeit von höchster Qualität ist, inhaltlich, sprachlich und in der äußeren Gestaltung. Dennoch kann man sich mit einem sehr hohen Qualitätsanspruch auch selbst im Wege stehen. Man muss sehr viel Zeit verwenden, um alles perfekt zu machen, und man kann seine Lebenszeit nur einmal ausgeben. Perfektionismus macht auch das Delegieren schwierig. Denn wer delegiert, muss damit leben, dass andere die Aufgaben anders lösen.

> Ich empfehle daher eine bewusste Entscheidung dazu, wo 100 % Perfektion erforderlich ist und wo nicht. Die Massenentlassungsanzeige in einer Restrukturierung muss zu 100 % fehlerfrei sein. Die englischsprachige E-Mail meiner Assistentin an die Assistenz eines ausländischen Mandanten zur Vereinbarung eines Telefontermins könnte auch einen grammatikalischen Fehler enthalten, ohne dass das aus meiner Sicht eine Katastrophe ist. Die Dekoration des anstehenden Kindergeburtstags kann man aus meiner Sicht getrost auf die Kinderfrau oder die Patentante delegieren, auch wenn diese einen völlig anderen Geschmack hat als man selbst. Zu der Frage, wann man sich auch im beruflichen Bereich auf sein „schnelles Denken" und das Vertrauen in seine „Expert Intuition" verlassen darf, und wann man in langsames, gründliches Denken umschalten sollte, ist Kahnemann, Thinking, Fast and Slow (siehe Literaturverzeichnis), das einschlägige Standardwerk.

4. Der Anwalt: Beute fremder Termine

Anwälte sind Dienstleister. Von den Oberkellnern unterscheidet uns weniger, als man auf den ersten Blick vermuten möchte. Dazu gehört leider die Tatsache, dass wir kein Trinkgeld bekommen und die Höhe unserer Rechnungen selbst dann kritisch betrachtet wird, wenn das zuvor servierte Beratungsmenü erstklassig war. Der Restaurantgast ist zu dem Zeitpunkt, zu welchem er seine Rechnung bezahlen muss, oft ein wenig betrunken und daher gut gelaunt, was man von unseren Mandanten in der gleichen Situation kaum sagen kann.

Nicht alle Individual-Mandanten verstehen, dass sie nicht die einzigen sind, die der Anwalt berät, und dass es deshalb nicht immer einfach ist, alles liegen und stehen zu lassen, wenn der Mandant in einer Krise einen Termin braucht. Tatsächlich schaffen wir das oft genug, ohne dass uns einer fragt, wie wir das machen. Das Geheimnis ist schnell enthüllt: Die normale Arbeit wird eben abends und am Wochenende erledigt. Hinzu kommt, dass viele der von uns beratenen Ansprechpartner in Unternehmen ihrerseits einem zunehmenden internen Zeitdruck unterliegen, den sie dann notgedrungen an ihre Anwälte weitergeben.

Noch unangenehmer ist die Tatsache, dass Gerichte und Behörden den Anwälten unablässig Fristen und Termine setzen, deren Versäumen erhebliche Haftungsrisiken nach sich zieht. Da der Mandant nur seinen eigenen Fall vor Augen hat, kann er sich nur schwer vorstellen, dass der Anwalt gerade zwei andere Fristsachen auf dem Tisch hat, die ihn vor die Wahl stellen, entweder das neue Mandat abzulehnen (und damit seinen Sonntag zu retten) oder am nächsten Montag die Haftpflichtversicherung anzurufen.

Der Raum, der außerhalb solch fremdbestimmter Termine für die eigene Zeitplanung übrigbleibt, ist bei Prozessanwälten relativ gering, bei Strafverteidigern, deren Termine vom

Gericht oft wochenlang auf Dauer festgelegt werden, kann er nahezu gegen Null gehen. Das ist neben der Spezialisierung einer der Hauptgründe, warum nur wenige Strafverteidiger gleichzeitig im Zivilrecht tätig sein können. Ganz anders geht es etwa den Verwaltungsrechtsspezialisten: Sie können erheblich geruhsamer arbeiten als andere Anwälte, weil die Mühlen der Behörden langsam mahlen und oft Wochen und Monate vergehen, bevor man eine Reaktion auf seine Anträge erhält.

Wieder anders ist es im Wettbewerbsrecht: Hier ist die einstweilige Verfügung die Regel, wobei die Anforderungen der Gerichte an die Qualität der Sachverhaltsdarstellung von Jahr zu Jahr immer höher werden. Da der Anwalt es nicht in der Hand hat, ob der Konkurrent seines Mandanten auf der nächsten Computermesse irreführende Prospekte verteilt, scheint es auf den ersten Blick so, als sei er in solchen Terminen tatsächlich das hilflose Opfer fremder Termine.

Richtiges Zeitmanagement kann auch in solch schwierigen Fällen eine große Hilfe sein. Wenn man sich eine bestimmte Grundplanung erst einmal angewöhnt hat, dann liegt es nicht fern, auch das anstehende umfassende Einigungsstellenverfahren in die eigene Terminplanung vorsorglich mit einzubeziehen, indem man

- Schriftsatzfristen, die während eines anderen, umfangreichen Verfahrens ablaufen, rechtzeitig verlängern lässt;
- sich mit dem Mandanten abstimmt, ob er voraussichtlich Beratung braucht;
- Projekte früher erledigt, als sie eigentlich geplant waren;
- den eigenen Urlaub nicht gerade auf die Woche nach einer geplanten Umstrukturierung legt.

Solche Maßnahmen und vieles mehr sind überhaupt erst möglich, wenn man sich ein einfaches und flexibles Planungsraster als Handwerkszeug erstellt hat, mit dem man schon vorausschauend auf mögliche Probleme reagieren kann. Dazu gehört natürlich auch, sich eine Reservearbeit (Stand-by) vorzuhalten, die man für den Fall in Angriff nimmt, dass die drohende Katastrophe nicht hereinbricht.

5. Störungen durch andere

> Wie eingangs schon kurz erwähnt, wird es immer wichtiger, in Zeiten der Digitalisierung und der zahlreichen Möglichkeiten der Kontaktaufnahme und der Ablenkung Freiräume zu schaffen, in denen man konzentriert denken und arbeiten kann. Das führt zu mehr Produktivität, höherer Qualität der Arbeitsergebnisse, und zu mehr Arbeitszufriedenheit, wenn man abends das geschafft hat, was man sich vorgenommen hat. Studien zeigen, dass Beschäftigte im Schnitt alle 4 Minuten bei ihrer Tätigkeit unterbrochen werden. Bis man wieder hineinfindet, dauert es mehrere Minuten. Das führt nicht nur zu vergeblich aufgewendeten Kosten auf der Arbeitgeberseite, sondern auch zu als hoch erlebter Arbeitslast und zu Stress (vergleiche Starker/Schneider/Busch, Kosten von Arbeitsunterbrechungen für deutsche Unternehmen. Auswirkungen von Fragmentierung auf Produktivität und Stressentwicklung, Next Work Innovation 2022).

Die Unfähigkeit, Störungen angemessen abwehren zu können, hat ebenso wie die Abneigung gegen planvolles Verhalten ihre Quelle tief im Unbewussten. Der Zeitplan, wie immer man ihn definiert hat, lässt sich nur dann annähernd verwirklichen, wenn man die stets auftretenden Störungen angemessen zurückweisen kann. Wem es persönlich schwerfällt, anderen zu sagen, „Jetzt nicht", muss sich um so besser organisieren, damit durch die Art und Weise der Organisation klar wird: Störungen sind jetzt unzulässig.

Wenn ich gerade eine Aufgabe erledige, bei der ich nicht gestört werden möchte, oder in einem längeren wichtigen

Meeting sitze, aktiviere ich die „Bitte nicht stören"- Funktion meines iPhones. Anrufe von Gesprächspartnern, die ich nicht als „Favorit" gespeichert habe, gehen dann vorübergehend gar nicht erst ein.

5.1 Der Mandant stört

Es klingt komisch, aber tatsächlich halten uns sehr häufig die Mandanten von unserer Arbeit ab (die wir für andere Mandanten erledigen wollen). Ein sensibles Thema. Hier, wie überall, lässt sich kein chemisch reines Modell erreichen. Der Mandant, der aus dem Ausland anruft, um eine wichtige Information durchzugeben, die so wichtig und vertraulich ist, dass er auch in eine Besprechung hinein telefonisch durchgestellt werden muss, kommt nur noch selten vor, denn die Kommunikation mit internationalen Mandanten wird regelmäßig durch den Austausch von E-Mails abgewickelt.

Das Problem liegt meistens darin, dass man die Bedeutung der Störung vorher schlecht einschätzen kann. Wenn ich in einer Besprechung mit einem Mandanten bin, lasse ich grundsätzlich auch wichtige Telefongespräche von außen nicht zu, weil es eine grobe Unhöflichkeit gegenüber dem anwesenden Mandanten ist, sich ständig unterbrechen zu lassen. Wohl aber hat meine Assistenz die Anweisung, bei Mandanten mit höchster Priorität (auch diese Einteilung ist erforderlich!), mir eine Notiz vorzulegen, damit ich entscheiden kann, ob ich den anwesenden Mandanten um eine kurze Unterbrechung bitte. Dafür haben die meisten Leute Verständnis, wenn ich erklären kann, warum die Unterbrechung gerade jetzt notwendig ist.

In vielen Fällen kann man eine drohende Unterbrechung auch vorankündigen. Bei Besprechungen, an denen Sie nicht alleine teilnehmen, übergeben Sie das Wort Ihrem Kollegen. „Störende" Mandaten, von denen Sie wissen, dass sie nicht gerne vertröstet werden, lassen Sie zunächst mit jüngeren Kollegen verbinden. Der Mandant bekommt einen Ansprechpartner und Ihr Kollege konnte im besten Fall schon herausfinden, wo der Schuh drückt und erste Informationen erfragen, die Sie brauchen, um beim Rückruf schon erste Antworten zu liefern.

5.2 Das Abwehrteam

Den größten Erfolg werden Sie haben, wenn Sie gemeinsam mit Ihrer Assistenz und/oder dem Office-Management ein Team zur Abwehr von Störungen bilden. Unter Störungen verstehe ich alles, was Sie an dem Vorhaben hindert, welches Sie für diesen Moment geplant haben, also vor allem an der Annahme neuer interessanter Mandate oder der Durchsicht der vorbereiteten Abrechnungen.

Es wäre natürlich die einfachste Lösung alles abzublocken, aber leider gibt es keine Regel ohne Ausnahme. Man muss nur möglichst genau abschätzen können, welche Ausnahmen gestattet werden und welche nicht. Dahin kommt man erst, wenn man die Regel mindestens einige Wochen lang versucht hat einzuhalten, weil man erst an den Unterbrechungen merkt, ob man sie im Wesentlichen durchhalten kann.

Darüber hinaus zeigen die Unterbrechungen einem sehr schnell, ob man die richtige Zeit für ein bestimmtes Vorhaben gewählt hat. Wenn bei Ihnen Mittwochnachmittag der Tag ist, an dem Ihre wichtigsten Mandanten/Kunden gern mit ihnen telefonieren, dann werden Sie sich künftig keine größeren Planungen mehr auf diese Zeit legen. Befolgen Sie darüber hinaus die Biorhythmik-Regel, dass man komplizierte Sachen möglichst erledigen soll, wenn die eigene Produktivitätskurve oben ist, zB zu einer Zeit,

- bei der Sie Ihre höchste Leistungsstärke haben;
- Ihre Mandanten Sie bei Gericht oder Besprechungen vermuten und deshalb nicht anrufen;
- Sie die Chance haben, Ihre Arbeiten tagsüber noch geschrieben oder bei Gericht eingereicht zu bekommen.

Vergessen Sie nicht, dass Sie selbst Teil des „Abwehr-Teams" sind. Ein Großteil von Ihnen, insbesondere jüngere Väter und Mütter werden in der Liste der Zeitfresser vielleicht Schwierigkeiten gehabt haben, sich auf fünf Kreuze zu beschränken. Private Zwischenfälle, Ablenkung durch die sog. „Mental Load" sind ohne Zweifel nur bedingt planbar und nicht wirklich abzuwehren. Sie sollten sich daher noch bewusster überlegen, welche der anderen Zeitfresser Sie abwehren. Wenn Sie Ihre Listen, Kalender und Projekte auf dem Smartphone checken, während Sie arbeiten, werden Sie sich durch die zahlreichen Push-Benachrichtigungen von Social-Media, WhatsApp-Nachrichten, E-Mails und Anrufen in Abwesenheit zwangsläufig zumindest kurz abgelenkt werden. Vermeiden Sie diese Falle, greifen Sie für Notizen notfalls auf Post-It's zurück und übertragen Sie die Notiz später in Ihr Smartphone.

5.3 Unterbrechungen durch Partner und Mitarbeiter

Nach meiner Erfahrung kann man die Unterbrechungen von außen nach einiger Zeit in den Griff bekommen. Was man nur sehr schwer schafft, ist es, seinen Partnern und den Mitarbeitern klarzumachen, dass man ungestörte Zeitzonen braucht, wenn diese sich mit dem Zeitmanagement noch nicht befreundet haben und daher die Regeln nicht respektieren.

Wenn man die neuen Regeln nicht ex cathedra verkünden kann oder möchte, sollte man versuchen, mindestens zwei Kollegen zusammenzuschmieden, die als Brückenkopf des Zeitmanagements in einem größeren Büro wirken und die anderen einfach dadurch überzeugen, dass sie jeden Monat höhere Umsätze machen und trotzdem früher als alle anderen aus dem Büro gehen und am Wochenende Zeit mit der Familie verbringen. Das ist nach meiner Erfahrung besser als jede abstrakte Darlegung in internen Konferenzen.

Dass man bei der Einteilung der Zeitzonen auf die gewachsene Struktur des Anwaltsbüros Rücksicht nehmen muss, ist eine Selbstverständlichkeit. Natürlich gibt es Ärger, wenn man sich die Zeit für Gutachten etc. auf Termine legt, die für die interne Kommunikation unerlässlich sind; hier muss eine Menge Feinabstimmungsarbeit geleistet werden, die gar nichts mit den Regeln des Zeit-Managements, sondern nur mit der inneren Organisation zu tun haben.

5.4 Absolutes Unterbrechungsverbot

Große Schriftsätze und Verträge kann man nur konzipieren, wenn man mindestens zwei bis drei Stunden störungsfrei arbeiten kann. Einer der Hauptgründe für die Wochenendarbeit der Anwälte liegt genau darin, weil sie während der Woche diesen zusammenhängenden Zeitblock nirgendwo unterbringen können. Allerdings ist die Wochenendarbeit auch nur für diejenigen eine Lösung, die keine Familie, jedenfalls keine jüngeren Kinder, zu Hause haben. Die Durchsetzung des Unterbrechungsverbotes erreichen Sie, indem Sie Ihr Assistenzteam ausdrücklich anweisen, dass Sie unter keinen Umständen gestört werden dürfen, wenn nicht gerade der Kindergarten anruft und einen Notfall meldet. Gleichzeitig müssen Sie aber auch sagen, wann Sie wieder Zeit haben und ankündigen, dass Sie dann aktiv zurückrufen werden. Dadurch wird der Ärger Ihrer Gesprächspartner vermindert. Schwirig ist es, ältere oder befreundete Partner abzuweisen, die die Bedeutung solcher störungsfreien Zeiten nicht kennen. Hier hilft nur die höhere Diplomatie.

Ein wesentlicher Erfolg des Zeitmanagements ist erreicht, wenn man solche Zeiten konzentrierter Arbeit auf irgendeinen x-beliebigen Arbeitstag legen kann. Wie schwer das ist, können Sie daran erkennen, dass leider auch dieses Buch im Wesentlichen an Wochenenden geschrieben worden ist.

6. Warten

Es gibt bei den meisten von uns Anwälten an jedem Tag einige Fenster „leerer" Zeit, in der man viel hätte tun können – wenn man es nur vorher gewusst hätte. Auf Reisen hat man ganze Blöcke „leerer Zeit", deren Nutzung man von vorneherein einplanen kann.

Ich nutzte Wartezeiten vor allem dazu, Dinge aus dem non-billable oder persönlichen Bereich zu erledigen. Dazu gehört die Durchsicht von monatlichen Auswertungen ebenso wie die Lektüre von Fachartikeln, die ich für solche Stand-by-Zeiten kopiert habe, oder eine schnelle Amazon-Bestellung. Es lohnt sich nicht, sich in komplexere Aufgaben zu vertiefen, wenn man weiß, dass man jeden Moment wieder unterbrochen wird.

Durch Terminverschiebungen oder Terminsabsagen entstehen immer wieder einmal „Lücken" im Tagesplan. Sobald man jedoch einen Blick auf das Smartphone wirft, schließen sich Lücken sozusagen automatisch mit E-Mail- und Chateingängen, die man zumindest mit „Vielen Dank für Ihre Nachricht" und „Ich komme gegen Ende der Woche auf Sie zurück" beantwortet, womit der Zeitblock gefüllt ist, bevor er wirklich „leer" geworden ist. Wahrscheinlich gehört weniger Phantasie dazu als vermutet, um aus der Wartezeit etwas wirklich Wertvolles zu machen.

7. Akten- und Dateiorganisation

Ein mit Sicherheit vielfach unterschätzter Zeitfresser ist ein fehlendes oder chaotisches Datei- und Dokumentenmanagement. Wie oft haben Sie schon nach einem bestimmten Dokument, einem Vermerk, einem Protokoll gesucht und dabei nicht nur unnötig Zeit verschwendet, sondern auch bemerkt, wie unübersichtlich Ihre Ordnerstruktur ist? Wer schon einmal einen Suchbegriff im Explorer eingegeben hat, dem wird vielleicht aufgefallen sein, dass der Rechner ziemlich viele redundante und mittlerweile nutzlose Dateien ausspuckt, die sich auch noch an verschiedensten Speicherorten befinden. Das gesuchte Dokument ist bekanntlich das Letzte, das sie erst nach endlosem Durchforsten vieler Dateien finden.

Entwickeln Sie eine systematische Ordnerstruktur, in dem Sie bestimmte Dateien möglichst schnell wiederfinden. Sortieren Sie nicht nur mandatsbezogene Dateien, sondern auch Persönliches, etwa Veröffentlichungen, Recherchen und Privates inklusive Reisekostenabrechnungen, Fortbildungsnachweise etc. Der Zeitfresser-Effekt verschwindet jedoch erst, wenn man das einmal gefundene System auch konsequent pflegt. Nachträgliches Sortieren von Dokumenten, die ständig nur unbenannt auf dem Desktop oder im Downloadordner abgelegt wurden, kostet Sie garantiert mehr Zeit, weil sie erstmal überflogen und umbenannt werden müssen.

8. Digitale Ablenkungen

Wir Deutschen verbringen (Bitkom Studie Stand 2022) am Tag durchschnittlich bis zu zehn Stunden online, Ältere eher weniger, Jüngere auch noch mehr. Nicht immer ist dabei die private von der beruflichen Nutzung abgrenzbar. Wer das Wetter in der App prüft, möchte sich vielleicht auf eine berufliche Reise vorbereiten, zugleich aber auch auf das Wochenende. Wer online die Frankfurter Allgemeine oder die New York Times liest, wird dieses Wissen unter Umständen auch in seine Arbeit als Wirtschaftsanwalt einbringen. Wenn Sie also in Ihrer Freizeit gerne online sind und Game of Thrones ansehen, ist das Ihre freie Entscheidung.

Wer digital arbeitet oder arbeiten muss, läuft ständig Gefahr abgelenkt zu werden durch eingehende akustische oder optische Signale wie zB

- das Klingeln des Mobiltelefons, einen Teams-Anruf oder die Nachricht über entgangene Anrufe,
- das Aufleuchten einer Benachrichtigung mitsamt eines Tonsignals beim Eingang einer jeden neuen E-Mail,
- Unerwünschte Newsletter inmitten der Arbeits-E-mails,
- Interne Teams-Nachrichten von Kollegen inklusive einer Benachrichtigung,
- Pushmitteilungen und Nachrichten aus sozialen Netzwerken,
- usw.

Ich empfehle, sämtliche Benachrichtigungstöne so weit wie möglich abzustellen, und es nicht dem App-Entwickler zu überlassen, wie oft Sie beim Blick auf Ihren Laptop oder Ihr iPhone von der Zahl der neuen privaten Messages auf Teams, WhatsApp, E-mails oder Pushnachrichten abgelenkt werden. Statt dessen können Sie es sich zur Gewohnheit machen, Ihre E-mails und Nachrichten in einem von Ihnen geplanten zeitlichen Abstand regelmäßig zu prüfen. Der Abstand wird wochentags bei den beruflichen E-mails enger sein als etwa auf sozialen Netzwerken wie LinkedIn.

Neben den Ablenkungen durch aktive eingehende Signale droht der online arbeitenden Rechtsanwältin die Ablenkung durch ausufernde Recherchen, die von einem Thema zum nächsten führen. Wer hier nicht von Natur aus willensstark und unbeirrbar ist, sollte sich ein klares Zeitbudget setzen für jede erforderliche Recherche.

VI. Der Sprung ins Zeit-Management

1. Planung

Wenn Sie jetzt Lust darauf bekommen haben, das Zeitmanagement endlich ernst zu nehmen, können Sie ohne jede weitere Vorbereitung sofort damit beginnen. Sie können es entweder – wie gehabt – dabei belassen es sich vorzunehmen, wenn Sie „bald wieder mehr Zeit haben". Oder Sie wagen den Sprung, blocken sich ein ungestörtes Zeitfenster und legen wirklich los:

- **Zunächst teilen Sie sich die Arbeit in vier Kategorien ein:**
  - Arbeit am Mandat
  - Managementaufgaben
  - Know-how-Aufgaben (Ausbildung, Fortbildung, Veröffentlichungen)
  - Akquisitionsaufgaben.
- Aus allen vier Bereichen ziehen Sie zunächst diejenigen Aufgaben heraus, die Sie delegieren können und verfügen das.
- Für alles, was Sie selber machen müssen, entscheiden Sie, ob es
  - sofort,
  - am Montag,
  - im Lauf der Woche oder
  - später

erledigt werden muss.

2. Umsetzung in die Praxis

(1) Beginnen Sie mit einem Problem, das für Sie wirklich dringend ist.
(2) Nehmen Sie sich nicht zu viel auf einmal vor; leiten Sie nur realisierbare Schritte ein.
(3) Versuchen Sie nicht gleich, allzu perfekt zu werden.
(4) Beginnen Sie jeden neuen Schritt so konzentriert wie möglich.
(5) Kündigen Sie Ihre neue Arbeitstechnik im Büro und zuhause an.
(6) Bleiben Sie ruhig – auch unter Druck.
(7) Schalten Sie Ihre Assistenz sofort mit ein, lassen Sie sich ruhig von ihr mahnen und kontrollieren.
(8) Besprechen Sie Ihre Vorhaben mit Ihren Mitarbeitern. Versuchen Sie, diese möglichst sofort mit einzuschalten.
(9) Setzen Sie sich selbst Fristen und Termine.
(10) Kontrollieren Sie sich von Zeit zu Zeit selbst.

3. Wie plant man seine Arbeitswoche?

Wenn Sie den Sprung ins Zeitmanagement gewagt und die erste Woche hinter sich gebracht haben, müssen Sie versuchen, spätestens am Freitag dieser Woche die nächste Woche richtig zu planen. Wie diese Planung für einen Anwalt aussieht, der allein oder in einer kleineren Kanzlei arbeitet, zeige ich am nachfolgenden Beispiel.

Das nachfolgend abgebildete Beispiel zeigt eine voll durchgeplante Arbeitswoche. In der Praxis füllt sich der Terminkalender mit einer Vorlaufzeit von ein bis drei Wochen und am Freitag dieser Woche werden Sie in der Regel wissen, was Sie am Montag oder Dienstag der folgenden Woche erwartet. Danach wird es oft darum gehen, eingeplante Termine zu verschieben, weil Aufgaben mit höherer Priorität auf einen zukommen. Andererseits werden zum Beispiel durch Terminabsagen des Gerichts oder andere Ereignisse einzelne Termine wieder wegfallen.

Der entscheidende Unterschied zwischen Zeitmanagement und sonstigen Kalenderaufzeichnungen besteht darin, dass

- feste Termine für wiederkehrende Aktivitäten vergeben werden: Im Beispielsfall ist das der stets auf 11:30 Uhr notierte Termin zur Durchsicht eingegangener Post und E-mails. Hierher gehören aber auch alle festen Urlaubstermine, Kongresstermine (Anwaltstag!) etc.,
- Aufgaben, die man nicht kurzerhand (in ca. fünfzehn Minuten) erledigen kann, frühzeitig fest eingeplant werden,
- die Tagesplanung jeweils soviel Luft lässt, dass man nicht ständig geplante Dinge verschieben muss (wenn zum Beispiel ein Gerichtstermin oder eine Besprechung länger dauert als vorgesehen),
- für jede Aufgabe, die man nicht selbst erledigen muss, eine bestimmte Person eingeplant ist, an die man die Aufgabe delegieren kann.

Mit diesen vier einfachen Regeln kann man sich ein gutes Gerüst für seine Arbeitswoche zimmern, das ich nachfolgend erläutere:

22. Juli 2024 - 28. Juli 2024

Juli 2024
	Mo	Di	Mi	Do	Fr	Sa	So
27	1	2	3	4	5	6	7
28	8	9	10	11	12	13	14
29	15	16	17	18	19	20	21
30	22	23	24	25	26	27	28
31	29	30	31				

August 2024
	Mo	Di	Mi	Do	Fr	Sa	So
31				1	2	3	4
32	5	6	7	8	9	10	11
33	12	13	14	15	16	17	18
34	19	20	21	22	23	24	25
35	26	27	28	29	30	31	

	MO 22	DI 23	MI 24	DO 25	FR 26	SA 27	SO 28
07							
08	AG Malz / Sennheiser Zi 23	AG Zetsch / Theiss	AG Meier / Meier — Protokoll		Aufsatz Betriebsberater 1.0		
09		LG Wolfst / Mann Zi 56		LG Forchheimer / Selb Zi 56 — Gutachten Hypo	LG Senfft / Dengler Zi 33	Autowaschen mit Kindern	
10	LG Duncker /		Akten				
11							
12	Postbesprechu und Zeitschriften	Postbesprechu und Zeitschriften	Postbesprechu und Zeitschriften	Postbesprechu und Zeitschriften	Postbesprechu und Zeitschriften		
13	Berufung Sanders / Minckwitz ss 1.0	e-busi meetii Münci — Planui	Lions Club Hofr	Berufung Sande		Generalprobe Schultheater	
14		Analyse Quartalsergebn II/2024	Akten		Höflinger Baurecht	Fisch abholen - Nordsee	
15		Bi Sachverständig Weidhaas iS Sanders	OLG Bibliothek GT Lauterbach	IHK Dr. Tandler	Danke Kündi — Akten	Tennis Horst	
16	Marburger EDV nS				Hollinger Schriftsatz		
17				Akten			Krankenversich vergleichen, Einkommenster 2023
18	Steininger ss	Von der Trenk nS mit Henzler	Gutachten Hypobank 2.0		Elternversamml		Aufsatz Betriebsberater 2.0
	20:00 - 21:00 Kino Maxx	19:30 - 20:30 Sozietätsbesprechu	19:00 - 20:00 Squash Peter	19:00 - 20:00 Beweiswürdigung			

148

3.1 Feste Termine

In dieser Woche gibt es einen fixierten Termin, der für jeden Arbeitstag gilt: Das ist die Durchsicht des E-Mail-Postfachs und etwaiger eingegangener Papierpost, Zeitschriften und Newsletter um 11:30 Uhr, dem in der Regel erst um 13:00 Uhr der nächste Termin bzw. die nächste Aufgabe folgt. Dabei wird unterstellt, dass Gerichtstermine in der Regel um diese Zeit beendet sind .

Reicht einmal ein Termin in den geplanten Zeitraum hinein, kann die Postdurchsicht bis 13:00 Uhr gut verschoben werden. Viel später sollte es aber nicht liegen, damit Eilmaßnahmen noch am gleichen Tag erledigt, und damit längere Schriftstücke – je nach Arbeitsweise – noch diktiert werden können. Besonders wichtig ist die Organisation der Posteingänge, wenn der Anwalt unterwegs ist und nicht durch einen anderen Anwalt vertreten werden kann. Die Post sollte dann von einer entsprechend eingewiesenen, kompetenten Assistenz mit anderen Mitarbeitern durchgeführt werden, die Sie in Eilfällen ggf. telefonisch informieren und sich mit Ihnen abstimmen. Dafür – oder wenn Sie für einen längeren Zeitraum aus dem Home Office arbeiten, muss aber jemand im Büro die Post durchgesehen haben und über ihren Inhalt berichten können.

Auch der Einzelanwalt sollte die Post mit seiner Assistenz besprechen, denn das ist die einfachste Art, alles zu delegieren, was das Sekretariat selbständig erledigen kann.

Die zwischen 11:30 Uhr und 13:00 Uhr verbleibende Zeit nach Erledigung von Post und E-mails kann zum Mittagessen, zum Zeitschriftenstudium oder zu anderen Zwecken genutzt werden. Hier darf man nicht zu eng planen.

3.2 E-Mails

Der Großteil der Kommunikation findet heute per E-Mail statt. Dabei ist es zunächst wichtig, den Zugang von E-Mails, anderen Nachrichten und beA zu organisieren. Unter Umständen gibt es verschiedene Mailadressen, unter denen Sie erreichbar sind – etwa eine zentrale E-Mail-Adresse der Kanzlei, Ihre persönliche E-Mail als Anwältin, das Postfach Ihrer Assistenz etc. – und womöglich noch einen Teams-, einen SMS- bzw. WhatsApp Chat. Schon aus Haftungsgründen müssen klare Anweisungen bestehen, wie mandatsbezogene Nachrichten von anderen zu trennen und zu behandeln sind. Die in Kanzleien verwendeten E-Mail-Systeme haben automatische Abwesenheitsnotizen oder Weiterleitungsroutinen, mit denen man sicherstellen kann, dass die mandatsbezogene elektronische Post nicht übersehen wird.

E-Mails gehen anders als Papierpost den ganzen Tag und nicht nur im Laufe des Vormittags ein. Dennoch sollten Sie versuchen, Ihre E-mails in Blöcken zu lesen, und nicht alle paar Minuten, oder gar während Sie in einem Termin sind. Per E-Mail eingehende Aufträge, die nicht kurz und eilig sind, sondern zB Gutachtenaufträge, sind im Rahmen der von mir beschriebenen, strukturierten Vorgehensweise zu bearbeiten, also zu planen, zu delegieren und zu kontrollieren.

Gerade eilige Fragen, seien sie kurz und einfach oder auch länger und kompliziert, werden zunehmend von Mandanten nur in einer E-Mail anstelle eines Anrufs, gestellt. Hier ist es nach meiner Erfahrung bei allen Mandanten gerne gesehen, wenn sie zunächst eine ganz kurze Antwort, einen Einzeiler mit einer freundlichen Empfangsbestätigung und einer etwaigen Zeitangabe für eine Antwort, bekommen. Sodann ist es gerade unter dem Gesichtspunkt des Zeitmanagements wichtig, zu prüfen, ob und an wen die Anfrage delegiert oder von wem sie wenigstens schon vorbereitet werden kann, und wie sich ein etwaiger Eilt-Fall in die schon bestehende Tagesplanung einfügt.

Dabei ist die persönliche Arbeitsweise zu berücksichtigen. Sie sollten versuchen herauszufinden, welche Art der Arbeit Ihnen am meisten liegt. Man kann sich nämlich nicht gegen sich selbst organisieren. Wenn Sie zB lieber reden als schreiben, dann versuchen Sie, die Schriftsätze an jüngere Kollegen zu delegieren und beschränken sich auf das Korrigieren. Wenn Ihnen wissenschaftliche Arbeit liegt, dann machen Sie sie selbst und befreien sich von allen Routinetätigkeiten, die Sie nur zähneknirschend erledigen würden. Viele Kollegen, mit denen ich darüber spreche, sagen mir, sie könnten gerade genug Geld für sich selbst verdienen, aber niemanden anstellen. Sie übersehen dabei Folgendes: Wer Freude bei der Arbeit hat, erledigt sie schneller und erfolgreicher, wird damit neue Mandanten und neue Mandate anziehen und spätestens nach einem oder zwei Jahren mehr Umsatz machen, als der junge Kollege oder die Kollegin ihn kosten wird.

Sie können Ihren persönlichen Arbeitsstil aber nur entwickeln, wenn Sie anhand der folgenden Regeln einen Grundrahmen definieren, in welchem das erfolgreich geschehen kann:

- Nehmen Sie einen Vorgang nur einmal in die Hand und legen Sie ihn erst dann wieder weg, wenn Sie ihn abgeschlossen haben.
- Wehren Sie dabei alle Störungen ab, die Sie an der Beendigung hindern.
- Fangen Sie mit wichtigen (auch unangenehmen) Dingen an oder besser bekannt als „Eat the Frog"
- Erledigen Sie nur echte Sofortaufgaben unverzüglich und teilen Sie sich die anderen im Rahmen Ihrer Planungen ein, nach dem Vorbild von „Getting Things Done" von David Allen (siehe Literaturverzeichnis).
- Erledigen Sie gleichartige Tätigkeiten serienweise.

- Bereiten Sie wichtige persönliche Gespräche, Telefonate etc. mit kurzen Stichworten vor.
- Machen Sie Unerledigtes sichtbar.
- Erledigen Sie Routinetätigkeiten, wenn Ihre Leistungskurve ihren Tiefpunkt erreicht.
- Planen Sie am Abend den nächsten Tag beziehungsweise überprüfen Sie Ihre Planung, soweit sie schon vorliegt.

Viele von uns versinken jedenfalls phasenweise in einer regelrechten E-Mail-Flut, in der man am Ende des Tages weit davon entfernt ist, die Mails des heutigen Tages, ja auch nur der vorigen Tage abgearbeitet zu haben. Die Amerikaner nennen diesen Zustand „E-Mail bankruptcy". Um diesen Zustand zu vermeiden, könnten Sie versuchen die Zahl der eingehenden Mails zu senken. Nicht natürlich die Zahl der interessanten neuen Anfragen von Mandantenseite. Wohl aber sollten Sie alle nicht beruflichen Newsletter Abonnements im beruflichen Mail Account abbestellen. Private Kontakte können Sie relativ leicht „umerziehen", wenn Sie auf die private Mail in das berufliche Mailaccount per WhatsApp oder von der privaten Mailanschrift antworten. Ich habe zB mit meiner Assistentin vereinbart, dass Sie mir alle organisatorischen Fragen, Rechnungsentwürfe etc. nicht per Mail zusendet, sondern in eine Postmappe legt. Sie können mit Ihren Kolleginnen auch vereinbaren, Fragen der internen Organisation nicht per E-Mail, sondern per Teams Chat oder Slack zu klären.

3.3 Persönliche Termine, Sport, Zahnarzt, Ernährung etc.

Am Montag, dem 22.07., am Mittwoch, dem 24.07. und am Freitag, dem 26.07., sind im oben abgebildeten Kalenderbeispiel abends jeweils private Termine geplant. Der Squash-Termin am 24.07. ist möglicherweise auch ein fester Termin, der jede Woche stattfindet. Für den Sportpartner und Ihre Gesundheit ist nichts ärgerlicher als eine ständige Verschiebung solcher Termine. Sie werden ernster genommen, wenn sie im Terminkalender ihren festen Platz haben.

Arzt- oder Behördentermine sollten Sie ebenfalls in den Kalender eintragen, mit ausreichend Zeit für die An- und Abreise, ggf aber auf privat gestellt, so dass sie für Ihre Kollegen (bei Einsicht in den Kalender) nur als geblockte Zeit sichtbar sind.

Auch Geburtstage, von Freunden wie auch von Kollegen, sollten als jährlich wiederkehrender Serientermin im Kalender notiert werden.

Auch für die Essenspause sollten Sie etwas Zeit einplanen, sei es ein Mittagessen mit den Kolleginnen, ein Lunch mit dem Mandanten oder fünfzehn Minuten im Park spazierend einen Apfel essen. Um den ganzen Tag produktiv arbeiten zu können, müssen Sie einen möglichst konstanten Blutzuckerspiegel haben. Die Süßigkeitenschale am Empfang ist dafür keine Lösung!

> Ich selbst war jahrelang ein schlechtes Vorbild in Sachen Blutzuckerspiegel. Wie viele Anwältinnen habe ich nur dann eine Mittagspause eingeplant, wenn ich konkret mit jemandem zum Mittagessen verabredet war. Ein Frühstück vor dem Arbeitstag machte mich damals und macht mich heute noch nervös. Abends war ich dann entsprechend ausgehungert und unterzuckert. Heute ist meine Lösung ein Eiweißshake statt Frühstück, die Obstschale im Büro, immer eine Tüte Nüsse im Schrank, und gelegentlich ein belegtes Brot vom Bäcker. Gesünder wäre es aber Mahlzeiten oder einen Salat zu Hause vorzubereiten und mitzunehmen.

3.4 Größere Aufgaben innerhalb der Woche

In dieser Woche gibt es zwei größere Aufgaben, nämlich ein Gutachten in einer Banksache und einen Berufungsschriftsatz.

Beides sind Aufgaben, deren Umriss schon in der Vorwoche klar erkennbar war und von denen der Anwalt weiß: Hier werde ich zwei, vielleicht drei Versionen durcharbeiten müssen, bevor ich zur Schlussfassung komme. Für die erste Fassung des Berufungsschriftsatzes ist daher am 22.07. von 13:00 bis 14:00 Uhr eine Stunde eingeplant, am 25.07. ebenfalls.

Beim Gutachten liegen die beiden Phasen am gleichen Tag, nämlich einmal vormittags ein erster Entwurf und nachmittags eine erste Korrektur. Für alle anderen – auch größeren – Aufgaben ist jeweils nur ein Arbeitsblock an einem Tag vorgesehen.

3.5 Fristen

In diesem Kalender sind keine Fristen notiert, da dies zentral im Sekretariat erledigt wird und die Fristwarnungen dem Anwalt vorgelegt bzw. mitgeteilt werden. Man kann sie aber natürlich auch in den Terminkalender integrieren, wenn man hier noch ein weiteres Sicherheitsnetz ziehen will. Nach meiner Erfahrung ist das nicht erforderlich, denn wenn man sich für einen Schriftsatz an einem bestimmten Tag Zeit einplant, dann steckt darin eine „automatische Vorfrist", die nicht zu übersehen ist.

3.6 Telefontermine

Speichern Sie Ihre Telefon- bzw. Videokonferenz-Termine im Kalender so, dass sie samt Nummer oder Konferenz-Link im Eintrag enthalten sind und dann gleich durch Mausklick teilgenommen werden kann. Zunehmend ist es auch üblich, mit den Mandanten im Voraus feste Telefontermine zu vereinbaren. Die stehen dann fest in Ihrem Kalender – und in dem Ihres Mandanten – und können im Voraus bei der Tagesplanung berücksichtigt werden.

4. Die einzelnen Wochentage

Montag, 22. Juli

Die Woche beginnt mit zwei Gerichtsterminen, die dicht hintereinander liegen. Wenn der Landgerichtstermin nach einer halben Stunde beendet ist und man um 10:30 Uhr wieder im Büro sein kann, trifft man auf ungeplante Zeit. In ihr kann man die vielen Kleinigkeiten erledigen, insbesondere die Telefonate, Wiedervorlagen oder andere Routinearbeiten, die stets getan werden müssen. Sollte der Termin länger dauern, ist der zweite offene Zeitblock von 14:00 bis 16:00 Uhr für diese Tätigkeiten vorgesehen. Konnte man sie früher erledigen, wird man sich vielleicht für den Berufungsschriftsatz mehr Zeit nehmen.

Um 16.00 Uhr gibt es in einer neuen Sache eine Mandantenbesprechung. Viele Anwälte bestehen darauf, solche Mandatsbesprechungen grundsätzlich nur selbst zu vereinbaren oder zögern, ihren Mitarbeitern Zugang zu ihrem Kalender zu gestatten, vor allem, wenn sie dort auch private Notizen verwalten. Ich rate dringend dazu, den Kalender für die Mitarbeiter zu öffnen. Die meisten elektronischen Kalender erlauben zudem, dass sämtliche Aufgaben eines als „privat" kategorisierten Termins nur Ihnen (oder, sofern von Ihnen erlaubt, Ihrem Sekretariat) sichtbar bleibt, während alle anderen nur den geblockten Termin sehen. Wer Schwierigkeiten hat, sich organisieren zu lassen, wird meist noch mehr Schwierigkeiten haben, selbst etwas zu organisieren. Natürlich geht man das Risiko ein, dass man sich im Eingangsgespräch mit einem Fall beschäftigt, den man letztlich doch nicht annehmen möchte. Man kann dieses Risiko aber auch auf andere Weise gering halten: Wenn das Sekretariat den Termin vereinbart hat, kann man den künftigen Mandanten anrufen und sich am Telefon erklären lassen, worum es geht und dann gegebenenfalls den Termin wieder streichen. Auch eine Teams Besprechung lässt sich leichter für eine Viertel- oder halbe Stunde anberaumen, während eine Präsenzbesprechung schwieriger schnell zu beenden ist.

Unmittelbar nach dem Besprechungstermin ist wieder eine Stunde „frei". Sie dient dazu, die ersten Maßnahmen nach der Mandatsannahme durchzuführen und danach ist noch ein Schriftsatz eingeplant. Stünde der Kinotermin nicht schon fest, würde er an diesem arbeitsreichen Montag wahrscheinlich ersatzlos entfallen!

Dienstag, 23. Juli

Auch dieser Tag beginnt mit drei kürzeren Gerichtsterminen. Nach der Mittagspause gibt es eine Organisationsbesprechung, die sich der IT widmet, danach werden die Zahlungsergebnisse des letzten Quartals durchgesehen. Wenn man diesen Organisationsaufgaben keinen festen Platz zuweist, rutschen sie über immer geringere Prioritäten irgendwann einmal aus dem Blickfeld.

Um 15:00 Uhr gibt es eine Besprechung mit einem Privatgutachter, um 17:00 Uhr eine neue Sache, die gemeinsam mit einem Kollegen (Henzler) zu bearbeiten ist, und der Tag endet mit der Kanzleibesprechung in der Stammkneipe.

Mittwoch, 24. Juli

An diesem Tag gibt es keine Gerichtstermine, so dass man den Tag mit dem Protokoll der Kanzleibesprechung beginnen kann. Solche Protokolltermine müssen immer unmittelbar nach Besprechungen eingeplant werden, denn Besprechungen ohne Protokolle bleiben meist wirkungslos (zum Aufbau von Protokollen → IX 4.4.).

Es folgt der erste Teil des Gutachtens und dann allgemeine Aktenarbeit. Das Mittagessen ist diesmal einem Akquisitionsgespräch im Lions Club gewidmet, nach der Aktenarbeit folgt dann eine Stunde Recherche zum Fall Lauterbach in online nicht verfügbaren Quellen der OLG-Bibliothek und schließlich die Erstkorrektur des Gutachtenentwurfs. Sodann folgt der feste Sporttermin.

Donnerstag, 25. Juli

Heute einmal nicht um 8:00 Uhr ins Büro, sondern erst um 9:00 Uhr direkt zu Gericht. Der spätere Start könnte zum Joggen genutzt werden. Am Nachmittag folgt die zweite Version des Berufungsschriftsatzes, danach ein Akquisitionsgespräch bei der Industrie- und Handelskammer und schließlich, weil an diesem Abend keine Privattermine sind, nimmt man sich die ruhige Zeit nach 19:00 Uhr, um an einer Beweiswürdigung zu arbeiten.

Freitag, 26. Juli

Diesmal sehr früh ins Büro, um einen Aufsatz vorzubereiten, für den man sammelt. Danach ein kurzer Austausch mit einem Kollegen in der Nähe des Landgerichts. Dann hat man nämlich kurze Wege, um den Termin beim Landgericht zu erledigen. Nachmittags kommen noch zwei neue Mandate im Baurecht und im Arbeitsrecht, es ist ein kleiner Schriftsatz zu erstellen und man muss relativ früh zum Elternabend.

Samstag, 27. Juli

Ich empfehle, auch die Wochenenden in das Zeitmanagement mit einzubeziehen. Die Generalprobe am Schultheater ist seit drei Wochen terminlich fixiert und wird sicher nicht verschoben. Man kann sie fest einplanen, genauso wie den Tennistermin am Samstagnachmittag. Ob man die ad hoc-Termine „Fisch abholen" wirklich in den Terminkalender schreiben muss, hängt davon ab, ob man diese Erinnerung braucht.

Sonntag, 28. Juli

An diesem Tag gibt es keine Termine oder dergleichen, wohl aber zwei Terminblöcke für die persönliche Organisation und die Fortsetzung der wissenschaftlichen Arbeit. Mancher erledigt das am Sonntagnachmittag im Büro, mancher zu Hause in seinem Arbeitszimmer. Wichtig ist nur, dass man diese Aufgaben wahrnimmt und nicht stillschweigend vor sich herschiebt.

VII. Zeiterfassung

1. Der Aufwand für die Zeiterfassung

Honorarvereinbarungen auf Zeitbasis sind grundsätzlich zulässig (BGH 19.5.2009 – IX ZR 174/06, NJW 2009, 3301). Wer sie abschließt, muss seine Zeit für jede einzelne Tätigkeit so erfassen, dass der Aufwand für einen Dritten nachprüfbar ist. Wenn eine Honorarvereinbarung zu hoch ist, ist sie nicht insgesamt unwirksam, sondern ist gem. § 3a Abs. 2 S. 1 RVG auf einen angemessenen Betrag herabzusetzen. Preisabreden unterliegen grundsätzlich keiner AGB-rechtlichen Inhaltskontrolle. Anders ist das aber bei der anwaltlichen Vergütung. Das RVG ist ein gesetzlicher Maßstab, an den die Inhaltkontrolle abweichender Honorarvereinbarungen anknüpfen kann. Die Anwaltsvergütung kann damit auf ihre Angemessenheit überprüft werden. Eine Zeitklausel, die für jede angefangene Viertelstunde die Berechnung voller 15 Minuten vorsieht, ist jedenfalls gegenüber Verbrauchern unwirksam. Der vereinbarte Stundensatz kann trotz unwirksamer Zeitklausel verlangt werden, er muss lediglich minutengenau abgerechnet werden (BGH 13.2.2020 – IX ZR 140/19, NJW 2020, 1811). Dennoch sind Honorarvereinbarungen, auch solche zum 15-Minuten-Takt, in vielen großen Kanzleien üblich.

Für die Angemessenheitsprüfung eines Stundensatzes betrachtet der BGH die Umstände des Einzelfalles und beurteilt

- am Maßstab des RVG,
- die Schwierigkeit der Aufgabe,
- den dokumentierten Zeitaufwand.

Bei der Dokumentation der Mandatsarbeit sollte in Anbetracht dessen nicht zu viel Zeit gespart werden. Der BGH hat klar gemacht, dass im Streitfall substantiiert dargelegt werden muss, welche Akten und Schriftstücke durchgesehen wurden, welcher Schriftsatz vorbereitet oder verfasst wurde, zu welcher Rechts- oder Tatfrage welche Literaturrecherchen angestellt oder zu welchem Thema mit welchem Gesprächspartner wann eine fernmündliche Unterredung geführt wurde. All das muss man bei Zeiterfassung einplanen.

Eine Alternative zum Honorar nach Zeitaufwand ist die Vereinbarung eines Pauschalhonorars, wie sie in manchen Rechtsgebieten bisweilen üblich ist, so zB bei Restrukturierungen, M&A-Deals, großen Bauplanungsprojekten.

Nach §§ 49b Abs. 2 S. 1 BRAO, § 4a RVG ist die Vereinbarung von Erfolgshonoraren grundsätzlich – von wenigen Ausnahmen abgesehen – unzulässig. Diesem Thema kommt mit fortschreitender technischer Entwicklung wieder mehr Bedeutung zu. Legal-Tech Tools können die gewohnten Vergütungssysteme für Rechtsdienstleistungen auf den Kopf stellen, wenn Mandanten „nur" noch Tools, also Produkte kaufen. Der Mandant kann seine Informationen eingeben und ihm wird ein Beratungsergebnis zurückgegeben, etwa wie hoch die Abfindung ist, oder ob eine Datenschutzfolgabschätzung nach der DSGVO erforderlich ist. Anwälte können insbesondere in größeren Kanzleien auch selbst vermehrt auf Legal-Tech-Tools zurückgreifen, die sie entweder selbst entwickelt oder angeschafft haben. Je mehr Zeitersparnis damit verbunden ist, desto geringer ist auch die abrechenbare Zeit. Für solche Fälle kann es in Frage kommen pauschale Honorare zu vereinbaren. Wer sich mit den technischen Entwicklungen in seinem Tätigkeitsfeld nicht auseinandersetzt, wird auf lange Sicht schlicht nicht konkurrenzfähig sein.

2. Gute Honorar-Argumente

Bei großen Prozessen lohnt es sich auch dann, die Zeit zu erfassen, wenn man nach dem RVG im Streitwert arbeitet: Man kann dann am Ende des Verfahrens eine Nachkalkulation vornehmen und den Mandanten gegebenenfalls nachträglich um einen Honorarzuschlag bitten, wenn das Streitwerthonorar umgerechnet auf einen angemessenen Stundensatz zu gering ist. Nur wenige Mandanten werden sich solchen Argumenten völlig verschließen und eine solche Unterdeckung bei entsprechendem Nachweis nicht durch lukrativere Mandate zu späterer Zeit ausgleichen oder auf andere Weise Verständnis für die Situation ihres Anwalts zeigen.

Erwägen Sie auch die Abrechnung nicht-anwaltlicher Mitarbeiter. Die Beteiligung des Mitarbeiters an der Mandatsarbeit kann sich im Umfang unter Umständen unterscheiden. In einem Mandat müssen nur Termine vereinbart und Schriftsätze übermittelt werden, während in anderen Mandaten große Datenmengen durchforstet und geschwärzt werden müssen, weil man Compliance-Untersuchungen durchführt, oder weil während einer Reorganisation verschiedene Modelle der Sozialauswahl durchgespielt werden sollen. Zwar ist eine pauschale Abrechnung von Assistenzarbeiten nach der Rechtsprechung (BGH 13.2.2020 – IX ZR 140/19, NJW 2020, 1811) nicht zulässig. Gegen eine Abrechnung von nicht-anwaltlichem Personal für geleisteten Zeitaufwand spricht der BGH sich nicht aus.

Bei der Vereinbarung von Zeithonoraren sprechen trotz der BGH-Entscheidung (aaO) viele Argumente für Zeittaktklauseln. Aus der Entscheidung ergibt sich mithin kein generelles Verbot. Insoweit hat der Senat darauf abgestellt, dass es „durchaus gute Gründe für eine Abrechnung nach Zeittakten" gebe. Werde ein Rechtsanwalt etwa durch einen Anruf in seiner Arbeit gestört, müsse er sich nach Ende des Gesprächs erst wieder in seine bisherige Tätigkeit einarbeiten bzw. eindenken. Zudem komme einer Zeittaktklausel auch disziplinierende Wirkung zu, indem sie Mandanten dazu anhalte, Rückfragen möglichst geordnet und gesammelt zu übermitteln und den Anwalt nicht durch wiederholte E-Mails oder Anrufe in seiner Arbeit zu unterbrechen.

Kostenschätzungen, unverbindliche ebenso wie verbindliche, sind ein häufiger Wunsch von Mandantenseite bei der Vereinbarung von Zeithonoraren. Gerade neue Mandanten fragen oft, wie viel ein Kündigungsschutzrechtsstreit, eine Vertragsaktualisierung oder eine große Restrukturierung kosten wird. Verbindliche Kostenschätzungen bergen natürlich das Risiko, dass das Mandat mehr Zeit kostet und unprofitabel wird. Wichtig ist daher vor allem die Abgrenzung, was in der Kostenschätzung enthalten ist und was nicht. Wichtig ist es auch, jedenfalls außerhalb von sehr großen Summen, Prozesse oder Verhandlungen auszuklammern, deren Dauer nicht oder nicht im alleinigen Einfluss des Mandanten liegen.

3. Einfache, digitale Organisation der Zeiterfassung

Die Zeiterfassung lohnt sich in jedem Fall. Für vereinbarte Zeithonorare sind sie die notwendige Grundlage, aber auch für nicht abrechenbare Arbeit, Akquise, Know-how, Management und Vorträge sowie Veröffentlichungen sollte sie erledigt werden. Man kann zum einen zeitliche Schwerpunkte setzen und zum anderen wichtige Erfahrungswerte sammeln, um besser einschätzen zu können wie viel Zeit sie in der Regel für Projekte der ein oder anderen Art brauchen. Greifen Sie auf Erfahrungswerte zurück, um bei der längerfristigen Planung entscheiden zu können, ob Sie die Kapazitäten haben oder ein Projekt lieber ablehnen.

Für die Zeiterfassung der abrechenbaren Stunden sollten Sie eine Zeiterfassungssoftware nutzen und es vermeiden ständig Nachtragungen vornehmen zu müssen. Eine Zeiterfassungssoftware sollte es möglich machen sofort zu jedem Zeiteintrag Tätigkeitsbeschreibungen einzufügen, die später noch bearbeitet werden können. Für den Fall, dass mehr als ein Anwalt das Mandat bearbeitet, müssen die Anforderungen an die Schlüssigkeit festgelegt werden. Korrekturen kosten Zeit. Wenn Ihre Sozietät auch oder nur auf Basis von Zeithonoraren arbeitet, ist es erforderlich, alle Anwälte und Anwältinnen der Sozietät zu verpflichten, ihre Zeiten taggenau einzugeben.

4. Jahresplanung und Jahresbilanz

Viele Großkanzleien erwarten von ihren Vollzeitanwälten 1.600, 2.000 oder gar 2.200 abrechenbare Stunden im Jahr. Neben der Mandatsarbeit fällt unausweichlich auch nicht abrechenbare Zeit an, umso mehr, je höher die Rolle und damit die Verantwortung innerhalb der Sozietät ist: Für Akquisition, für Fortbildung, für Personalaufgaben, Marketing, IT, Buchhaltung und Partnerangelegenheiten. Wenn Sie berücksichtigen, dass Ihre gesamte Jahresleistung 2.500 Stunden beruflicher Tätigkeit nicht überschreiten sollte (anderenfalls machen Sie schwere Planungsfehler) und Sie dann feststellen, dass Sie im Bereich „Akquisition" nicht mehr als 50 Stunden investiert haben, dann sehen Sie einen Fehler klar vor Augen: Sie ruhen sich auf Ihren bestehenden Mandaten aus und pflegen sie nicht genügend!

4.1 Akquisition

Im Bereich Akquisition ist es sehr wichtig, wirklich die gesamte Zeit zu erfassen, die man direkt oder indirekt investiert, um neue Mandate bei bestehenden oder neuen Mandanten zu erhalten. Es ist ein Unterschied, ob man mit dem Leiter der Rechtsabteilung Golf spielt, weil man nur so einige Dinge mit ihm besprechen kann, die die Zusammenarbeit betreffen oder ob man diesen Abend mit einem anderen netten Golfpartner verbringt. Äußerlich sieht beides gleich aus, die innere Spannung ist aber eine ganz andere, denn als Anwalt ist man immer wieder vor die Aufgabe gestellt, berufliche und private Aspekte an der richtigen Stelle zu trennen. Manche Kollegen schwören darauf, dass es ihren Mandatsbeziehungen sehr nützlich war, die richtigen Leute beim Tennisspielen gewinnen zu lassen.

4.2 Know-how und Digitalisierung

In den Bereich Know-how und Digitalisierung sollten Sie auch mindestens 100 Stunden pro Jahr stecken, denn sonst können Sie mit der rechtlichen Entwicklung kaum mithalten. Viele Kollegen schlagen hier die Hände über dem Kopf zusammen, wie man an den Zahlen sieht, die als zumutbare Fortbildung bei den Fachanwälten diskutiert werden. 15 Stunden Pflichtfortbildung sind nach der FAO vorgeschrieben. (Meine Zahlen widersprechen dem nicht, denn ich rechne auch die etwaige Reisezeit und sonstigen Zeitaufwand dazu: Sie sind beruflich unterwegs und zählen pro Seminartag zehn Stunden, denn die Unterhaltung mit den Kollegen dienen Ihrer Fortbildung genauso wie die Unterrichtung durch Fachleute. Durch das wachsende Angebot von Webinaren verkürzen sich zwar Reisezeiten, aber an dessen Stelle tritt dafür der umso wichtigere Austausch und das Netzwerken in fachlichen und sozialen Netzwerken.

Zum Know-how-Bereich zählt bei mir auch die regelmäßige Lektüre der Zeitschriften und Newsletter. Wenn Sie dafür nur eine Stunde pro Arbeitswoche ansetzen, sind das schon 48 Stunden in der Jahresbilanz.

Im Bereich Digitalisierung kommen Sie als Einzelanwalt nicht umhin, sich laufend in neue Themen, Entwicklungen und Möglichkeiten hineinzudenken, was Zeit kostet. Der für IT zuständige Partner in einer größeren Kanzlei wird mehrere Stunden in der Woche darin investieren müssen, geeignete Software, technische und organisatorische Maßnahmen des Datenschutzes und sonstige technische Themen zu prüfen, Kosten abzuwägen und Empfehlungen auszusprechen. Und auch alle anderen müssen sich in neue Systeme hineindenken, um auf dem Laufenden zu bleiben.

4.3 Management

Ganz anders ist es im Bereich Management: Je weniger Zeit man den einzelnen Abläufen und Entscheidungen widmen muss, umso besser ist die Aufbauorganisation! Hier haben auch die Einzelanwälte die größten Vorteile, denn je weniger Mitarbeiter man hat, um so eher ist jeder mit allem vertraut und weiß sich ohne Anweisung zu helfen. Unter 100 Stunden pro Jahr wird es aber auch nicht gehen. Der Wert kann auch stark von Jahr zu Jahr schwanken. In Jahren, in denen größere technische Veränderung geplant und eingeführt werden, werden Sie weitaus mehr Zeit investieren müssen als vielleicht in dem Jahr danach, in dem Sie vorerst mit Aktualisierungen ausreichend bedient sein werden.

4.4 Jahresplanung und Abgleich mit dem Ergebnis

Aus diesen wenigen Grundelementen können Sie nun zunächst im Vorhinein eine Planung für das ganze Jahr machen, die Sie sodann mit dem Ergebnis am Ende des Jahres abgleichen:

Jahresplanung und Jahresbilanz 2024
Zeitraum 1.1.2024 bis 31.12.2024
Name:

I. Zeitaufwand

1. Planung 1.1.2024

Mandate	Akquisition	Organisation	Know-how	Gesamt-stunden

2. Ergebnis 31.12.2024

Mandate	Akquisition	Organisation	Know-how	Gesamt-stunden

3. Schwerpunkte

Hier ist der Schwerpunkt kurz zu beschreiben, der in diesem Jahr Priorität haben soll, also zum Beispiel

- intensive Beteiligung an der Organisation,
- Veröffentlichungen,
- Übernahme von Teamverantwortung,
- Ausbau bestimmter namentlich benannter Mandate.
- Gewinnung von neuen Mandaten oder Entwicklung von Tätigkeitsfeldern.

II. Finanzielles Ergebnis

Planung 1.1.2024

Mandate	Veröffent-lichungen	Sonstige Einnahmen	Kosten und Aufwand abziehen	Gesamt-stunden

III. Bewertung der Gesamtleistung

Die Gesamtleistung besteht nicht nur im finanziellen Ergebnis, sondern auch in der Bewertung des Verhältnisses von Zeitaufwand zu Einnahmen/Ausgaben und sonstigen Aufwendungen sowie in der Deckungsgenauigkeit von Planung und Ergebnis. Erhöhte Akquisitionsanstrengungen, Veröffentlichungen oder andere Tätigkeiten, die in diesem Jahr nicht ergebniswirksam sind, können die notwendige Basis für den Erfolg des nächsten Jahres bilden. Diese Überlegungen müssen in die Gesamtbewertung einfließen.

Das Erreichen eines Ergebnisses wird am Ende des Jahres innerhalb einer Bewertungsskala von 1 bis 5 wie folgt bewertet:

1 = Das Ergebnis ist voll erreicht worden.
5 = Das Ergebnis ist voll verfehlt worden.

1. Akquisition	Mandate/ Aktivitäten	Ergebnis
2.1 Neue eigene Mandate Das sind neue Mandate, die selbst oder gemeinsam mit anderen Kolleginnen/Kollegen akquiriert worden sind und eine gewisse Nachhaltigkeit versprechen.		
2.2 Festigung bestehender eigener Mandate Das ist der Ausbau der bestehenden Mandate.		
2.3 Förderung der Mandate Dritter durch eigene aktive Zuarbeit Hierher gehören Mandate Dritter, bei denen durch Ausweis der eigenen Fachkompetenz die Mandatsbeziehung verstärkt wird.		
2.4 Weitergabe von Mandaten an Dritte Hierher gehören Mandate, die an Dritte weitergegeben werden, ohne dass man selbst in dem Mandat mitarbeitet.		

1. Akquisition	Mandate/ Aktivitäten	Ergebnis
2.5 Mandatsanbahnungen Das sind akquisitorische Tätigkeiten, die noch nicht zu Mandaten geführt haben. Über – Verbindungen zu anderen Kollegen (intern) – Verbindungen zu Korrespondenzanwälten, Verbänden, Vereinen, Institutionen		
2.6 Förderung des Ansehens der Kanzlei Das sind Aktivitäten, die von vornherein nicht auf ein konkretes Mandat gerichtet sind, aber dem Ruf der Kanzlei nützen (zum Beispiel Pressekontakte, Vereinstätigkeiten, Pflege der Webpage, Sichtbarkeit in sozialen Medien).		
Geplanter Zeitaufwand insgesamt **Tatsächlicher Zeitaufwand insgesamt**	Stunden Stunden	Ergebnis

2. Know-how	Aktivitäten	Ergebnis
3.1 Teilnahme an Seminaren Fortbildung durch Teilnahme an Seminaren		
3.2 Eigene Seminare Seminare, die man selbst abhält		
3.3 Veröffentlichungen		
3.4 Akademische Veranstaltungen		
3.5 Entwicklung von internem Know-how (zB Checklisten etc.)		

2. Know-how	Aktivitäten	Ergebnis
Geplanter Zeitaufwand insgesamt	Stunden	Ergebnis
Tatsächlicher Zeitaufwand insgesamt	Stunden	

3. Organisation	Aktivitäten	Ergebnis
Das ist der Zeitaufwand für Organisationsarbeiten, die weder bei der Akquisition noch beim Know-how erfasst sind.		
Geplanter Zeitaufwand insgesamt	Stunden	Ergebnis
Tatsächlicher Zeitaufwand insgesamt	Stunden	

5. Rechtzeitige Planung

Zu Beginn des Jahres tragen Sie erst einmal alle festen Termine (und zwar berufliche wie private!) in Ihren Terminkalender ein. Ich trage auch die Schulferien schon zu Jahresbeginn in meinen Kalender ein, ebenso absehbare Abwesenheiten bei Ferienreisen, Familienfesten etc. Ein anderer Kollege trägt in WM- und EM-Jahren die Deutschlandspiele, soweit vorhersehbar, in seinen Kalender ein, damit er an dem Abend keine (dann schlecht besuchte) beruflichen Aktivitäten plant.

Wenn Sie zum Beispiel im Büro einmal wöchentlich eine Organisationsbesprechung von durchschnittlich einer Stunde abhalten und die vier Wochen Urlaubszeit abziehen, in denen Sie nicht da sind, sind 48 Stunden „Organisation" verplant. Dazu kommt dann zB pro Monat eine Stunde „Betriebswirtschaftliche Auswertung" und alle drei Monate eine Stunde „Besprechung mit dem Steuerberater" – und schon sind 16 weitere Stunden festgelegt.

Im Mandatsbereich wird man kaum Festlegungen treffen können, aber mit der Zeit stellen sich doch Erfahrungswerte heraus, die vor allem bei größeren Mandaten keine wesentlichen Schwankungsbreiten mehr aufweisen. Man weiß nach ein paar Jahren, dass „Möbel-Huber" ungefähr 250 Beratungsstunden braucht und wenn man 6 „Möbel-Hubers" hat, muss man den ersten Anwalt einstellen. An diesem einfachen Beispiel sieht man, wie sich ohne großen Planungsaufwand auf einmal Strukturen herausbilden, die es ermöglichen, ein Anwaltsbüro genauso zu managen wie ein anderes Unternehmen.

Die Planung von persönlichen Freiräumen oder zeitlichen Einschränkungen ist selbstverständlich sehr individuell. Versuchen Sie so vielen Kollisionen wie möglich zu entkommen, denn Umplanungen nehmen letztlich die doppelte Zeit in Anspruch. Im Zweifel werden Sie (zu) oft auf einen privaten Freiraum verzichten, anstatt das berufliche Meeting wieder abzusagen.

VIII. Zettelsystem, Checklisten, Mindmaps

1. Wie man Kreativität und Ordnung miteinander verknüpft: das (digitale) Zettelsystem

Ich habe am Anfang geschildert, wie schwierig es ist, die Kreativität, die in den Ideen steckt, sich entwickeln zu lassen und gleichzeitig für die nötige Struktur zu sorgen, die jede anwaltliche Arbeit haben sollte.

Jeder Anwalt hat seine eigene Methode, mit diesem Problem umzugehen, das er bei jedem Schriftsatz, jedem Gutachten, jedem Konferenzprotokoll und in vielen anderen Situationen lösen muss. Anwälten mit einem guten Gedächtnis genügen manchmal einige wenige Stichworte, um einen Schriftsatz frei diktieren zu können, andere machen sich umfangreiche Notizen, die nur in geringem Umfang in ein Gutachten einfließen. Die einen lassen sich von Jüngeren zuarbeiten, die anderen ermitteln alles selbst und delegieren vielleicht nur die Suche nach Fundstellen. Wer häufiger komplexe Materien mit wissenschaftlichem Anspruch bearbeitet, kann sich zum Teil an Methoden orientieren, die im Bereich der Wissenschaft entwickelt worden sind (informativ beschrieben bei Theisen, „Wissenschaftliches Arbeiten", siehe Literaturverzeichnis).

Für die anwaltliche Arbeit sind diese Methoden aber oft genug ungeeignet, obgleich sie zweifellos zu einem hohen Qualitätsniveau führen: Immer wieder stelle ich bei der Lektüre professoraler Gutachten fest, dass Stil und Sprache jedem wissenschaftlichem Anspruch genügen, aber die entscheidende Frage dann doch nicht beantworten: Was soll der Mandant in dieser Situation tun?

Deshalb müssen Anwälte ihren eigenen Stil und ihre eigene Methode entwickeln und diese Methode wird man niemals verallgemeinern können, denn Anwälte sind Individualisten und lassen sich deshalb nur ungern sagen, wie sie sich und ihre Arbeit organisieren sollen.

Ich habe bei meiner Dissertation und später für die Examensvorbereitung intuitiv die Kombination eines Zettelsystems mit Checklisten entwickelt. In dem Bewusstsein, dass vor allem junge Kollegen gar keine Zettel mehr benutzen, bleibt das System auch bei Zuhilfenahme von Tablets und Laptops hilfreich:

- Man gewöhnt sich an, egal bei welcher Arbeit man ist, für jede Notiz einen eigenen Zettel zu verwenden. Die Grundregel lautet also: ein Gedanke – eine Notiz.
- Sobald man genügend Gedanken gesammelt hat, die das jeweilige Thema erschöpfen, räumt man seinen Schreibtisch frei
- Dann gliedert man das Thema durch Zwischenüberschriften, wobei – wie immer – jede Überschrift einen eigenen Zettel bekommt.
- Jetzt nimmt man den bisher ungeordneten Stapel Zettel, und legt jeden Zettel zu der Zwischenüberschrift, zu der er gehört.

Finden sich viele Zettel bei einer Überschrift, kann man weitere Zwischenüberschriften einfügen.

- Dann nimmt man sich jedes einzelne Kapitel vor und legt die Zettel untereinander in die Reihenfolge, in der der Schriftsatz diktiert werden soll. Auftretende Lücken werden mit neuen Zetteln geschlossen.
- Und ganz zum Schluss erst diktiert oder schreibt man die Kapitel herunter.

> Eine Alternative zu dem Zettelsystem ist es, bei der Arbeit an einer größeren juristischen Aufgabe mehrere Zettel im Din-A-4-Format zu verwenden, einen für eine chronologische

Gliederung, evtl. einen weiteren für eine aufgemalte Personenskizze der beteiligten Gesellschaften und/oder Individuen, sowie einen weiteren Zettel als „Schmierzettel", auf dem alle Gedanken festgehalten werden, die man noch einmal prüfen möchte, bevor man das Gutachten oder den Schriftsatz finalisiert.

1.1 Kreativität

Der erste und für mich wichtigste Vorteil ist, dass die Ideen, die man hat, im Entwurfsstadium noch keinerlei Ordnung annehmen müssen. Arbeitet man sich zB durch die Akte des Mandanten, dann kann man gar nicht verhindern, dass an der einen oder anderen Stelle einem die Idee kommt: „Da hat doch der BGH in den letzten drei Monaten etwas dazu gesagt?". Vielleicht erinnert man sich noch daran, dass man es im letzten Newsletter gelesen hat, vielleicht fällt einem eine Textstelle ein, oder ein Namensbruchstück aus der Entscheidung, vielleicht erinnert man sich auch nur an die Vorinstanz. In jedem Fall notiert man sich die Idee auf einem Zettel und sie gerät nicht in Vergessenheit.

Dabei sollten Sie sich angewöhnen, wörtliche Zitate aus der Akte oder aus der Rechtsprechung auf jeweils einen Zettel mit vollständiger Fundstelle zu notieren. Das hat vor allem den Vorteil, dass sie die Akte beim Formulieren nicht wieder aufschlagen müssen.

Diese kreative Phase kann besonders konstruktiv sein, wenn man mehrere Köpfe zusammensteckt. Für Rechts- oder organisatorische Fragen, insbesondere solche, die neu für Sie sind, sollten sie mit Ihrem Team oder Kollegen in der Bürogemeinschaft brainstormen. Durch unterschiedliche Perspektiven ergeben sich immer verwendbare Ideen. Vergessen Sie nicht, dass auch Gedanken, die man letztlich nach Diskussion doch verwirft, zur Lösung eines Problems beitragen können.

Manchmal braucht es einen überzeugenden Einwand, der Sie vom falschen Weg auf den richtigen stößt.

Natürlich tauchen dabei immer auch Fragen auf, die man dem Mandanten stellen muss – diese sollten Sie in einem parallel geöffneten E-Mail-Entwurf (oder zunächst stichwortartig auf Papier) notieren. Das hat zB später den Vorteil, dass man die Fragen sofort an den Mandanten weiterleiten kann, nachdem man sie sortiert hat. Die Frage, ob der Gegner bezahlt hat, muss dort die Buchhaltungsabteilung beantworten. Die Frage, ob eine Abnahmebescheinigung vorliegt, hingegen muss der Bauleiter beantworten. Kurz: Was immer Ihnen einfällt, können Sie in dieser ersten Phase beliebig und ohne jeden ordnenden Zwang zu Papier bringen, ob es Tatsachen, Rechtsfragen, Vermutungen oder Ideen sind.

1.2 Ordnung

Jetzt allerdings müssen Sie Ordnung schaffen, damit Ihre Arbeit Struktur bekommt. Das gelingt auf einfachste Weise mit den Zwischenüberschriften, die die Arbeit in Kapitel gliedert. Sie werden feststellen, dass sich recht bald ein – an Ihren Arbeitsstil angepasstes – Schema entwickeln wird. Dieses Schema können Sie, wenn Sie wollen, in einer Checkliste festhalten (dazu → IX), um sich schon in der Ordnungsphase an einer bestimmten Struktur zu orientieren.

1.3 Korrektur

Die Ordnung, die Sie jetzt geschaffen haben, legt Lücken in der Tatsachendarstellung oder der rechtlichen Argumentation schonungslos offen. Das ist ein großer Vorteil für die Qualitätskontrolle, denn Sie merken in einem sehr frühen Stadium, was Ihrem Schriftsatz fehlt. Sie können diese Lücken allerdings nur rechtzeitig füllen, wenn Sie durch entsprechende Organisation dafür sorgen, dass der Mandant sich so früh wie möglich für (oder gegen) das Rechtsmittel entscheidet, um sofort mit Ihren ersten Entwürfen zu beginnen. Wenn Sie diese Entwürfe dem Mandanten umgehend zum Gegenlesen schicken und ihm nicht gerade auf die Nase binden, dass man sich die Begründungsfristen auch verlängern lassen kann, werden Sie den Schriftsatz häufig innerhalb der ursprünglich gesetzten Frist einreichen können.

Alternativ dazu können Sie gleich im Entwurf des Schriftsatzes oder des Gutachtens offene Fragen zum Sachverhalt durch eingerückte und evtl. auch noch gelb hervorgehobene Absätze markieren. Nicht immer wird Ihr Mandant nämlich alle Fragen beantworten können, und nicht immer die Sachverhaltsinformationen liefern können, die Sie für den vom Mandanten gewünschten Ausgang des Verfahrens benötigen.

1.4 Endfassung

Wie oft Sie zwischen den oben geschilderten drei Phasen (Kreativität/Ordnung/Korrektur) hin- und herpendeln, ist letztlich eine Frage Ihres eigenen Qualitätsanspruchs und der Komplexität des Problems.

In der Endfassung Ihrer Arbeit fallen Ihnen auf jeden Fall drei Qualitätselemente in den Schoß, die man sonst selten findet:

- Sie können Ihrer Arbeit eine Gliederung voranstellen, die sich aus den Zwischenüberschriften automatisch ergibt.
- Sie können auf einfachste Weise eine Zusammenfassung der Ergebnisse schreiben, die es dem Leser erlaubt, die Kernpunkte auf einen Blick zu erfassen (bei Gutachten und Schriftsätzen stelle ich das meistens kurz und prägnant in Form von Bullet-Points an den Anfang).
- In komplexen Verfahren mit einem ausgedehnten Sachverhalt könnten Sie die für interne Zwecke erstellte Sachverhaltsübersicht auch dem Leser zur Verfügung stellen,

natürlich nachdem alle Hinweise auf Zweifel und Schwachstellen Ihres eigenen Mandanten beseitigt sind.

2. Zusammenspiel von Zetteln, Checklisten und Mindmaps

Checklisten entstehen aus Zetteln – Zettel entstehen aus Checklisten und beide zusammen kann man in Mindmaps anschaulich abbilden. Wenn Sie diese drei Arbeitstechniken richtig kombinieren, werden Ihnen viele Arbeiten leichter fallen, die Ihnen derzeit noch Kopfschmerzen bereiten. Mitten in der Beratung erfahren Sie vom Mandanten ein für ihn unwichtig erscheinendes Detail – im Betrieb des Mandanten ist ein Betriebsrat gewählt – das ändert Ihre bisherige Argumentation und Herangehensweise jedoch wesentlich.

Beim nächsten Mal werden Sie schon bei der Vorbereitung an die Frage nach einem Betriebsrat denken und sich so besser vorbereiten können.

Genauso funktioniert das bei Standardschriftsätzen – etwa Klageerwiderungen im Kündigungsschutzverfahren, die durch kluge Repliken der Gegenseite immer besser werden. Viele Kollegen arbeiten hier mit Textbausteinen und haben sich dazu Checklisten als roten Faden erarbeitet, der sie durch die einzelnen Textmodule führt.

Überträgt man nun die schon vorbereitete Checkliste in eine ggf. digitale Mindmap, kann man mit jedem einzelnen Zweig/Unterzweig der Mindmap Notizen, Gutachten, Urteile oder andere Dokumente verknüpfen, die das jeweilige Stichwort erläutern, Aufgaben definieren und mit Fristen verbinden.

3. Taktische Fragen

Sie werden jetzt erwarten, dass Sie von mir nur Schriftsätze sehen, die diesen Qualitätsanforderungen genügen, also mit einer übersichtlichen Darstellung des Sachverhalts und daran anknüpfender rechtlicher Würdigung. Da muss ich Sie enttäuschen: Es gibt Prozesslagen, in denen ein gut aufgebauter Schriftsatz die Schwäche Ihrer Position so schonungslos offenlegt, dass Sie taktisch besser beraten sind, den üblichen „Spaghetti-Schriftsatz" zu machen: In ihm gehen Tatsachen und Rechtslage, Meinungen, Polemiken und Beweisangebote „unter Verwahrung gegen die Beweislast" ebenso munter durcheinander wie das Bestreiten von allem, was nicht niet- und nagelfest ist. Auf Beklagtenseite mögen Sie sich gezielt unwissend stellen, denn es ist nicht Ihre Aufgabe, dem Kläger seine Klage schlüssig zu schreiben.

IX. Checklisten, Legal Tech und Knowledge Management

Mit Checklisten sind gegliederte Übersichten gemeint, die ähnlich der Inhaltsangabe eines Buches mit einem Stichwort (und gegebenenfalls kurzen Erläuterungen) darauf hinweisen, dass man über einen bestimmten Punkt nachdenken muss. Manchmal bleibt es bei einem isolierten Stichwort, das dem Anwalt auf den ersten Blick sagt, woran er denken muss (zB „Verjährung?"), in anderen Fällen wird man nach Art eines multiple-choice die häufigsten Antworten zu einer Frage gleich mitnotieren.

Checklisten sind also Werkzeuge, die dabei helfen, die Qualität der eigenen Arbeit zu verbessern. Am einfachsten kann man sie entwickeln, wenn man im Rahmen einer konkreten Arbeit, die man erledigen muss, die einzelnen Schritte notiert, in eine bestimmte Struktur legt und alle allgemeinen Fragen, die bei dem behandelten Problem typischerweise vorkommen, in dieser Reihenfolge aufnimmt. Am Anfang wird eine solche Checkliste noch unvollständig sein, mit jedem neuen Fall gewinnt sie aber an Qualität.

Legal Tech und Knowledge Management sind weitere Methoden, nicht bei jedem Mandat „von Null anzufangen", sondern den Mandanten einen gleichbleibend hohen Qualitätsstandard zu bieten, ohne dafür einen übermäßig hohen Zeitaufwand einplanen zu müssen.

Voraussetzung einer jeden Arbeit für den Mandant ist eine ausreichende Kenntnis des Sachverhalts. Ich finde es zweckmäßig und zeitsparend, bei einem Dauerberatungsmandat alle wesentlichen Unterlagen, die ich zu diesem Mandat erhalten habe, in einem separaten Ordner aufzubewahren bzw. abzuspeichern (Handelsregisterauszüge, Satzungen, Organigramme etc.).

1. Verträge: Checklisten und Muster aus Datenbanken

1.1 Checklisten aus Datenbanken

Heutzutage gibt es für nahezu jede Vertragsgestaltung ein Muster im Beck'schen Formularhandbuch abrufbar unter beck-online. Die Formulare enthalten teils sehr ausführliche Anmerkungen, Erläuterungen. Solche und alternative Klausel-Optionen dienen dazu, den Vertrag auf das Mandat individuell anzupassen. Die Formulare eignen sich sehr gut als Grundgerüst, das Sie ihren persönlichen Anforderungen und denen des Mandanten anpassen müssen. Mit der Zeit werden Sie Erfahrungen sammeln oder gesammelt haben, die das ursprüngliche Gerüst zu Ihrem eigenen machen. Es lohnt sich das Muster selbst laufend zu aktualisieren. Einzelne Textbausteine, die Sie für Sonderkonstellationen erarbeitet haben, können Sie im Muster als optional markieren oder zusammen mit den Checklisten gesondert ablegen.

1.2 Kanzlei-internes Knowledge Management: Dokumente und Legal Tech

Der Aufbau eines professionellen Knowledge Managements ist immer ratsam, vor allem aber in größeren Kanzleien, die möglicherweise mehr als einen Standort haben. Man beschleunigt so die Entwicklung der oben genannten Checklisten, weil man auf kanzleiweit vorhandene Bespiele zurückgreifen kann. Man erfährt so auch von Beispielen, von denen man beim Mittagessen mit den Kolleginnen am Standort nicht gehört hätte. In den Aufbau eines solchen Knowledge Managements muss zweifellos für eine ganze Weile mehr Zeit (oder Personalkosten) investiert werden, als sie einem zu ersparen scheint. Die Aufgabe des strukturierten Sammelns, Filterns und Aktualisierens von Mustern, Vermerken, Schriftsätzen und Best

Practices kann man nicht neben dem Tagesgeschäft erledigen. Dennoch sollten Sie sich überlegen, in welchem Maße eine solche kanzleiweite Sammlung für Sie in Betracht kommt und sinnvoll ist. Wenn in einer Bürogemeinschaft jede Kollegin ein anderes Rechtsgebiet bearbeitet, ist der Austausch weniger fruchtbar als in einer im Steuerrecht spezialisierten Anwaltsboutique.

Nützlich finde ich für den Aufbau eines kanzleiweiten Knowledge Managements die folgende Unterscheidung:

- Eine allgemeine Ansammlung von Mustern aus der Mandatsarbeit, natürlich anonymisiert, aber mit Hintergrundinformation kommentiert zu dem Anwalt, der das Dokument erstellt hat, zu Datum, Branche des Mandanten, evtl Größe bzw. Zahl der Arbeitnehmer und Region. Diese Muster sind als Checklisten und Anregung geeignet, aber nicht zwingend aktuell oder verbindlich auf ihre Richtigkeit geprüft. Gerade kollektivrechtliche Vereinbarungen enthalten in der Endfassung auch das eine oder andere Zugeständnis, welches man aber nicht in den nächsten arbeitgeberseitigen Entwurf übernehmen sollte.
- Eine zweite Sammlung besteht sodann aus gründlich geprüften Dokumenten, deren Aktualität laufend überprüft wird. In größeren Kanzleien könnte jeder Anwalt die Patenschaft für ein solches Dokument übernehmen.
- Eine Unterkategorie zu der zweiten Sammlung sind automatisierte Dokumente, auch Legal Tech genannt. Hier kann beispielsweise ein Muster für einen Arbeitsvertrag geöffnet werden, und mit wenigen Klicks um die gewünschten Klauseln (Dienstwagen und Home Office – ja, nachvertragliches Wettbewerbsverbot – nein) ergänzt werden. Der so entstandene Vertragsentwurf muss selbstverständlich immer noch einmal daraufhin durchgesehen werden, ob er nun bestmöglich auf die Bedürfnisse der Mandantin zugeschnitten ist.

Zu meiner aktiven Zeit als Anwalt im Wirtschaftsrecht habe ich sämtliche Verträge in zwei Vertragstypen, nämlich Austauschverträge und Gesellschaftsverträge eingeteilt und habe jeweils Basischecklisten entwickelt. Sie enthalten eine Vielzahl von abstrakten Gesichtspunkten, die man beim Entwurf von einzelnen Verträgen, berücksichtigen muss (→ 1.2). Wenn Sie nicht im Wirtschaftsrecht, sondern im Arbeitsrecht oder im Straßenverkehrsrecht tätig sind, werden Sie andere Vertragstypen und andere Checklisten auswählen. Das Prinzip einer Grob- und Feingliederung ist aber in jedem Fall hilfreich.

Austauschverträge

Man kann jeden Austauschvertrag unabhängig von seinem Inhalt in folgende sechs Kapitel aufteilen:

- Vertragliche Grundlagen
- Inhalt der Leistungen
- Sicherung der Leistungen
- Vertragsdurchführung
- Allgemeine Bestimmungen
- Anlagen

Gesellschaftsverträge

Nach dem gleichen Verfahren lassen sich auch alle Gesellschaftsverträge wie folgt gliedern:

- Vertragliche Grundlagen
- Innere Ordnung, Geschäftsführung und Vertretung
- Jahresabschluss/Ergebnis- und Gewinnverwendung
- Ausscheiden und Auflösung
- Allgemeine Bestimmungen
- Anlagen

2. Checkliste zum Aufbau von Schriftsätzen

Schriftsätze sind nicht nur die Visitenkarte für die Mandanten, sondern auch für die Gerichte und die Gegner. Sie müssen daher besonders sorgfältig gemacht werden. Man kann sich gegenüber den meisten anderen Büros (darunter auch sehr guten) am einfachsten dadurch profilieren, dass man Schriftsätze übersichtlich strukturiert und gut lesbar schreibt.

Auch wenn Schriftsätze in der Regel von Juristen gelesen werden, sollte man eine gestelzte und fachlich klingende Sprache vermeiden, weil darunter das Verständnis leidet. Ich empfehle aus diesem Grunde auch, auf die Begriffe „Kläger" und „Beklagter" gelegentlich zu verzichten und – ganz ähnlich wie beim Vertragsdesign – die Parteien und vor allem andere Prozessbeteiligte beim Namen zu benennen. Dann kann man sie auch leichter auseinanderhalten: Wer nämlich der „Drittwiderbeklagte" ist, darüber müssen auch Anwälte vertieft nachdenken. Die Sätze sollten möglichst kurz und prägnant sein.

Polemik und Ironie ist in Schriftsätzen meist fehl am Platze. Das schließt aber nicht aus, dass man emotional schreibt, weil man nur so zeigen kann, dass man die Position des Mandanten nicht nur juristisch begründet, sondern sich mit ihr auch engagiert identifiziert (wenn das tatsächlich so ist). Die Grenzziehung ist oft nicht einfach.

Beim Aufbau ist die Darstellung des Sachverhalts stets von den Ausführungen zur Rechtslage zu trennen. Von dieser Regel gibt es nahezu keine Ausnahme. Bei den Schriftsätzen, die später im Rechtsstreit ausgetauscht werden, ist es allerdings manchmal schwer, die Regel konsequent einzuhalten. Insbesondere kann man nicht zunächst auf alle Tatsachen und dann auf alle Rechtsansichten eingehen, sondern wird Sachverhaltskomplexe bilden müssen. Zum Aufbau und der Sprache einer Klageschrift vergleiche auch Schneider, Die Klage im Zivilprozess, siehe Literaturverzeichnis.

3. Checkliste zur Kommunikation mit dem Mandanten

Rückfragen zum Sachverhalt klärt man am besten per Telefon. E-Mails an Mandanten sind vor allem dann sinnvoll, wenn man Antworten liefert oder Arbeitsergebnisse festhält. Für Rückfragen aber oder für Abstimmungen, die im laufenden Mandat aufkommen, lohnt sich meistens der Griff zum Telefon. Nicht zuletzt bei Unklarheiten, die den Sachverhalt betreffen, führen schriftliche Nachfragen nämlich meistens zu einem E-Mail-Ping-Pong. Dem Mandanten fehlt der rechtliche Hintergrund, weshalb er nicht erkennen kann worauf ihre Tatsachenfrage abzielt. Er antwortet möglicherweise mit einem schlichten „Ja" oder „Nein" auf ihre Frage. Das führt in Ihrem Kopf zu weiteren Fragen, deren Beantwortung Sie abwarten müssen. Selbstverständlich gelingt es in den meisten Fällen, die E-Mail so zu formulieren, dass die entsprechenden Folgefragen enthalten sind. Es kostet Sie jedoch mehr Zeit zwei Fragenkataloge auszuformulieren, die von der Antwort auf die erste Frage abhängen. Für ein Telefonat machen Sie sich vorher Gedanken – oder maximal stichpunktartige Notizen – über Ihre jeweiligen Folgefragen und können dann sofort erwidern.

Mandanten-E-Mails sollten einen bestimmten Aufbau und einen bestimmten Mindestinhalt haben, um sicherzustellen, dass

- dem Mandanten klar wird, auf welcher Tatsachenbasis wir unsere Empfehlungen geben,
- der Mandant Chancen und Risiken richtig abwägen kann,
- uns die Führung des Mandats inhaltlich und organisatorisch erleichtert wird, und
- unsere Haftungsrisiken minimiert werden können.

Zur Erreichung dieser Ziele empfiehlt sich der nachfolgende Aufbau, der sich in der weitaus überwiegenden Zahl der

Fälle als geeignet erwiesen hat. Bei komplexeren Fällen kann die Darstellung sehr lang werden. Dann ist zu überlegen, stattdessen ein Gutachten oder einen Vermerk zu schreiben, dem man eine knappe E-Mail beifügt, die sich ausschließlich mit dem weiteren Vorgehen in der Sache beschäftigt (die zusammenfassenden Empfehlungen gehören ins Gutachten). Mandanten lesen nämlich lange E-Mails selten genug mit der nötigen Aufmerksamkeit.

Selbstverständlich muss nicht bei jeder E-Mail in einem längeren Mandat jeder Punkt angesprochen oder abgearbeitet werden, wenn das die Sachlage nicht erfordert. So mag manchmal eine Fristsetzung gegenüber dem Mandanten übertrieben förmlich wirken, oder man ist zu einer abschließenden Empfehlung noch nicht in der Lage.

Alle genannten Punkte sollten möglichst durch geeignete Zwischenüberschriften gegliedert werden. Wenn Sie versuchen, sich möglichst nah an diesem Schema zu halten, werden Sie feststellen, dass Sie weit weniger Aufwand mit Rückfragen inhaltlicher oder organisatorischer Natur haben. Die Verwendung von Zwischenüberschriften ist ganz generell eine große Verständnishilfe, weil sie einen dazu zwingt, Zusammengehöriges auch zusammen darzustellen:

In Fällen, in denen der Mandant eine konkrete Frage gestellt hat, bietet es sich an, das Gesamtergebnis kurz und prägnant voranzustellen und dann im Einzelnen auf folgende Punkte einzugehen.

- Definition des Ziels und der Interessenlagen
- Schilderung der Tatsachen
- Beurteilung der Rechtslage
- Chancen, Risiken und Alternativen
- Maßnahmen, Zeitplan und Verantwortung (hierzu gleich noch genauer)
- Fristsetzung und Ankündigung unserer Maßnahmen (hierzu gleich noch genauer)

3.1 Maßnahmen, Zeitplan und Verantwortung

Nunmehr werden einzelne Maßnahmen empfohlen, mit denen man in der gegebenen Situation die Ziele erreichen kann. Der Mandant erwartet an dieser Stelle eine klare Aussage. Im Zweifel sind Sie als Anwalt oder Anwältin immer verpflichtet, den sichersten Weg zu empfehlen. Das schließt aber nicht aus, dass man den Hinweis ergänzt, dass in der Praxis keineswegs alle Mandanten diesem Rat zum sichersten Weg folgen, und sich trotz fragwürdiger Begründung für den Ausspruch einer Kündigung des Arbeitsverhältnisses entscheiden.

Spätestens an diesem Punkt des Mandantenschreibens merkt man, ob man im Bereich der vorherigen Punkte die Situation wirklich erschöpfend erfasst hat: Wenn nicht, sieht man sich meist außerstande, eine klare Empfehlung zu geben und muss dann oben nachbessern.

Dem Mandanten ist in jeder Lage des Verfahrens klarzumachen, in welcher Zeitschiene man sich befindet und

- bis wann
- was
- durch wen
- wie und
- wo

zu erledigen ist. Gleichzeitig ist klarzustellen, was wir in unserer Verantwortung erledigen werden und was wir nicht tun werden, also was in die Verantwortung des Mandanten oder Dritter fällt.

Es kommt auch vor, dass das Mandantenbegehren angrenzende Rechtsgebiete umfasst, auf die Sie nicht spezialisiert sind und die zugleich so komplex sind, dass Sie sich eine Beratung nicht leisten können (oder wollen). Im Arbeitsrecht ist das häufig Steuer-, IP-, Gesellschafts- oder Datenschutzrecht. Weisen Sie den Mandanten rechtzeitig darauf hin, dass Sie entweder einen Kollegen hinzuziehen können oder er Ihre erste Einschätzung von einem Steuerberater überprüfen lassen sollte.

3.2 Fristsetzung und Ankündigung unserer Maßnahmen

In den meisten Fällen ist es unabdingbar, dem Mandanten unter Nennung einer konkreten Frist mitzuteilen, was geschieht, wenn er unseren Empfehlungen nicht bis zum Ablauf der Frist folgt. Hier vor allem liegt die Chance, einer möglichen Haftung oder unbegründeten Vorwürfen des Mandanten auszuweichen. Wenn es zum Beispiel um ein Rechtsmittel geht, dann heißt es: „Wenn wir von Ihnen nicht bis (folgt Datum) ausdrücklich anderslautende Weisung erhalten, werden wir das Rechtsmittel einlegen/nicht einlegen".

Dasselbe gilt für vor Gericht widerruflich geschlossene Vergleiche. Hier sollten Sie ankündigen, dass Sie ein klares Signal benötigen, andernfalls seien Sie gehalten den Vergleich zu widerrufen. Es ist aber auch eine Frage der Vertrauensbasis und der langjährigen Zusammenarbeit, inwieweit Sie für den Mandanten, der aus irgendeinem Grund gerade nicht greifbar ist, auch ohne sein Feedback eine Entscheidung treffen, wenn diese klar in seinem Sinn und Interesse ist.

4. Weitere Hilfen in der Beratungspraxis

4.1 Gedankenblitze und Notizen unterwegs

Ich schildere nachfolgend, wie die Selbstorganisation mit Zetteln, Checklisten und Mindmaps in den typischen Situationen verläuft, denen der Anwalt sich täglich gegenübersieht. Wie immer verstehen Sie diese Hinweise bitte nur als Anregungen. Nicht jede Anwältin arbeitet gerne mit Zetteln, andere schwören nach wie vor auf die Nutzung von DinA4-Blöcken.

> „I also carry a stack of blank cards that I fill up with miscellaneous notes during the day, and at the end of the day I transfer that information to the appropriate page of the appropriate yellow pad.
>
> I write down everything I intend to do and once I have written it down I forget about it. I know it will turn up at the appropriate time and place on the appropriate day." McCormack, What They Don't Teach You At Harvard Business School, S. 198, siehe Literaturverzeichnis.

Bei der Nutzung von einzelnen Zetteln für das Zettelsystem werden Sie auf ein Problem stoßen, das viele davon abhält, diese Technik zu benutzen: Zettel fliegen leicht in der Gegend herum (vor allem wenn man das Fenster aufmacht) oder verheddern sich in Akten- und Handtaschen mit anderem Material, während der gute alte Anwaltsblock zwar vielleicht etwas knittert an den Ecken, aber als Block erhalten bleibt.

Hierfür gibt es eine einfache Lösung. Es ist die amerikanische Büroklammer, die man in guten Bürofachgeschäften findet. Eine breite Blechklemme mit zwei Bügeln, mit deren Hilfe man sie öffnen und Papier in beliebiger Stärke damit zusammenklammern kann. Fünf bis sieben davon in mittlerer Größe und ein bis zwei große Klammern dieser Art halten jeden Papierstapel zusammen und sind auch sonst als gutes Mittel gegen herumfliegende Blätter sehr praktisch.

> Seit ich als Anwältin arbeite, benutze ich sogenannte Yellow Legal Pads, die mir aus meiner Anwaltsstation in Washington D.C. vertraut sind: Gelbe linierte Blöcke etwa im DinA4-Format (oder genauer: im etwas kürzeren US Letter Format). Ich entwerfe darauf chronologische Sachverhaltsskizzen und rechtliche Würdigungen. Ich schreibe darauf in jedem Telefonat und in den allermeisten Besprechungen mit. Ich entwerfe darauf meine wöchentliche To-Do-Liste, gegliedert nach den Punkten Mandate, Non-billable und Privatorganisation.

> „I operate both my life and my time from a series of yellow legal pads, with one sheet devoted to each day and a vertical line drawn down the middle. Things to do go on the right side oft he vertical line, people to call go on the left side. I keep this pad in about fifty-day segments, and at the end I have several pages for calls and activities which are not going to be done during this fifty-day time frame but at some point in the future." McCormack, What They Don't Teach You At Harvard Business School, S. 198, siehe Literaturverzeichnis.

Im Gegensatz zur Anfertigung von Schriftsätzen oder Gutachten (die Sie vermutlich am Schreibtisch schreiben oder diktieren) werden Sie in vielen Situationen, die ich jetzt schildere, keine Zettel zur Hand haben. In solchen Situationen hilft ein kleiner Spiralblock in Postkartengröße oder kleiner. Diesen Block, oder mehrere davon, hat man zusammen mit einem Stift in seiner Aktentasche, Handtasche, Jackettasche, dem Handschuhfach des Autos. Wenn einem ein Gedanke kommt, kann man ihn notieren, pro Gedanke ein Blatt Papier. Der Spiralblock tut auch sonst seine guten Dienste, vor allem auf Reisen oder bei abendlichen Gesprächsrunden, bei denen man keine Zettel dabeihaben will.

Wer heute keine Zettel zur Hand hat, nimmt sein Smartphone zur Hand und macht sich eine Notiz oder schreibt sich selbst eine E-Mail. Oft kommen einem beim Aufwachen, beim Duschen oder beim Joggen die besten Gedanken.

Es ist überhaupt empfehlenswert, sich auch im Büro die Möglichkeit zu verschaffen, beim Umhergehen nachzudenken und zu arbeiten. Die Erfahrung, dass einem Gedanken beim Gehen zufliegen, hat auch Friedrich Nietzsche gemacht, ein wegen seiner Sehschwäche gefürchteter Powerwalker. Er empfiehlt: „So wenig als möglich sitzen; keinem Gedanken Glauben schenken, der nicht im Freien geboren ist und bei freier Bewegung – in dem nicht auch die Muskeln ein Fest feiern. Alle Vorurteile kommen aus den Eingeweiden. – Das

Sitzfleisch – ich sagte es schon einmal – die eigentliche Sünde wider den Heiligen Geist." (Nietzsche, Ecce Homo – Warum ich so klug bin, siehe Literaturverzeichnis). Wer, wie Nietzsche, hinreichend bibelfest ist, weiß, dass solche Sünden auch in der Vorhölle nicht vergeben werden.

Diese Vorhölle erfährt man vor den Berliner Gerichten als Anwalt in jeder mündlichen Verhandlung. Dort wird nämlich – anders als in Süddeutschland – vor Gericht gestanden. Den Berliner Anwälten nützt das für ihre geplanten Reden allerdings nicht viel, da das Rechtsgespräch hierzulande eher unterentwickelt ist: Die Berliner Richter beginnen die Verhandlung häufig schon mit der ausgearbeiteten „Relation". So wissen die Parteien schon früh ihre Erfolgsaussichten einzuschätzen, was für den von der Arbeitgeberseite oft angestrebten Vergleich nicht immer hilfreich ist.

Ich kann Ihnen nur raten, im Büro mit Stehpult, mobilen Diktiergeräten und mobilen Telefonen zu arbeiten: Sie werden sehen, Ihre Briefe und Schriftsätze werden engagierter, kürzer und prägnanter!

4.2 Akquisitionsplanung und Annahme von Mandaten

Man muss als Anwalt eine ziemlich genaue Vorstellung darüber haben, welche Mandate in das Profil des Büros passen und welche nicht. Die immer strenger werdenden Forderungen der Mandanten nach Spezialisierung kann man nur erfüllen, wenn man sich anhand der eigenen Mandatsstruktur spezialisiert hat und daran ständig mit Hilfe neuer Mandate arbeitet.

Wenn ein Anruf ein neues Mandat ankündigt und man einen Besprechungstermin – gegebenenfalls via Teams, Zoom und Co vereinbart, sollte man es nicht dabei belassen, nur den Namen des Mandanten in Erfahrung zu bringen. Besser führt man ein kurzes vorbereitendes Gespräch, das es ermöglicht, eine Vorstellung von dem künftigen Auftrag zu bekommen. Man kann dann in vergleichbaren Akten nachsehen oder sich in das Thema einlesen, wobei meist schon einige Ideen (und damit Zettel oder digitale Notizen) entstehen, auf denen man sich bestimmte Fragen zum Sachverhalt oder zur Rechtslage notiert.

Wer in Standardfällen bereits mit Checklisten arbeitet, kann seine Checkliste/Mindmap in einer Ausführung ins Gespräch mitnehmen und eine zweite gegebenenfalls vorab dem Mandanten zukommen lassen. Auf diese Weise hat der Mandant auch einen visuellen Überblick über die Problematik.

Es hat sich auch bewährt, Checklisten und Mindmaps als Arbeitsproben in Gespräche mitzunehmen, die der Mandatsanbahnung dienen (beauty contest). Der Mandant erkennt sofort, dass der Anwalt mit Problemen der Art, wie sie ihn beschäftigen, vertraut ist, denn Checklisten und Mindmaps können ja nur in vergleichbaren Mandaten entstanden sein. (Wenn sie auf einem konkreten Mandat beruhen, muss man darauf achten, alles rechtzeitig zu anonymisieren!)

Für die weitere Arbeit unschätzbar ist aber die Mandatsbestätigung, die man jetzt sofort nach Abschluss der Erstbesprechung schreiben kann: Sie enthält nicht nur wie üblich die Mandatsbedingungen (einschließlich der Haftungsbeschränkung!), sondern gleichzeitig eine Aufnahme des Sachverhalts, so wie er sich nach der Besprechung darstellt, und zwar in strukturierter Form und nicht wie Kraut und Rüben durcheinander! Darüber hinaus kann man oft noch eine Liste von Fragen anschließen, die sich bei der Durcharbeitung des Besprechungsprotokolls ergeben. Hat man die erste Besprechung schon mit einer Checkliste/Mindmap vorbereitet, fügt man die zweite Version, die das Ergebnis der Gespräche bereits verarbeitet, der Mandatsbestätigung bei.

Handelt es sich nicht um einen Standardfall, so dass man keine Checkliste hat, kann man sich in der Vorbereitung die einzelnen Fragen auf je einen Zettel notieren und dann im Gespräch die Antworten dazu schreiben. Ist die Besprechung beendet, entsteht daraus sehr schnell eine sinnvolle Gliederung für das Gesprächsprotokoll und die erkennbaren Rechtsprobleme.

In vielen Fällen bleibt aber nicht einmal Zeit zur Vorbereitung oder der Mandant ist nicht fähig oder willens, den Sachverhalt und seine Fragen früh genug aufzubereiten. Auch und gerade dann hilft es Notizen zu machen: Man geht ohne jede Vorinformation in das Gespräch, erschließt sich aber den Sachverhalt und die Zielsetzung des Mandanten durch geeignete Fragen und entwirft dann die Mandatsbestätigung.

Es gibt nichts, womit ein Anwalt seinen Mandanten stärker beeindrucken kann als durch Tatsachenkenntnis, denn die Rechtskenntnisse seines Anwalts kann kein Mandant beurteilen, der nicht selbst Jurist ist. Wer aber knietief im Sachverhalt steckt, dem traut man auch eine bessere Beurteilung der Rechtslage zu als einem anderen, der nicht einmal den Fall kennt.

Ein Besprechungsprotokoll und/oder eine Fragenliste dieser Qualität erleichtert sowohl den Mandanten wie Ihnen die Kontrolle, ob beim Sachverhalt noch etwas fehlt. Der Mandant kann seine Hausaufgaben besser machen, denen er ohnehin oftmals mit Abwehr gegenübersteht. Ein Besprechungsprotokoll ist auch hilfreich, wenn man einen weiteren Kollegen in das Mandat mit einbeziehen möchte, oder dieser einen während des Urlaubs vertreten soll.

> Ich finde diktierte Besprechungsvermerke, oder solche, die man im Nachgang zur Besprechung selbst geschrieben hat (und sei es auf der Basis von Notizen aus der Besprechung), vor allem in komplexeren Fällen sehr hilfreich. Das Diktieren, oder das Schreiben, zwingt einen den Sachverhalt in einer sinnvollen Reihenfolge, in der Regel also chronologisch, darzustellen. Es zwingt einen auch, rechtliche Aspekte sinnvoll zu Zwischenüberschriften zusammenzufassen. Und wenn die Angelegenheit einige Zeit geruht hat, oder wenn man sie einem Kollegen

übertragen möchte, ist ein förmlicher Besprechungsvermerk deutlich hilfreicher als handschriftliche Notizen, selbst wenn die Schrift nicht so unleserlich ist wie bisweilen meine eigene.

4.3 Der nächste Schritt: Gutachten, Schriftsatz oder Anwaltsschreiben

Nach der Mandatsannahme wird man sich in aller Regel entweder gutachtlich äußern oder einen Schriftsatz oder Brief verfassen müssen.

Natürlich gelingt es schneller, sich im ersten Gespräch ein paar abgerissene Begriffe auf das Papier zu schreiben und zu hoffen, daraus später irgendetwas Brauchbares erarbeiten zu können.

Erarbeitet man hingegen zunächst eine Sachverhaltsgliederung und sodann eine klassische rechtliche Würdigung („Wer will was von wem woraus?"), so kostet das natürlich mehr Zeit. Ich finde es hilfreich eine Datei zu erstellen, die den Sachverhalt möglichst übersichtlich abbildet. Früher habe ich das mit Bleistift (um radieren zu können) auf einem gelben Block geschrieben. Mittlerweile nutze ich (oder meine Kolleginnen) in komplexeren Fällen eine Excel Liste und fertige einen Zeitstrahl oder eine tabellarische chronologische Darstellung der Ereignisse, in der wir jederzeit einzelne Daten an beliebiger Stelle einschieben können.

Bei Schriftsätzen ist der Nutzen hoch: Wenn der Sachverhalt einmal komplett ermittelt ist, sollte man sich eine erste Vorstellung der Rechtslage verschaffen, damit man das offensichtlich Irrelevante schon einmal aussortieren kann.

Dann prüft man denkbare Rechtsgrundlagen, subsumiert, prüft ggf. Kommentarliteratur oder Rechtsprechung und erarbeitet sich so die rechtliche Lösung.

Erst wenn man weiß, auf welche Aspekte es ankommt, sollte man den Sachverhalt in geordneter Form niederschreiben und nochmals prüfen, ob jetzt die rechtliche Argumentation überall ihren Anker im Sachverhalt hat. Wer schon ähnliche Fälle bearbeitet hat, kann wie oben ausgeführt Checklisten nutzen, um keinen wesentlichen Punkt zu vergessen.

In vielen Fällen wird man dabei feststellen, dass die Ausführungen zur Rechtslage erheblich kürzer ausfallen können, als dies bei der konventionellen Arbeitstechnik der Fall ist. Manchmal genügt eine stichpunktartige Aufzählung der Tatsachen, die die Anspruchsgrundlage ausfüllen sollen. Man kommt dann sehr nahe an das Idealbild „jura novit curia" heran. In Deutschland (anders als in den anglo-amerikanischen Ländern) ist die Arbeit am Sachverhalt meist zu schwach ausgebildet. Prozesse werden aber nicht mit klugen Rechtsansichten gewonnen, sondern mit Tatsachen, die sich als wahr erweisen.

Ganz genauso geht man vor, wenn man auf eine Klage erwidern muss. Am besten fertigt man sich eine Mindmap zu dem behaupteten Sachverhalt und bespricht zunächst alle Änderungen/Ergänzungen mit dem Mandanten. Anhand dieser Mindmap lässt sich dann die Erwiderung auf den Tatsachenvortrag ohne weitere Zwischenschritte herunterdiktieren. Mithilfe der chronologischen Sachverhaltsdatei und ggf. einer Mindmap können Sie in der mündlichen Verhandlung argumentieren, während die Gegenseite es womöglich schwerer hat, die eigene Position zu erläutern.

Genauso macht man es dann im Bereich der Rechtslage. Hier wird es aber selten erforderlich sein, dass der Mandant mitwirkt.

Geht es um Rechtsmittel (Berufungen, Beschwerden, Revisionen etc.), kann man anhand einer Mindmap ohne weiteres alle gegensätzlichen Darstellungen im Sachverhaltsbereich und alle gegenläufigen Argumentationen bei der Rechtslage übersichtlich nebeneinander stellen und erhält so eine sehr gute Übersicht über die Bedeutung einzelner Differenzen.

4.4 Konferenzen/Partnermeetings/Arbeitsgemeinschaften

Auch hier bewährt sich die Dreiteilung in

- Vorbereitung,
- Durchführung,
- Kontrolle.

a) Vorbereitung

Wer zu einer Konferenz ohne Tagesordnung und Zeitplan eingeladen wird, weiß, dass sich niemand Gedanken über den Inhalt der Debatte gemacht hat oder bewusst die Unklarheit als taktisches Mittel einsetzt. Das ist für alle Teilnehmer eine Zumutung. Auch wenn es keine Tagesordnung in schriftlicher Form gibt, sollte es mindestens Vorstellungen darüber geben, wie man die Konferenz strukturieren will. Am einfachsten gelingt das wie immer, wenn man sich

- alle Tatsachen, Fragen, Rechtsprobleme oder was immer sonst in der Konferenz eine Rolle spielen wird, jeweils mit einer Idee stichwortartig notiert und
- diese dann so anordnet, dass sie für einen selbst in der zeitlich richtigen Reihenfolge liegen.
- Ist diese Arbeit einmal getan, kann man die wichtigsten Stichpunkte auch in einer Tagesordnung zusammenfassen und den anderen Teilnehmern zugänglich machen.

Neben der inhaltlichen Arbeit dienen Konferenzen, Partnermeetings und Kongresse auch der Kontaktpflege. Wer erwartet, dass dort nur in der geplanten Reihenfolge alle genannten Themen besprochen und entschieden werden, der wird womöglich enttäuscht sein. Nicht immer steht hier das Zeitmanagement an vorderster Stelle. Partnermeetings dienen aber auch dazu gemeinsam Zeit zu verbringen.

Bei größeren Konferenzen und Kongressen steht neben dem inhaltlichen Austausch auch das Netzwerken im Vordergrund. Ich versuche daher immer, schon im Voraus die Teilnehmerliste auf Personen hin zu studieren, die ich gerne wiedertreffen, oder überhaupt kennenlernen möchte. Wenn es mir wichtig ist, versuche ich auch im Vorhinein schon einmal per Mail oder LinkedIn Kontakt aufzunehmen und anzukündigen, dass ich mich freue, die andere Person bei der Konferenz in München / Athen / Amsterdam etc. zu treffen. Nicht immer finde ich die Zeit dazu, aber ratsam ist es trotzdem.

b) **Durchführung**

Liegt eine richtig vorbereitete Tagesordnung vor, ergibt sich die Durchführung der Konferenz oder Verhandlung in den meisten Punkten ganz von selbst. Natürlich können immer wieder Überraschungen auftauchen, denen man nur mit genügender Erfahrung richtig begegnen kann (zum Umgang mit schwierigen Verhandlungssituationen siehe Heussen, Handbuch Vertragsmanagement und Vertragsgestaltung, siehe Literaturverzeichnis).

Jede Anwältin kennt in ihrem Leben Treffen, an denen sie teilnehmen muss, die aber zeitlich sehr unstrukturiert sind. Hier ist ein „Pace Maker" eine gute Idee: Einer der Teilnehmer wird zum Verantwortlichen für das Einhalten der zeitlichen Planung ernannt, ohne zugleich auch für die Inhalte zuständig zu sein. Diese Aufgabenteilung ermöglicht es der inhaltlichen Gesprächsleitung, sich auf die Themen zu konzentrieren, ohne ständig auf die Uhr zu schauen.

c) **Protokolle**

Eine der schwierigsten Aufgaben bei Konferenzen, Partnermeetings der Kanzlei oder spezialisierten Arbeitsgruppen ist es, den Inhalt der Konferenz für ein Protokoll festzuhalten. Obgleich es nur zwei Gliederungskriterien gibt (Personen/Themen), ist es trotzdem niemals möglich, eine Konferenz so zu protokollieren, dass man entweder alles aufschreibt, was die Personen sagen (Verlaufsprotokoll) oder sich ausschließlich an den Themen orientiert (Ergebnisprotokoll): Erfahrungsgemäß geht beides immer munter durcheinander.

Noch schwieriger wird die Aufgabe, wenn man selbst verhandeln und Protokoll führen muss, denn dann kann man sich allenfalls Stichworte machen, die stets unsortiert bleiben müssen. Ist alles aber auf dem üblichen DIN A4-Block festgehalten, dann beginnt die zeitraubende Arbeit, die man so fürchtet, erst nach der Konferenz: Eigentlich sollte man jetzt ein strukturiertes Protokoll verfassen, in dem man nach Themen gliedert und innerhalb jedes Themas festhält, was jede Seite dazu gesagt hat. Ein Konferenzprotokoll darf nicht älter werden als zwei bis drei Tage, weil es sonst auch qualitativ nicht mehr viel wert ist. Wie kann man diesen Zeitraum einhalten?

Die folgenden Grundsätze können hierbei helfen:

- Während der Konferenz entsteht, wann immer jemand etwas Wesentliches sagt (das ist weniger oft der Fall als man denkt!), eine Notiz
- Die Notiz wird mit einem Kürzel der Person ergänzt, die die Bemerkung gemacht hat.
- Nach jeder Konferenz sollte man sich möglichst sofort eine Stunde freie Zeit einplanen, die dem Protokoll gewidmet ist. Spätestens aber sollte das Protokoll am Folgetag erstellt werden, denn nach 24 Stunden lässt die Erinnerung deutlich nach.
- Dann nimmt man seine Notizen und verschiebt sie unter die thematisch richtigen Überschriften. Bei Streitgesprächen kann es sich empfehlen, die Hauptargumente zweier Personen abwechseln zu lassen, sodass Argument und Ge-

genargument unmittelbar aufeinanderfolgend dargestellt werden.
- Ist diese Ordnung im Dokument einmal entstanden, kann man sie in sehr kurzer Zeit herunterdiktieren. Der Korrekturaufwand ist äußerst gering, da schon alle Zwischenüberschriften vorhanden sind, die Teilnehmer richtig beschrieben werden etc.
- Wer seine Notizen gleich in der Konferenz in seinen Laptop notiert, hat den Vorteil, dass danach schon ein Teil des Protokolls geschrieben ist. Ein sehr knappes Ergebnisprotokoll mag im Wesentlichen während des Meetings fertig werden, wenn die Gespräche im Wesentlichen der Tagesordnung gefolgt sind. Für längere Protokolle ist meist etwas gedankliches Sortieren unvermeidlich.
- So kann das Protokoll am nächsten oder spätestens übernächsten Tag geschrieben und verschickt werden und wie immer folgt gegebenenfalls eine Fragenliste an den Mandaten, eine Begleit-Mail oder ähnliches.

So kann ein richtiges Protokoll aussehen:

Muster für Konferenzprotokolle

Thema	Ort	Datum
Sanders/Minckwitz	München	20.11.2024

Teilnehmer:
Herr Weidhaas, Sachverständiger (Wh)
Frau Sanders (Sa)
RAin Dr. Feldmann (Fe)

Verfasser/Telefon/e-mail
RAin Dr. Feldmann/089–231064–15/e.feldmann@t-online.de

Lfd. Nr.	Themen/Ergebnisse/ Aufträge	zu erledigen durch	bis	Information an
1.	Wh stellt das Ergebnis der ersten Fassung des Privatgutachtens vor, mit dem das Gerichtsgutachten erster Instanz kritisiert wird. Ziffern 6 und 7 sind neu zu überarbeiten. Dafür erhält Wh die erste Fassung des Berufungsschriftsatzes ausgehändigt. Überarbeitung folgt.	Wh	23.11.	Fe
2.	Wh übergibt Abschlagsrechnung, Zahlung.	Sa	01.12.	
3.	Die Schlussfassung des Schriftsatzes wird am 27.11. vorliegen und geht zur Schlusskontrolle an Wh.	Fe		
4.	Schlusskontrolle erfolgt innerhalb von zwei Tagen	Wh	27.12.	
5.	Endfassung Schriftsatz	Fe	30.11.	Sa

Kommentar

- **Thema, Ort** und **Datum**: Diese Angaben sind erforderlich, um die Konferenz zu identifizieren.
- **Verfasser/Telefon/E-Mail**: Es muss sichergestellt sein, dass andere Teilnehmer wissen, bei wem sie Änderungs- und Ergänzungsvorschläge anbringen können.
- **Laufende Nummer**: In vielen Protokollen überschneiden sich Themen, Personen, Aufgaben und Ideen. Wenn man in laufenden Nummern protokolliert, zwingt man sich dazu, in diese Aspekte eine Ordnung zu bringen, die dem Protokoll gut tut.

- **Thema, Ergebnis:** Zu jeder laufenden Nummer gehört ein bestimmtes Thema und das Ergebnis der Konferenz (zum Beispiel: „Umsatzsteuerfragen: Leitfaden für Umsatzsteuer bei Auslandshonoraren erstellen").
- **Aufgaben:** In sehr vielen Fällen ist das Ergebnis der Konferenz, dass bestimmte Aufgaben zu erfüllen sind. Sie sind mit Thema und Ergebnis in einer Spalte am einfachsten zu verknüpfen.
- **Zu erledigen durch:** Hierher kommt der Name desjenigen, der die Verantwortung für die Erledigung übernommen hat. Es muss stets ein Konferenzteilnehmer sein, denn die Delegation von Aufgaben an jemand, der nicht am Beschluss mitgewirkt hat, endet meist im Nichts. Sind Aufgaben durch Leute zu erledigen, die nicht am Tisch sitzen, lautet der Auftrag also: „Steuerberater Dr. Walter beauftragen und überwachen" und jemand muss verantwortlich dafür sein, dass dies geschieht.
- **Information an:** Bei vielen Aufgaben hat derjenige, der sie erfüllen muss, die Verpflichtung, einem Mandanten, einem Fachbereichsleiter oder einem Kollegen das Ergebnis der Ausführung mitzuteilen. Der Betreffende sitzt nicht immer am Konferenztisch, man sollte ihn aber festlegen, wenn sich das nicht aus allgemeinen selbstverständlichen Organisationsanweisungen ergibt.
- **Verwendung von Kürzeln:** Es empfiehlt sich, jeden Teilnehmer mit einem Kürzel von zwei Buchstaben oder mit seinem Firmenkürzel (zB Heussen = HSN) zu kennzeichnen und diese Abkürzung beim Teilnehmerverzeichnis zu vermerken. Man braucht für die Hauptspalte des Protokolls nämlich eine Menge Platz.

Wenn man in einer Konferenz keine andere wesentliche Aufgabe hat, als das Protokoll zu fertigen, ändert sich die Arbeitsweise ein wenig und die Ergebnisse werden noch besser:

- Zunächst erfasst man anhand der Tagesordnung jede Person und jedes Thema in einer Mindmap.
- Sodann vergibt man für jede Meinungsäußerung einige wenige Stichworte und verbindet diese Stichworte mit Thema und Personen durch eine einfache Linie.
- Schließlich fasst man in einem kurzen Ergebnisprotokoll alles zusammen und erläutert allenfalls die Stichworte dort, wo sie nicht selbsterklärend sind.
- Wenn – wie so oft in einer Konferenz – Aufgaben verteilt werden, kann man gleichzeitig mit dem Protokoll allen Teilnehmern die To-Do-Liste übergeben, die man entweder in die Mindmap einarbeitet oder getrennt daneben erstellt.

Wer so zu arbeiten gewöhnt ist (man muss das immer wieder üben!), wird zu Beginn der Konferenz den anderen Beteiligten anbieten, das Protokoll zu verfassen. Ich habe noch nie erlebt, dass es dagegen Widerspruch gibt, denn jeder scheut diese an sich sehr zeitraubende und mühevolle Arbeit. Nach der alten Grundregel: „Wer schreibt, der bleibt", hat der Protokollverfasser aber stets taktische Vorteile, und zwar auch dann, wenn Einzelheiten des Protokolls widersprochen werden sollte. Wenn das einmal vorkommt, wirkt es stets elegant, wenn Sie zu der Bemerkung, die kritisiert wird, einfach in anderer Schriftart vermerken: „X äußert hierzu abweichend: ..." Sie haben damit Ihre eigene Position nicht aufgegeben, aber der anderen Seite Gehör verschafft und gleichzeitig die kritischen Punkte ausreichend (und wahrheitsgemäß) dokumentiert. Diese Technik habe ich von US-amerikanischen Journalisten gelernt.

4.5 Gerichtsverhandlungen

a) **Vorbereitung**

Die Vorbereitung von Gerichtsverhandlungen hängt sehr von dem jeweiligen Gerichtszweig, aber auch vom Verhandlungsstil des jeweiligen Gerichts ab. Bei manchen Handelskammern wird zB in Wettbewerbssachen genauso plädiert wie in Strafsachen, andere Kammern kennen letztlich nur eine Anhörung und empfinden Plädoyers im Zivilverfahren als aufdringlich.

In allen Fällen hilft das oben Gelernte außerordentlich, sich auf kritische gerichtliche Situationen vorzubereiten. Man kann eine dicke Akte nicht im Kopf behalten (jedenfalls können das die wenigsten von uns) und so ist es sinnvoll, sich die Highlights aus der Akte, sei es die chronologische Tabelle für den Sachverhalt, oder eine Gliederung oder Mindmap für die rechtliche Würdigung herauszunehmen, so dass man möglichst frei vortragen kann. Dazu kommen noch die Gedanken, die zB der letzte gegnerische Schriftsatz auslöst, die aber nicht mehr in einem eigenen Schriftsatz untergebracht werden konnten. Notfalls helfen hier auch Post-Its, die man an die Schriftsätze klebt.

Wer lieber die E-Akte auf dem Laptop oder Tablet hat, muss jedenfalls nicht befürchten, ein Dokument nicht griffbereit zu haben, wenn dieses in der mündlichen Verhandlung unerwartet thematisiert wird. Es spart darüber hinaus auch Zeit, die man damit verbringt, einzelne Dokumente aus der dicken Akte zur Mitnahme her auszusortieren.

> Ich markiere in den von mir geführten Prozessakten (Stand 2023 noch auf Papier und im Leitz-Ordner, anders als die meisten unserer Beratungsakten) alle Schriftsätze der eigenen Seite mit einem grünen Fähnchen, auf welchem das Datum des Schriftsatzes vermerkt ist. Mit roten Fähnchen markiere ich die Schriftsätze der Gegenseite. Im übrigen bereite ich mich auf eine Verhandlung vor, indem ich neben Sachverhaltsskizze und Übersicht zur Rechtslage einen weiteren DIN A4-Zettel mitnehme, auf welchem neben den Prozessparteien der Gerichtssaal, der Name des oder der Vorsitzenden, Name des gegnerischen Anwalts notiert ist, ferner organisatorische Themen (wie der kritische Hinweis auf den erst am Vortag eingegangenen Schriftsatz der Gegenseite) und zuletzt Argumente

und Fragen, die ich im Blick haben möchte. Auf diesem Zettel notiere ich mir auch weitere Ideen, wenn ich den Kollegen der Gegenseite ausreden lassen muss und sicherstellen möchte, dass mir mein Argument währenddessen nicht entfällt. Schließlich kann ich mir hier auch die Inhalte eines etwaigen Vergleichs notieren. Denn nicht jedes Gericht ist so gut organisiert wie das Arbeitsgericht in Berlin, bei welchem man in der Regel das Sitzungsprotokoll inklusive des abgeschlossenen Vergleichs gleich am Ende des Termins in die Hand gedrückt bekommt. Diese Notizen aus der Verhandlung sind dann auch nützlich für das Verfassen des Terminsberichts.

b) In der Verhandlung

Hat man sich seine Fragen nämlich wie üblich auf einem DIN A4-Blatt notiert und sind die Fragen vom Gericht bereits abgearbeitet worden, findet man sich in seinen eigenen Notizen sehr schnell nicht mehr zurecht. Das gilt vor allem dann, wenn man versucht, die Antworten eines Zeugen neben die eigene Frage zu quetschen, wo sie erfahrungsgemäß nie hinpassen. Der Zettel hingegen, der jeweils nur eine Frage enthält (Kürzel für den Zeugen rechts oben), kann in der Regel die Antwort aufnehmen. Um hier den Überblick zu bewahren, kann man verschiedene Schreibfarben verwenden. Ich nehme beispielsweise für Notizen, die ich in der Vorbereitung gemacht habe, blau. Die Notizen ergänze oder streiche ich im Termin mit einem Rotstift.

Hat der Zeuge zB von zehn Fragen, die ich stellen will, fünf bereits in meinem Sinn beantwortet, weil das Gericht oder die Gegenseite ihn entsprechend befragt hat, kann ich mich auf die restlichen Fragen konzentrieren und ermüde das Gericht nicht mit überflüssigen Wiederholungen. Außerdem erleichtert es dieses Verfahren, später zu kontrollieren, ob der Richter die Aussagen inhaltlich zutreffend ins Protokoll diktiert.

So kann man sich auch viel einfacher an die alte Regel halten, dass man keinem Zeugen eine Frage stellen darf, deren Antwort man nicht (mit einiger Sicherheit) kennt.

Für das Plädoyer im Strafverfahren schließlich muss der Verteidiger im Grunde nichts weiter tun, als diejenigen Argumente zu sammeln, die die eigene Argumentation stützen und sie in die Reihenfolge zu legen, in der man plädieren will. Argumente der Staatsanwaltschaft können sodann in einer anderen Farbe notiert werden. Mit diesem System hat man alle Voraussetzungen geschaffen, um unmittelbar nach dem Termin sofort ein realistisches und vollständiges Protokoll zu erstellen. Für Anträge auf Protokollberichtigung, spätere Ansprüche wegen Falschaussage usw. ist das unverzichtbar.

4.6 Legal Design und Vertragsgestaltung

Bei der Erstellung von Verträgen, Richtlinien, Betriebsvereinbarungen und anderen juristischen Texten kommt es neben einem erstklassigen Inhalt auch zunehmend um ein verständliches, verwenderfreundliches und optisch ansprechendes Design an. Es muss individuell an die Bedürfnisse des Nutzers angepasst, ohne Weiteres umsetzbar und möglichst vielseitig einsetzbar sein. In den großen Kanzleien geht es dabei längst nicht mehr nur um Vertragsdesign, sondern vielmehr um Produkt- und Service Design. Für weitere Hinweise zum Thema Legal Design vergleiche Kohlmeier/Klemola, Das Legal Design Buch, siehe Literaturverzeichnis. Für die – auch heute noch überwiegend verwendete – schlichte Vertragsgestaltung befolgt man im Wesentlichen folgende Schritte:

- Man notiert sich jede Mitteilung zum Sachverhalt, die der Mandant, die Gegenseite oder wer immer gibt.
- Man macht sich Gedanken zur richtigen rechtlichen Lösung und hält auch diese fest.

- Man erstellt anhand von Musterverträgen und Textbausteinen (eigene und fremde) Checklisten und ergänzt sie falls erforderlich um das eigene Wissen und konkrete Probleme, die der Fall aufwirft.
- Man gliedert alle Ideen durch Zwischenüberschriften in die Struktur, die der Vertrag erhalten soll.
- Man durchläuft eine oder mehrere Korrekturphasen, um die Vollständigkeit der Lösung zu kontrollieren.
- Schließlich formuliert man den Vertragstext, der dann erneut durch Ideen, Strukturen und Korrekturen in die Endfassung gebracht wird.

4.7 Rechtliches Projektmanagement

In bestimmten Mandatsbereichen (Unternehmenskäufe, Restrukturierung, Bauverträge, Computerverträge, Industrieanlagen-Verträge, Corporate Finance-Verträge, etc.) besteht die anwaltliche Arbeit nicht nur aus einem oder mehreren Verträgen, sondern aus Vertragsnetzen und einer oft hochkomplexen Bündelung von Absprachen und tatsächlichen Maßnahmen, die zudem noch von einer Vielzahl taktischer Überlegungen geprägt sind.

Niemand würde es wagen, solche Aufgaben anzugehen, ohne sich vorher eine Struktur zu erarbeiten, die ihn durch ein so komplexes Thema führt. Diese Struktur muss aus zwei Elementen bestehen:

- Zum einen geht es um den Inhalt des Vertragsbündels, seine richtige Strukturierung und die Koordinierung der vielen Einzelverträge, die man braucht, um eine gesamte Transaktion rechtlich richtig abzubilden.
- Zum anderen muss man einen Ablaufplan machen, der von dem Datum, zu dem der Vertrag abgeschlossen werden soll, rückwärts rechnend jeden einzelnen Schritt festlegt, der gegangen werden muss, um einen abschlussreifen Ver-

trag (oder meist: ein Vertragsbündel) vor sich zu haben (zu weiteren Einzelheiten des juristischen Projektmanagement siehe im Folgenden → X).

5. Bessere Qualität in Stil und Denken

Wer so vorgeht wie beschrieben, wird die Qualität seiner Ideen wie seines Stils als Anwalt erheblich verbessern. Viele Anwälte diktieren oder formulieren relativ früh, manchmal noch bevor sie einen richtigen Gedanken haben fassen können. Das liegt nicht nur am Fristendruck, sondern auch an der Scheinsicherheit, die entsteht, wenn man schon einmal irgendeinen Text vor Augen hat, in dem man dann gemütlich herumkorrigieren kann. Schon Kleist war aufgefallen, dass man leicht dazu neigt, „die Gedanken während des Redens zu verfertigen" und je berufserfahrener man wird, um so eher fühlt man sich sicher, ohne viel Vorbereitung etwas Vernünftiges zu Papier zu bringen. Das gelingt am Ende aber doch nur in den Routinefällen.

Deshalb ist man gut beraten, erst einigermaßen vollständig zu Ende zu denken, bevor man etwas zu Papier bringt. Zwar kostet dieses Verfahren mehr Vorbereitungszeit, dafür sinkt die Zeit für Korrekturen und die Gedankenführung gewinnt erheblich an Klarheit.

Darüber hinaus hat bei vorbereiteten Texten schon der erste Entwurf – in welcher Fassung auch immer – genügend Struktur, um vom Mandanten nachvollzogen werden zu können. Er kann dann noch Kritik und Korrekturen anbringen, während er bei einer verworrenen Darstellung selten genug weiß, ob die Qualität schlecht ist, oder er nur den Ausführungen seines Anwalts nicht folgen kann. Damit die Abstimmung einer finalen Fassung mit dem Mandanten möglichst nicht zu größeren Verzögerungen führt, kann ein erster vollständiger

Entwurf an den entsprechenden Stellen im Text gelb hinterlegte Mandantenhinweise, Ergänzungsfelder und erforderlichenfalls einen erläuternden Kommentar enthalten. Das hat den Vorteil, dass der Mandant einordnen kann, in welchem Kontext es auf seinen Tatsachenbeitrag oder Wünsche ankommt und er sofort eine nachvollziehbare Vorstellung davon hat, wie das Dokument am Ende aussehen wird. Anmerkungen und Ergänzungen des Mandanten kann man dann in einer Markup-Version einfügen und dem Mandanten einen überarbeiteten Entwurf als PDF zur Verfügung stellen. Bei Projekten, in denen einem keine kurze Frist im Nacken sitzt und der Mandant sich – im eigenen Interesse – kooperativ zeigt, lässt sich diese Herangehensweise beliebig oft wiederholen, bis es eben perfekt ist.

X. Juristisches Projektmanagement

1. Allgemeines

Wenn man nach und nach alle Arbeitsbereiche, in denen man tätig ist, organisiert hat, ist nicht zu übersehen, dass man schrittweise beginnt,

- sich die Zeit für eine bestimmte Arbeit auch dann einzuteilen, wenn sie einmal weniger als eine Stunde in Anspruch nimmt;
- die Bearbeitung einzelner Projekte auf bestimmte dafür geeignete Tage zu legen;
- „aktiv" zu telefonieren: man wartet nicht mehr darauf, zurückgerufen zu werden, sondern ruft selbst an, wenn es nach der eigenen Zeitplanung der richtige Zeitpunkt ist;
- sich Ruhezonen und Fokuszeiten zu schaffen, in denen man nicht gestört wird,

kurz: ganz unbewusst verhält man sich seiner anwaltlichen Arbeit gegenüber wie ein Projektmanager.

Der Begriff „Projektmanagement" bezeichnet die Planung, Überwachung und Durchführung aller komplexen Aufgaben, die sich über längere Zeit hinziehen und entweder nicht standardisiert werden können, oder aber die Entwicklung eines bestimmten Ablaufschemas, in das die Erfahrungen von vielen einzelnen Vorgängen mit einfließen müssen. Es gibt zahlreiche Werke zum Thema Projektmanagement aus juristischer Perspektive (etwa von Nieto-Rodriguez, Project Management oder Kappellmann, Juristisches Projektmanagement, oder Holzapfel/Pöllath, Unternehmenskauf in Recht und Praxis, siehe Literaturverzeichnis).

Ich empfehle auch, sich mit den unterschiedlichen Produktivitätsmethoden auseinanderzusetzen, um seine Projekte zu organisieren. Methoden wie „Getting Things Done", „Eat the Frog" und „Kanban" bieten eine Menge Anregungen.

Man kann die dabei gewonnenen Erkenntnisse mit großem Nutzen auf die anwaltliche Tätigkeit übertragen, da die Struktur unabhängig von der Größe eines einzelnen Projekts ist. Ein Projekt kann zB daraus bestehen, dass man als Anwalt die Überarbeitung der Vertragsbedingungen seines Mandanten übernimmt oder mit dem Betriebsrat des Unternehmens Betriebsvereinbarungen verhandelt. Ein solcher Auftrag erschöpfte sich früher im Wesentlichen im Entwurf des Vertrages oder der Vereinbarung, heute besteht er in einer umfassenden Beratung des Mandanten darüber, wie er sich selbst organisieren muss, um den Vertrag wirksam werden zu lassen oder die Betriebsvereinbarung abzuschließen. Dazu kann am Ende auch die Schulung der Mitarbeiter und Betriebsratsmitglieder eines Unternehmens gehören. Bei Einkaufsbedingungen zB genügt es nicht, einen Text über die Prüfungspflicht des Bestellers zu entwerfen. Man muss darüber hinaus überprüfen, ob der praktische Ablauf in der Wareneingangskontrolle der bestellenden Firma den gesetzlichen und vertraglichen Ansprüchen genügt. Betriebsvereinbarungen, die etwa mobile Arbeit und die Einführung von Microsoft 365 zum Gegenstand haben, erfordern die Berücksichtigung zahlreicher praktischer Gesichtspunkte von Arbeitsrecht und Datenschutz, über technische Fragen bis hin zur wirksamen Überprüfungsmöglichkeit des Betriebsrats.

> In den letzten Jahren wurden unter dem Stichwort „New Work" zahlreiche Produktivitätsmethoden entwickelt, wovon sich nicht jede gleichermaßen für jede Art von Projekt eignet. So sehr wie die richtige Arbeitsmethode vom Projekt abhängt, so sehr muss sie auch zur eigenen Persönlichkeit passen. Sie werden also viel ausprobieren, bis Sie die Produktivitätsme-

> thode gefunden haben, die zu Ihren persönlichen Stärken, Zielen und Aufgaben passt. Vielleicht übernehmen Sie auch erst mal nur einzelne Teile solcher Methoden, wie zB das „Daily Standup" Meeting mit Ihren Teamkollegen anstelle langatmiger Anwaltsrunden im Konferenzraum, vergleiche hierzu auch Allmers/Trautmann/Magnussen, On The Way To New Work, siehe Literaturverzeichnis.

Der nachfolgende Beispielsfall beschreibt die einzelnen Schritte, die erforderlich sind, um ein längeres Gutachten, eine größere Veröffentlichung oder eine Dissertation zu schreiben. Das ist also ein Projekt, was im Wesentlichen ohne Team zu erstellen ist. Dennoch kann man einzelne Teile davon delegieren, wie zB die Recherche, oder erste Teilentwürfe.

2. Erster Grundsatz: Kein Ergebnis ohne (Produktivitäts-)Planung

Es gibt nur wenige Fälle, bei denen ein Erfolg eintritt, ohne dass vorher eine bewusste Planung zu beobachten wäre. Das gibt es gelegentlich bei Genies wie Mozart, der sich hinsetzen und eine Symphonie ohne Vorbereitung einfach herunterschreiben konnte. Diese Leichtigkeit der Durchführung ist aber das Ergebnis unbewusster Planung, da kreative Begabungen dieser Art eine für den Außenstehenden und oft auch für sich selbst praktisch nicht wahrnehmbare Methode der Sammlung und Verarbeitung von Ideen einsetzen können. Wer nicht so intuitiv begabt ist – und das sind die meisten, muss sich mit einer der vielen bewussten Planungsmethoden vertraut machen.

3. Zweiter Grundsatz: Auch der Weg der 10.000 Schritte beginnt mit dem ersten Schritt

In der chinesischen Kultur, aus der dieses Sprichwort stammt, hat die Zahl 10.000 die Bedeutung von „unendlich". Das Sprichwort sagt: Selbst eine noch so schwierige und komplexe Leistung lässt sich in so viele einzelne kleine Aufgaben zerteilen, dass auch ein Kind sie ausführen kann. Ich halte diesen Satz für einen der wichtigsten im Projektmanagement, weil er drei grundlegende Gedanken ausdrückt:

- Mit leichten Teilaufgaben beginnen.
- Schritt für Schritt auf den Weg machen.
- Die Schritte zu einem Ganzen zusammenfügen.

> "The secret to planning the invasion of Normandy was that, like all projects that initially seem overwhelmingly difficult, it was broken up deftly into small tasks – thousands of them. This principle applies at all scales: If you have something big you want to get done, break it up into chunks – meaningful, implementable, doable chunks. It makes time management much easier; you only need to manage time to get a single chunk done. And there's neurochemical satisfaction at the completion of each stage." Daniel Levitin, The Organized Mind, S. 173, siehe Literaturverzeichnis

3.1 Mit leichten Teilaufgaben beginnen

Innerhalb einer komplexen Aufgabe gibt es immer Teilaufgaben, deren Schwierigkeitsgrad

- gering,
- mittelschwer,
- sehr schwer und komplex

ist. Das ist für jede Person trostreich, die am Anfang nur auf das komplexe Thema starrt wie das Kaninchen auf die Schlange. Sie sollte wissen: Am Anfang kann man sich zunächst mit den kleinen und leichten Aufgaben befassen, bei deren Ausführung man dann so viel lernt, dass man zu den schwierigeren vorstoßen kann, bis man schließlich das gesamte Thema beherrschen lernt. Wenn man zB einen Text verfassen muss, der Literaturangaben enthält, dann kann man sich auch, wenn man zu sonst nichts Lust hat, hinsetzen und die Titel zusammenschreiben, die man verwendet hat, man kann die Inhaltsangabe erstellen, das Deckblatt schreiben oder sonstige Routinetätigkeiten durchführen. Dadurch „läuft man sich warm" und bekommt unversehens Appetit auf schwierigere Dinge. Wem überhaupt nichts einfällt, sollte einfach anfangen, seinen Schreibtisch aufzuräumen, seinen Datenmüll zu sortieren oder sonst in seinem Zimmer Ordnung zu schaffen: Das wird ihn bald so langweilen, dass er sich lieber hinsetzt und seiner Aufgabe zuwendet.

3.2 Schritt für Schritt auf den Weg machen

Das Sprichwort sagt darüber hinaus, dass das Vertrauen in die eigenen Leistungsmöglichkeiten steigt, wenn man nichts weiter tut, als Schritt vor Schritt zu setzen. Wer nur auf dem Sofa liegt und an die Decke starrt, für den wird jede Aufgabe am Ende zum Alptraum. Macht man sich stattdessen einfach auf den Weg und setzt Schritt vor Schritt, wird man mit der Zeit die Distanz feststellen, die man schon zurückgelegt hat und sich dadurch von Schritt zu Schritt auch mehr zutrauen.

3.3 Die Schritte zu einem Ganzen zusammenfügen

Mit Hilfe der „Schritt für Schritt-Technik" kann man in jedem Fall eine durchschnittlich gute Leistung erreichen, während sehr oft begabte Menschen, die diese Technik nicht beherrschen, nur mangelhaftes Zeug abliefern. Allerdings darf man nicht vergessen, dass eine ganz herausragende Leistung nur erzielbar ist, wenn die vielen einzelnen Teilleistungen am Ende in kreativer Weise gestaltet und zusammengefügt werden.

3.4 Texte erstellen

Es gibt kaum eine anwaltliche Arbeit, in der Texte nicht eine wichtige Rolle spielen. Ein Text, der nicht durch Tatsachenkenntnis gestützt wird, bleibt hohl und ist in den meisten Fällen unbrauchbar, auch wenn er vielleicht eine Reihe origineller Gedanken enthalten mag. Die Tatsachenkenntnis allein ist aber nur eine notwendige, aber nicht hinreichende Bedingung für eine außergewöhnliche Leistung. Sie kommt nur zustande, wenn das Material

- übersichtlich gegliedert,
- in eine zwingende logische Gedankenfolge gebracht,
- sprachlich verständlich formuliert wird,
- und das Ergebnis einen neuen Aspekt zum Thema aufwirft, der den Leser hinreißt.

Solche Texte entstehen am besten in einem Guss und erhalten ihre Qualität im Wesentlichen durch die zuvor mühselig erarbeiteten statischen Elemente.

4. Dritter Grundsatz: Zerschlagen und Zusammenfügen

Man kann nur dann erfolgreich arbeiten, wenn man das gegebene Thema

- in alle seine Detailaspekte zerschlägt,
- das Material sammelt, um jede einzelne Detailfrage zu lösen,
- den Stoff gliedert,

- Teilentwürfe für jeden einzelnen Problemkreis skizziert,
- und am Ende den Gesamttext zusammenfügt.

5. Techniken für die Stoffsammlung

Zunächst sammeln Sie alle Aspekte, die Ihnen zum Thema einfallen, entweder auf einzelnen Zetteln (im Zettelsystem), auf einem oder mehreren DIN A4-Blättern oder digital zB erst einmal unsortiert in einem Word Dokument. Man geht am besten folgendermaßen vor:

a) Das Thema herausarbeiten und so konkret und kurz wie möglich formulieren
b) Jede Frage, jedes Problem und jede Idee, die einem zu dem Thema kommen, auf jeweils einem Zettel notieren und vorerst unsortiert anordnen („das Gehirn ausleeren"). Im Zettelsystem nehmen Sie für jeden Gedanken einen neuen Zettel, damit Sie später frei sind diese anzuordnen. Auf dem DIN A4-Zettel werden Sie erst einmal alles wenig geordnet, evtl wie eine Mindmap, hinschreiben, und dann in einer späteren Papier- oder Dateivariante dieser Stoffsammlung allmählich eine Ordnung herstellen.
c) Sich überlegen, wie man die Gesamtdarstellung am Ende gliedern will und jeden Gliederungspunkt anordnen, (nur das Stichwort festhalten, aber noch keine Nummerierung vergeben, da diese sich später mehrfach ändern wird).
d) Jede Notiz, die einen Gliederungspunkt enthält, in der zunächst als richtig vermuteten Reihenfolge hinlegen (beginnt mit „Einleitung" und endet mit „Zusammenfassung").
e) Sodann alle Begriffe, die sich in dem unsortierten Haufen befinden, jeweils dem Gliederungspunkt zuordnen, zu dem sie systematisch richtig gehören.
f) Jetzt nochmals überprüfen, ob die Gliederung so immer noch richtig ist und sie dann als Gliederung Nr. 1 abspei-

chern und fortschreiben (je nach Umfang der Arbeit kann nahezu täglich eine neue Gliederung entstehen, die den jeweiligen Arbeitsfortschritt sichtbar macht. Für dieses Buch zum Beispiel waren es fast 40 Versionen!).

h) Eine Gliederung in Papierform kann man sich gut sichtbar an die Wand hängen, damit man während des Tages immer mal wieder einen Blick darauf werfen und Korrekturen anbringen kann. Diese Technik hat tiefe historische Wurzeln: Schon Goethe als Autor machte das so, wie Eckermann in seiner Notiz vom 13. Oktober 1830 schreibt, damit er ständig eine Übersicht über die Planung des jeweiligen Manuskripts behielt. Aber auch seine mineralogischen Tabellen klebten an den Wänden!

Dadurch „lebt" man mit der Gliederung und es fallen einem untertags zu den verschiedensten und seltsamsten Zeiten Ideen ein, die zum Thema gehören.

i) Solche Ideen schiebt man einfach in das Kapitel, zu dem sie gehören (oder wenn man es nicht weiß, markiert mit „Noch zuordnen").

j) Zweimal in der Woche nimmt man sich eine Stunde Zeit für die Arbeit, und zwar möglichst immer die gleiche (zB Dienstag und Donnerstag 17:00 bis 18:00 Uhr).

k) In dieser Zeit nimmt man sich irgendeines der Kapitel vor, auf das man gerade Lust hat, betrachtet die Begriffe, lässt sich neue Ideen einfallen, exzerpiert, stellt die Gliederung um etc. ... Man kann mit dieser Methode ohne große Vorbereitung an irgendeiner Stelle einsteigen und auch wieder aufhören, ohne dass man sich stets mühsam in das Gesamtwerk einlesen muss.

l) Für jedes Einzelkapitel macht man eine Untergliederung, die man nicht an die Wand hängt und die den Wegweiser für die Gedankenführung innerhalb jedes einzelnen Kapitels darstellt.

m) Wenn man den Eindruck hat, dass ein Kapitel vollständig alle Ideen enthält, die man dort behandeln will, kann man einen ersten Textentwurf schreiben, diesen Textentwurf dann wieder überarbeiten etc. …
n) Ganz wichtig also: Man schreibt solche Arbeiten nicht „von vorn nach hinten", sondern skizziert Teile der Arbeit mittendrin an den Stellen, wo man das bereits kann. Das gibt einem das Gefühl, schon etwas fertiggestellt zu haben und nicht während der ganzen Zeit nur im Entwurfsstadium zu sein. Ob man die Texte dann später beibehält oder in der Schlussfassung neu formuliert, spielt dabei keine Rolle.

Es gibt kaum ein anwaltliches Arbeitsgebiet, auf dem man dieses Verfahren nicht mit Gewinn anwenden kann. Bei komplexen und langen Schriftsätzen und Gutachten liegt es auf der Hand.

6. Die gründliche Materialsammlung

Viele Arbeiten scheitern daran, dass die Materialsammlung zu karg ausfällt. Hauptgrund für diesen Mangel ist, dass sich kein Mensch an einem bestimmten Tag hinsetzen und vornehmen kann: „Nun wird Material für die Arbeit gesammelt". Material sammeln macht nämlich nur Spaß, wenn man schon auf Gedanken zu seinem Thema gekommen ist und die Gedanken kommen erst, wenn man den ersten Schritt gemacht hat und den ersten Schritt kann man erst machen, wenn schon Material da ist (also ein typischer Teufelskreis). Hier hilft nur eine Methode, nämlich der Grundsatz: „Material liegt überall".

In erster Linie liegt es im eigenen Gedächtnis, in dem man einfach nur kramen muss, um all sein Präsenzwissen zu dem Thema zusammenzuraffen. Das gibt schon eine ganz schöne Anzahl an Quellen. Die meisten von ihnen führen zu weiteren

Ideen, wie man an Material kommen kann, und so ergibt sich mit der Zeit folgendes Schema:

- Thema erfassen.
- Aus dem Gedächtnis alles notieren, was einem zu dem Thema einfällt.
- Sich überlegen, welche weiteren Quellen für neues Material in Frage kommen und jede dieser Quellen notieren, also insbesondere:
  - Onlinedatenbanken
  - Fachzeitschriften
  - Blogbeiträge
  - Newsletter
  - Interviews mit Fachleuten
  - Brainstorming mit Kollegen
  - Zur Gegenprobe: Interviews mit Leuten, die keine Ahnung haben!

Im Stadium der Materialsammlung wird man insbesondere auf Social Media Plattformen feststellen, dass es viel mehr Leute gibt, die von dem Thema etwas verstehen oder eine Meinung dazu haben, als man anfangs gedacht hat. Von der Atomtheorie bis zu Kochrezepten haben die meisten Leuten irgendeine Meinung zu irgend etwas, sie werden bloß nicht gefragt. Fachleute sind da oft am unergiebigsten, aber man braucht sie natürlich, weil die eigene Arbeit am Fachwissen gemessen wird.

Materialsammlung kann man jederzeit betreiben, also in der U-Bahn, in Pausen, im Urlaub – eben immer dann, wenn man beiläufig an das Thema denkt. Man muss eben nur sein Material strukturiert abspeichern (Dazu schon → III. 4.12)

7. Zeitrahmen und Kosten kontrollieren

Parallel zur Materialsammlung muss man immer wieder anhand der zuvor gesetzten Meilensteine kontrollieren, ob man noch im Zeitrahmen ist. Er muss immer wieder angepasst und mit den Auftraggebern oder den anderen am Projekt Beteiligten abgestimmt werden.

Jede Überschreitung des Zeitrahmens verursacht weitere Kosten, und zwar auch dann, wenn „nur" die eigene Zeit in Anspruch genommen wird.

Die parallel zur Projektdurchführung laufend erfolgende Kontrolle von Zeit und Aufwand ist eine der wesentlichen Voraussetzungen dafür, dass ein Projekt erfolgreich abgeschlossen werden kann.

> Wie viele Mütter musste ich jahrelang nachmittags pünktlich aufbrechen, um die Kinder rechtzeitig von der Kinderfrau zu übernehmen. Dann begann der buntere, aber keineswegs weniger anstrengende Teil des Tages. Zwar konnte ich dann gegen 20:30 oder 21:00 Uhr noch einmal kurz etwas durchsehen und noch eine Mail rausschicken. Da es aber am nächsten Morgen wieder früh los ging, war das nicht der Moment noch komplexere Aufgaben anzufangen. Ich war daher ständig gezwungen eine rigorose Kosten-Nutzen-Kontrolle durchzuführen. Es gab gar nicht die Möglichkeit oder den Luxus sich zu lange zu „verzetteln". Solch eine harte Deadline hilft manchmal, die vorhandene Arbeitszeit produktiver zu nutzen, als wenn man nach hinten hinaus „open end" hat.

8. Das Ziel: strukturierte Kreativität

Es geht einerseits nicht ohne bewusste Planung. Andererseits darf die Planung die Kreativität nicht zerstören, es muss also eine hinreichende Menge chaotischer Querverbindungen von Gedanken geben. Üblicherweise scheut man sich, bei der Realisierung von Projekten ungeordnete Zusammenhänge zuzulassen. Die richtige Verknüpfung von Knowledge Management und Checklisten, wie sie oben dargestellt worden ist, kann diese Schwierigkeiten überwinden. Die Kunst des Projektmanagements besteht nämlich im Wesentlichen darin, zwischen Struktur und Chaos jeweils an der Stelle zu wechseln, an der es für das Gelingen des Projektes richtig ist. Dazu gehört viel Erfahrung. Die Phase der Materialsammlung ist zB oft eine Zeit des Chaos, die Phase, in der man an der Gliederung sitzt, muss streng strukturiert werden und wenn man am Ende „Text macht", gehört sehr viel Selbstdisziplin dazu, nicht mitten im Schwung abzubrechen, weil die Arbeit sehr darunter leiden kann – das ist wie beim Bronze gießen: Wenn man mittendrin aufhört, erstarrt das schon gegossene Metall und es bleibt nur ein Bruchstück. Von diesem Hintergrund ausgehend gibt es für ein Veröffentlichungsprojekt folgende Projektphasen:

1. Festlegung des Ziels
2. Definition der einzelnen Arbeitsschritte (Meilensteine)
3. Festlegung der Zeit und der Kosten, die man für jeden einzelnen Meilenstein aufwenden kann
4. Zerschlagung des Gesamtthemas in die Einzelaspekte
5. Materialsammlung
6. Gliederung
7. Entwürfe von Text, Checkliste, Grafik etc.
8. Endgültige Festlegung der Gliederung
9. Durchführung der Teilthemen
10. Erstellen der Gesamtleistung
11. Abnahme und Qualitätskontrolle
12. Nachkalkulation.

XI. Ergebnis des Time Management: Ihre persönliche Work-Life-Balance

Nun haben Sie dieses Buch bis zum Ende gelesen, oder bis hierhin durchgeblättert. Ich hoffe Sie haben viele neue Anregungen notiert und beginnen nun diese in den nächsten Wochen in Ihrem persönlichen Arbeitsleben umzusetzen. Das Ziel Ihres Time Management sollten Sie sich dabei noch einmal vor Augen führen.

- Vielleicht wollen Sie weiterhin 60 Stunden in der Woche arbeiten, nur mit besserem Ergebnis und mehr Kontrolle und weniger Hektik im Alltag, auch für Ihr Team (Ihre Assistenz leidet unter Fristablauf-Schriftsätzen „auf den letzten Drücker" mindestens genauso wie Sie!).
- Vielleicht soll das Time Management Ihnen aber auch dabei helfen, sich vor allem der Erziehung Ihrer Kinder oder der Pflege Ihrer alten Eltern zu widmen, und daneben wöchentlich nur maximal 30 Stunden im Beruf „drinzubleiben". Auch dabei können Sie mit Time Management erreichen, dass Sie während der Arbeitszeit ungestörter produktiv sein können und in der familienbezogenen Zeit weniger Notfälle aus dem Arbeitsleben lösen müssen. Und ein weiteres Ziel könnte es sein, wenigstens zwei Mal in der Woche eine halbe Stunde joggen oder spazieren zu gehen, ohne das Handy dabei zu haben.

In jedem Fall sollten Sie Selbstorganisation und Zeitmanagement so organisieren, dass

- alle individuellen und persönlichen Eigenarten den Vorrang haben,
- nur wenige einfache Regeln genügen und

- alle Anordnungen flexibel geändert werden können, so dass
- das Ergebnis die ungeplante Zeit vermehrt.

Auch wenn Sie den Sprung ins Zeitmanagement geschafft haben, werden Sie einige Wochen brauchen, bevor Sie schrittweise Ihre bisherige Organisation auf das neue System umgestellt und die wichtigsten Techniken gelernt haben.

Neben der Änderung des eigenen Verhaltens ist die schwierigste Aufgabe der intensive Kontakt mit den Mitarbeitern, die man am leichtesten von dem neuen System überzeugen kann, wenn auch sie selbst für ihre eigene Arbeit Vorteile daraus ziehen. Ihre Assistenz wird schnell überzeugt sein, wenn er oder sie nicht länger Ihre Fristabläufe mit „ausbaden" muss. Die Anwaltskollegen werden vielleicht teils etwas pikiert reagieren, wenn Sie nicht länger täglich eine Stunde Mittag essen gehen, oder wenn Sie vormittags nicht mehr zu Gesprächen über organisatorische Routinethemen aufgelegt sind.

Im Wettbewerb um junge und engagierte Kollegen werden sich vor allem flexible Arbeitszeitmodelle und eine Unternehmenskultur, in der ein agiles Projekt- und Zeitmanagement gelebt wird, bezahlt machen.

Wer genau hinschaut, wird schon in der Umstellungsphase entdecken, wie Schreibtisch und To-Do-Liste Schritt für Schritt übersichtlicher werden. So rückt das Ziel der ganzen Bemühungen in greifbare Nähe, nämlich der leere Schreibtisch bzw. die leere E-Mail Inbox, die abgehakte To-Do-Liste am Ende eines Tages, vor einem Wochenende oder vor einer Reise. Nach etwa einem halben Jahr wird man eine innere Ruhe erleben, die man vielleicht unbewusst lange Zeit vermisst hat. Vereinbarkeit von Beruf und Familie wird ein durch Sie gesteuerter Prozess, nicht lediglich ein dauerndes Zeitchaos. Sie haben die Gewissheit:

- Alles, was zu erledigen ist, liegt auf einem bestimmten Platz und wird rechtzeitig in Angriff genommen.
- Was ich heute erledigen will, kann ich auch erledigen.
- Ich bestimme (fast immer), wann die Dinge gemacht werden, auch wenn mein Arbeitsergebnis von Anderen gebraucht wird.

Ich habe um die Zeitplanbücher und komplexe Produktivitätsmethoden immer einen großen Bogen gemacht, weil Leute, die sich überorganisieren, eine verhängnisvolle Nähe zu Zwangsneurotikern entwickeln. Es gibt einen nur zu verständlichen Widerstand gegen die Selbstorganisation, denn der Mensch ist keine Maschine. Die meisten von uns arbeiten aber auch deshalb weniger zeiteffizient, weil sie mit halbverrosteten Werkzeugen arbeiten. Wer sich mit der einen oder anderen Arbeitstechnik einen neuen Griff verschafft, hat schon weit mehr erreicht als alle anderen.

Die Ziele des Zeitmanagement werden sich in den unterschiedlichen Lebensphasen auch immer mal wieder ändern. Es mag sein, dass Sie im Alter zwischen 25 und 35 noch sehr viel Zeit verschwenden können, weil Sie dem Stress besser gewachsen sind und sich freuen, wenn es immer genug zu tun gibt. Aber wenn Sie Familie und Kinder haben oder andere Interessen/Verantwortlichkeiten, die über bloße Hobbies hinausgehen, werden Sie Zeiträume benötigen, die nicht durch die berufliche Arbeit geprägt sind. Aber auch wenn das Ziel nur die ungeplante Zeit ist, in der es gar nichts zu tun gibt, ist der erste Schritt schon getan, sich eine zweite Welt aufzubauen, die wiederum dazu führen mag, dass man Montag früh mit neuer Energie am Schreibtisch sitzt. Es gibt auch Anwälte, die so lange arbeiten wollen, wie sie sich im Sattel halten können. Schaut man aber genauer hin, dann ist der Sattel oft eher ein Sofa, denn die älteren Kollegen verstehen sich auf „versteckte kleine Fluchten", delegieren geschickt und beschränken sich im Lauf der Zeit auf Anregung und Überwachung, denn den

Stress bei Verhandlungen, bei der Wahrung von Fristen oder der Erstellung komplexer Schriftsätze haben sie lang genug gehabt.

Wie auch immer Sie die neu gewonnene Freiheit nutzen wollen, auch das Time Management ist ein Projekt, welches mit dem ersten Schritt beginnt. Suchen Sie sich die für Sie attraktivsten Empfehlungen aus, und legen Sie los!

XII. Zum Abschluss, und für faule Leserinnen und Leser: Die zwölf Prinzipien des Time-Managements

1. Nehmen Sie wahr, wofür Sie Ihre Zeit verwenden.
2. Delegieren Sie soweit wie möglich.
3. Planen Sie jeden Tag in den Grundzügen.
4. Schalten Sie sich Freiräume (ohne Störungen).
5. Setzen Sie eindeutige Prioritäten.
6. Nutzen Sie Leerzeiten für andere Aktivitäten.
7. Schalten Sie sich Zeitblöcke von mindestens dreißig Minuten Dauer.
8. Seien Sie flexibel (Zeitpläne sind nicht da, um eingehalten zu werden, sondern um Ziele zu verwirklichen!).
9. Testen Sie, ob manche Aktivitäten nicht vollkommen entfallen können.
10. Verkürzen Sie die eigentliche Arbeitszeit durch Arbeitsvorbereitung (jeden Fall nur einmal in die Hand nehmen!).
11. Vernachlässigen Sie nicht Aktivitäten mit Langfristwirkung (zB Weiterbildung).
12. Entwickeln Sie Ihren eigenen Arbeitsstil.

Die Autorenschaft

Prof. Dr. Benno Heussen, Rechtsanwalt und Honorarprofessor für Computerrecht an der Leibnitz-Universität Hannover hat in der HEUSSEN Rechtsanwaltsgesellschaft über 30 Jahre lang die unterschiedlichsten Managementaufgaben wahrgenommen, die Berliner Niederlassung gegründet und zwei Fusionen begleitet. Neben seiner wissenschaftlichen Tätigkeit war er auch viele Jahre im Vorstand des Deutschen Anwaltvereins tätig. Er ist Begründer dieses Werks und Autor zahlreicher weiterer Titel. Das alles war nur durch konsequentes Zeitmanagement möglich.

Dr. Jessica Jacobi, Rechtsanwältin und Partnerin bei KLIEMT.Arbeitsrecht, ist seit über 20 Jahren im Arbeitsrecht und Datenschutzrecht tätig. In 2021 war sie Mit-Initiatorin von #stayonboard, einer Initiative für eine Familienauszeit von Organmitgliedern. Aufgrund ihrer Aufgaben als Anwältin einerseits und als Mutter von drei Kindern andererseits ist für sie das Zeitmanagement seit vielen Jahren von ganz besonderem Interesse.

Stichwortverzeichnis

A
Abgabefrist 34
Abkürzungen 84 f.
Ablenkung, digitale 142 f.
Akquisition 52
Akquisitionsgespräche 20
Akquisitionsplanung 190
Anwaltsgenerationen 21
Apps
– Büroorganisation 83
Arbeitsergebnisse
– Qualität 33
Arbeitsmethoden 7, 22, 111 ff.
Arbeitswoche, Planung 145 ff.
– andere Aktivitäten 152 f.
– elektronische Post 150 ff.
– E-Mails 150 ff.
– feste Wochentermine 149
– Fristen 154
– größere Aufgaben innerhalb der Woche 153 f.
– persönlicher Arbeitsstil 151 f.
– persönliche Termine 152 f.
– Postdurchsicht 149
– Telefonate 154
Aufräumen 80
Aufzeichnen 82 ff.
Ausbildung 51
Austauschverträge
– Checklisten 182 f.

B
Baumstrukturen 76
beA 5
Berufung 194
Beschwerde 194
Biorhythmus 35 ff.
– Early Bird 36 f.
– Night Owl 36 f.
– persönlicher 36 f.

Burnout-Risiko 32
Büroorganisation
– Apps 83

C
ChatGPT 126
Checklisten 1, 9, 10
– Austauschverträge 182 f.
– Briefe an Mandanten, Inhalt 193 ff.
– Erstellung 179 ff.
– Gesellschaftsverträge 182
– Gutachten 193 ff.
– Jahresplanung und Jahresbilanz 166 ff.
– Kommunikation mit dem Mandanten 184 f.
– Schriftsätze, Aufbau 183
– Verträge 180 ff.
COVID19-Pandemie
– Home Office 116
– Mandantentermin 107 f.
– Work-Life Balance 15

D
Dateien, Freigabe 84
Datei- und Dokumentationsmanagement 141
Datenbanken, digitale 119
Datenschutz 20, 160
Delegieren 85 ff.
– Akquisition 98
– Anmahnen von Honorarrechnungen 99 f.
– Aufgaben, die man selbst erledigen muss 103 f.
– Checklisten für die Delegation einzelner Tätigkeiten 98 ff.
– Kontrolle 105 f.

- Management, Checkliste 100 f.
- Mandatsführung, Checkliste 98 f.
- private Tätigkeiten, Checkliste 101
- Rückmeldung 105 f.
- sechs Delegationsfragen 95
- Teamarbeit zwischen Anwälten, Mitarbeitern, Mandanten und Dritten 106 f.

Denken
- bessere Qualität 206

Dienstleistung
- Qualität 1

digitaler Overload 32
Diogenes-Modell 27 ff.
Director's Cut 10
Dokumentenmanagement 12
dreizehn Tätigkeitsbereiche 44 ff.
- Akquisition 52
- Ausbildung 51
- eigene private Interessen 58
- Familie 56 f.
- Fortbildung 51
- Freunde 58
- Kultur 58
- Management des eigenen Unternehmens 50 f.
- Mandate bearbeiten (Lesen/Sachverhalt ermitteln/rechtlich bewerten) 49 f.
- Online-Meetings 47 f.
- Pausen 58 f.
- private Organisation 55
- Privatleben 56 f.
- Schlafen 59 f.
- Selbstanalyse 60 f.
- soziale Kontakte 58
- Sport 58
- Telefonieren 47 f.
- Termine, die andere bestimmen 46
- Termine, die man selbst bestimmt 46 ff.
- Transferzeiten 53 f.
- Zeitverschwendung 58 f.

E
E-Akte 5
eigene private Interessen 58
Einfachheit 34
Einheiten
- große 76 f.
- kleine 76 f.

Einzelanwälte 20
Eisenhower-Regel 90 ff.
elektronische Post 150 ff.
elektronischer Rechtsverkehr 5
E-Mails 150 ff.
Endfassung 175 f.
Erfolg, wirtschaftlicher 5
Expectation Management 108

F
Facebook 120
Familie 56 f.
Flexibilität 7, 34
Fokus-Zeit 19
Fortbildung 51
Freunde 58
Führung 23

G
geplanter Tag 73 f.
Gerichtsverhandlungen 201 ff.
- in der Verhandlung 203 ff.
- Strafverfahren 204
- Vorbereitung 201 f.

Gesellschaftsverträge
- Checklisten 182

H
Haftungsrisiken 71
Hilfsmittel 4

Home Office
- COVID19-Pandemie 116
- Datenschutz 108
- Hardware 104 ff.
- Software 106 ff.

I
Individualität 34
Individualmandat 109
Instagram 120
Internet
- digitale Datenbanken 119
- juristische Datenbanken 119
- Social Media 120

K
Kalenderfreigabe 84
Kennzahlen 6
Konferenzen 195 ff.
- Durchführung 196
- Muster für Konferenzprotokolle 198
- Protokolle 196 ff.
- Vorbereitung 195
Konzentration 16
Korrektur 174
Kreativität 173 f.
Kultur 58
Künstliche Intelligenz (KI) 126

L
Landkartensystem 114
Lebenszeit 31
Leerlauf 78 ff.
Legal Design 204 f.
Legal-Tech 5, 126
Legal-Tech Tools 160
LinkedIn 120

M
Managementaufgaben 24
Management der Anwaltsunternehmen 7
Management des eigenen Unternehmens 50 f.
Mandantenkommunikation
- Checklisten 184 ff.
Mandantentermin
- COVID19-Pandemie 107 f.
Mandat
- Freundeskreis 109 f.
Mandate bearbeiten (Lesen/Sachverhalt ermitteln/rechtlich bewerten) 49 f.
Mandate, internationale
- Übersetzungshilfen 125
Medium Method 123
Me-Time 32
Mindmapping 121 f.
Mindmaps 9, 12, 171 ff.
mobiles Arbeiten 115
Muster der eigenen Arbeit 9

N
„Nicht-triviale Systeme" 3
Notizblock 18
Notizen 83
- unterwegs 187 ff.

O
Of-Counsel 70
Ordnerstruktur 142
Ordnung 174
Organ der Rechtspflege 2
Organisationsmodell 23

P
Papierlosigkeit
- Vorteile 122
Pausen 58 f.
Personaleinstellung 20
Planbarkeit 37
Planen 65
planerische Aufgaben 17
Planquadrate 76
Postfach-Übung 66

231

Post-It Zettel 11
Priorisierung 72 f.
Prioritäten 92
private Organisation 55
Privatleben 19, 56 f.
Projektmanagement 209 ff.
- Allgemeines 209 ff.
- dritter Grundsatz: Zerschlagen und Zusammenfügen 214 f.
- erster Grundsatz: kein Ergebnis ohne Planung 211
- Kosten kontrollieren 219
- Materialsammlung 217 f.
- Schritte zu einem Ganzen zusammenfügen 213 f.
- Schritt für Schritt auf den Weg machen 213
- Technik für die Stoffsammlung 215 ff.
- Teilaufgaben, mit leichten beginnen 212 f.
- Texte erstellen 214
- Zeitrahmen 219
- zweiter Grundsatz: Auch der Weg der 10.000 Schritte beginnt mit dem ersten Schritt 212 ff.
Projektmanagement, rechtliches 205 f.
Protokolle
- Konferenzen 196 ff.

Q
Qualität 4 f.
Qualität der Dienstleistung 1

R
Recherche, rechtliche 112
Rechtsdurchsetzung 2
Rechtsprobleme, komplexe 3
Reisen 81 f.
Reserven 80 ff.
Revision 194

S
Schlafen 59 f.
Schriftsätze 193 ff.
Schriftsätze, Aufbau
- Checklisten 183
Selbstanalyse 60 f.
Selbstorganisation 23
Social Media 120
soziale Kontakte 58
Spezialisierung 12
Sport 58
Spracherkennung 124
Standardprozesse 16 f.
Standardwerke, juristische 114
Stand-by-Tätigkeiten 78 ff.
Stil
- bessere Qualität 206
Störungen 136 ff.
Stress 25, 38

T
Teamarbeit zwischen Anwälten, Mitarbeitern, Mandanten und Dritten 106 f.
Telefonieren 47 f., 117 ff.
Termine, die andere bestimmen 45
Termine, die man selbst bestimmt 45 ff.
Time-Management 13 ff.
- Elemente, wichtige 30 ff.
- Grundideen 27 ff.
- Grundregeln 39 f.
- Struktur 39 ff.
- Ziele, wichtige 30 ff.
- zwölf Prinzipien 225
Transferzeiten
- dreizehn Tätigkeitsbereiche 53 f.

U
Übersetzungshilfen 125
Umplanen 63, 82

Umsatzsteuererklärung 20
ungeplanter Tag 73 ff.
„Unordnung" als Ordnungsprinzip 24 f.
Unterbrechungsverbot 140
Urlaubsabwesenheit 81 f.

V
Vertragsgestaltung 204 f.
Vertragssammlung 9
Vier-Augen-Prinzip 2

W
Wartezeiten 141
Werkzeuge 8, 111 ff.
Wissensmanagement 7 ff., 24
Wochentage, einzelne 155 ff.
– Dienstag, 23. Juli 156
– Donnerstag, 25. Juli 157
– Freitag, 26. Juli 157
– Mittwoch, 24. Juli 156 f.
– Montag, 22. Juli 155 ff.
– Samstag, 27. Juli 157
– Sonntag, 28. Juli 158
Work-Life-Balance 15, 38, 221 ff.
– COVID19-Pandemie 15

X
Xing 120

Z
Zeitanalyse (Neuplanung)
– Testbogen 62, 64
Zeitbudget 41 ff.
Zeiterfassung 159 ff.
– Akquisition 163 f.
– Aufwand 159 f.
– Digitalisierung 164 f.
– einfache, digitale Organisation 162 ff.
– Honorar-Argumente 161 f.
– Jahresbilanz 163
– Jahresplanung 163
– Know-how 164 f.
Zeitfallen 129 ff.
– absolutes Unterbrechungsverbot 140
– Abstimmung mit dem Mandanten 134
– Abwehrteam 138 f.
– Aufgaben hinwerfen 131
– fremde Termine 134 ff.
– frühere Erledigung von Projekten 135
– fünfundzwanzig Zeitfallen 130
– Mandanten, Störungen durch 137 f.
– Persönlichkeitsstruktur 129 f.
– Schriftsatzfristen 135
– Störungen durch andere 136 f.
– Unterbrechungen durch Partner und Mitarbeiter 139 f.
– Urlaub 135
– Warten 141
Zeitklausel, unwirksame 159
Zeitmanagement 7, 23
– Ziele 223 f.
Zeitverschwendung 32, 58 f.
Zeitzonen 76 ff.
Zettelsystem 11, 171 ff.
Ziele 39
Zusammenspiel von Zetteln, Checklisten und Mindmaps 176
zwölf Prinzipien des Time-Managements 225

233

Heussen/Jacobi
Time-Management für die Anwaltschaft